I0043051

RÉPERTOIRE GÉNÉRAL

DES

CAUSES CÉLÈBRES

ANCIENNES ET MODERNES.

IMPRIMERIE DE FÉLIX LOCQUIN,
rue N.-D.-des-Victoires, 16.

RÉPERTOIRE GÉNÉRAL

DES

CAUSES CÉLÈBRES

ANCIENNES ET MODERNES,

RÉDIGÉ PAR UNE SOCIÉTÉ D'HOMMES DE LETTRES,

SOUS LA DIRECTION

DE B. SAINT-EDME,

AUTEUR DU DICTIONNAIRE DE LA PÉNALITÉ, ETC., ETC

Membre *de l'Institut historique*, de la *Société française de Statistique universelle*, de l'*Académie de l'Industrie*, etc

PREMIÈRE SÉRIE. — TOME QUATRIÈME.

PARIS.

LOUIS ROSIER, ÉDITEUR,

19, RUE GUÉNÉGAUD.

—

1835

REPERTOIRE GÉNÉRAL

DES

CAUSES CÉLÈBRES.

ERRETTE (MATTHIS),

OU

LES SEPT VICTIMES DE MITTELBRONN.

DEUX Juifs, nommés Cerf Moïse et Salomon Cerf, habitaient le petit village de Mittelbronn, dépendant de la juridiction de Phalsbourg, petite ville située au pied des Vosges. Ces deux Juifs étaient frères, tous deux mariés, et n'avaient pour tout domestique qu'une Juive nommée Esther Lévi.

Dans la nuit du 24 septembre 1768, une troupe de brigands pénétra dans leur maison à force ouverte. Après les avoir maltraités, ainsi que leurs femmes et leur servante, ces bandits brisèrent tout ce qui s'opposait à leur rapacité, et pillèrent entièrement la maison.

Dès le lendemain, les Juifs portèrent leur plainte devant le juge criminel de Phalsbourg. Ils déclarèrent que le vol, commis avec violence et effraction, pouvait s'élever, tant en argenterie, qu'en argent monnayé et divers effets précieux, à une somme de trente à quarante mille francs.

Les auteurs du vol étaient inconnus aux deux Juifs. La fatalité, qui, dans de semblables circonstances, porte toujours à diriger des soupçons sur des personnes qui sont bien souvent loin de les mériter, porta les deux frères à désigner, comme auteurs du crime sept allemands, demeurant à une demi-lieue de là, dans un village de la banlieue de Phalsbourg, nommé les trois maisons de Lutzelbourg.

Ces sept personnes étaient Guillaume Braun, Matthis Errette, Michel Fix, Jean-Gaspard Beckvert, Joseph Siégler, Louis Siégler et Ulrich Beckvert, tous sept pères de famille, d'une conduite irréprochable, et qui vivaient paisiblement au milieu de leurs enfans, auxquels leur travail procurait une existence sinon aisée, du moins heureuse et tranquille.

Les Juifs avaient déclaré que les brigands qui les avaient volés étaient au nombre de trente ou quarante. Cependant ils n'avaient indiqué que ces sept allemands, et par suite de cette fatalité que nous déplorions plus haut, et qui ajoutait une plus grande vraisemblance à leur accusation, ils avaient déposé que, de ces sept personnes, ils n'en avaient reconnu positivement que quatre, et qu'ils n'avaient sur les trois autres que des soupçons. Cette retenue semblait être dictée par la crainte d'inculper faussement l'innocence, et donnait plus de poids à leur accusation directe.

Le juge, accueillant sans balancer la plainte des juifs, ordonna une information. On appela un grand nombre de témoins : tous se turent sur le vol et les voleurs; et, chose extraordinaire, aucun témoin, aucun indice ne vint apporter de lumières sur un crime commis avec tant d'audace et d'éclat.

L'équité exigeait que le juge, à défaut de témoignages et de preuves, ordonnât des monitoires ou un plus ample informé; le temps eût amené des éclaircissemens : cette fois la justice se tut devant la partialité. Les accusateurs étaient riches, le vol considérable, les accusés gens obscurs, sans considération : les infortunés furent sacrifiés.

Le juge de Phalsbourg, au mépris de toutes les lois, reçut les juifs plaignans en témoignage sur la vérité de leur plainte. Comme témoins, et témoins nécessaires, les deux frères confirmèrent dans leurs déclarations la culpabilité des accusés. Les malheureux n'étaient pas convaincus ; ils ne pouvaient l'être, puisque le temps, qui dévoile toute iniquité et amène toujours la vérité sur ses traces, fit découvrir les vrais coupables. Cependant, si les juifs n'accusèrent que vaguement Ulrich Beckvert, Joseph et Louis Siégler, ils déclarèrent affirmativement avoir reconnu les quatre autres accusés. L'illusion peut être possible à l'égard d'un seul individu. Était-ce sur une simple illusion que l'on devait dévouer à la mort quatre pères de famille, quatre hommes contre lesquels nulle calomnie ne s'était élevée jusqu'alors?

L'exécution du décret de prise de corps rendu contre les sept accusés, répandit la consternation et le désespoir dans les familles de ces infortunés et dans tout le village de Lutzelbourg. L'opinion publique s'élevait en vain en leur faveur. Arrachés à leurs enfans, à leurs foyers, à leurs occupations, ils se virent traîner ignominieusement dans le séjour des criminels. La procédure s'instruisit sans aucun examen; on refusa aux accusés l'appui d'un conseil, et par le ministère d'un interprète leur procès fut instruit et réglé à l'extraordinaire. A peine les malheureux Allemands avaient-ils pu se persuader de la réalité de l'accusation infâme portée contre eux, que l'information, le récollement étaient terminés, sans qu'aucun indice s'élevât contre eux, sans qu'aucun témoin déposât à leur charge. Les accusés figuraient seuls au procès, au milieu de leurs accusateurs, le juge, le greffier, l'interprète. N'entendant pas la langue dans laquelle on les interrogeait, eux-mêmes comprenant à peine le crime dont on les accusait, les raisons pour lesquelles ils étaient détenus et interrogés, ils apportaient sur le banc des prévenus des visages glacés d'effroi; tout leur espoir était dans Dieu, qui connaissait leur innocence.

La procédure suivie à la hâte fut bientôt consommée. Elle n'offrait aucune trace du vol indiqué, aucun témoignage contre les sept accusés, aucune charge des accusés l'un contre l'autre; enfin, aucun aveu des sept prévenus : tout se bornait aux déclarations des accusateurs.

L'innocence légale et naturelle des accusés était donc plus que probable, et tout devait faire présumer que le juge de Phalsbourg s'empresserait de rendre à la liberté, à leurs familles désolées, à leurs amis alarmés, les malheureux qu'une accusation injuste avait un moment rangés au nombre des criminels. Vain espoir! Un jugement inique, inconcevable, condamne quatre des accusés à la question préalable, et les trois autres à la question préparatoire, *les indices tenant.* Voici le texte de ce jugement : « *Tout vu et considéré*, nous avons « déclaré Guillaume Braun, Matthis Errette, Mi- « chel Fix, et Jean-Gaspard Beckvert, atteints et « convaincus d'être entrés avec effraction, la nuit « du 24 au 25 septembre, entre dix et onze heures « du soir, dans la maison habitée par Cerf Moïse « et Salomon Cerf, juifs, demeurant à Mittel- « bronn, de les avoir violemment maltraités ainsi « que leurs femmes et Esther Lévi leur servante; « d'avoir brisé à coups de hache les coffres et les « armoires, et de les avoir volés; pour réparation « de quoi, les condamnons à être pendus et étran- « glés jusqu'à ce que mort s'en suive, à une po- « tence qui, pour cet effet, sera dressée en la place « d'armes de cette ville : déclarons tous et chacun

« de leurs biens acquis et confisqués à qui il ap-
« partiendra, sur iceux préalablement prise la
« somme de cinquante livres d'amende par cha-
« cun envers le roi, en cas que confiscation n'ait
« lieu au profit de sa majesté. Lesdits Guillaume
« Braun, Matthis Errette, Michel Fix, et Jean-
« Gaspard Beckvert, préalablement appliqués à la
« question ordinaire et extraordinaire, pour avoir
« révélation de leurs complices. Ordonnons que
« Joseph Siégler, Louis Siégler, et Ulrich Becker,
« accusés, seront également appliqués à la ques-
« tion ordinaire et extraordinaire, *pour apprendre*
« *par eux la vérité* des faits du vol, infraction et
« mauvais traitemens dont est plainte, *manenti-*
« *bus indiciis*, en notre présence. Auquel juge-
« ment ont assisté messire François Hélorix, con-
« seiller du roi, lieutenant particulier en ce siége,
« et Me Nicolas Demange, avocat exerçant au
« même siége.

« Fait et jugé en la chambre ordinaire du siége,
« le 10 décembre 1768.

« *Signé*, Schneider, Hélorix et Demange. »

Le même jour que le jugement fut lu aux sept accusés, ils déclarèrent en appeler pardevant le parlement de Metz. Une espérance leur restait encore : le parlement de Metz pouvait apporter plus de soins dans l'instruction du procès, et arracher à la mort ses tristes victimes. Cet espoir fut bientôt déçu ; le parlement de Metz suivit la même marche que le juge de Phalsbourg, et, par une sentence du 17 février 1769, confirma la condamnation des accusés.

La nouvelle de cet arrêt fut à peine répandue dans la ville, qu'un peuple immense, se précipitant vers le palais, en inonda les avenues. Les parens et les amis des condamnés, mêlés dans la foule, se pressaient sur leur passage, espérant entrevoir encore une fois un frère, un père, un mari, un fils, un ami, et échanger au moins avec eux un douloureux regard. Persuadés de leur innocence, ils n'attendaient pourtant plus qu'un miracle. Le ciel leur devait la justice que leur avaient refusée les hommes; mais cette justice éclatante, ils n'en devaient pas jouir, et dix-huit années entières devaient s'écouler avant qu'elle proclamât leur réhabilitation.

Il faisait nuit; du fond de leurs noirs cachots, les sept accusés furent successivement amenés dans la chambre de la geôle. Ils ignoraient le jugement porté contre eux; mais la sécurité siégeait sur leur front. Le greffier, l'interprète et le bourreau qu'ils ne connaissaient pas les attendaient; en apprenant de l'interprète qu'on allait leur lire leur jugement, leur ame s'ouvrit au bonheur, ils attendaient l'absolution; les infortunés! on leur lut un arrêt de mort! L'interprète prononça à trois d'entre eux la question préparatoire *avec réserve de preuves*; aux quatre autres la question préalable et la mort.

Se regardant les uns les autres : *C'est toi, Fix!*

— *C'est toi Braun, qui es condamné à mort ! — Et toi aussi Errette! — Qui ?... moi?... — Oui, il a prononcé ton nom ! — Mais nous sommes innocens !...*

Le sort avait marqué ses victimes : la mort attendait sa proie. Tout était prêt dans la chambre de la question ; le greffier avait dressé l'appareil de l'interrogatoire, les bourreaux celui des tortures. L'interprète chargé de traduire les cris arrachés par la douleur, les frémissemens d'une rage impuissante, les aveux échappés au remords, avait pris place dans l'enceinte fatale, ainsi que le médecin appelé pour suspendre les dernières étincelles de l'existence des torturés : le magistrat entra bientôt : *Ils avoueront peut-être*, disaient-ils, tous trois ; nous allons voir, vous allez voir !

Les accusés furent amenés l'un après l'autre, par des détours secrets dans le lieu où étaient rassemblés les instrumens de leur supplice. Guillaume Braun, le plus jeune des condamnés, fut le premier livré aux bourreaux : on croyait que ses souffrances et sa douleur auraient plus d'empire sur lui. Braun, après avoir opposé, aux questions captieuses du juge, la sincérité de l'innocence et une dénégation continuelle, fut appliqué à la torture. Un cri effrayant, arraché à la douleur, un de ces cris dont l'expression est impossible à décrire retentit sous les longues voûtes des cachots et se répéta au loin. Le peuple répandu dans l'enceinte l'entendit avec émotion ; la foule fit silence : elle écoutait.

Les plus cruelles souffrances ne purent décider Braun à l'aveu d'un crime dont il ne s'était pas souillé. Il s'écriait constamment : *Je n'ai pas de complice! je n'y étais pas!* je suis innocent! *le ciel m'en est témoin! ah!*... En vain le juge redoubla ses questions, le bourreau ses tortures, la victime quoiqu'élle n'eût plus qu'un souffle de vie, quoiqu'on l'entendît à peine, faisait des efforts pour répéter :

Je suis innocent! non, je n'ai point de complices!

Le médecin fit alors arrêter la torture ; Braün était réservé à un autre supplice moins cruel peut-être que celui-là.

Errette, livré au bourreau, opposa à son tour aux questions du juge, aux tortures les plus vives, la dénégation la plus soutenue.

Michel Fix succéda au mourant Errette, prenant le ciel à témoin de son innocence: *Non, non, s'écriait-il avec une expression déchirante ; non, je n'ai pas commis de crime, je suis innoncent!*

Vint ensuite Jean Beckvert. Le sentiment de son innocence le soutint au milieu des supplices. Un *non* articulé avec force, répondit à toutes les questions qui lui furent faites : *Je suis innocent! je suis innocent!* Telles étaient les paroles que ses lèvres décolorées par l'approche de la mort continuaient à balbutier.

Les cadavres mutilés de ces victimes gisaient presque sans vie sous les yeux de l'impassible magistrat; la force, la douleur, n'avaient pu trouver un coupable; et cependant nul doute ne s'élevait dans la pensée du juge!

Des trois accusés contre lesquels les juges n'avaient élevé que des soupçons, un seul restait à appliquer à la question; c'était Ulrich Beckwert. La conscience du juge commença à s'alarmer: *Plus qu'un seul*, dit-il, *et pas encore un aveu*!

L'art du juge, celui du bourreau, se raniment et se réunissent pour arracher à cette dernière victime cet aveu tant désiré. Aux questions les plus instantes, succèdent les tortures les plus adroites. Le juge, le greffier, le bourreau, l'interprète, les yeux attachés sur leur proie, haletans, tremblant d'impatience, savourent d'avance la satisfaction qu'un aveu tant retardé va apporter à leur conscience épouvantée: *Encore, encore*, s'écrie le juge avec anxiété: vains efforts! l'innocence triomphe encore une fois de la puissance de la douleur. Un invincible *non* retentit avec éclat au milieu des cris arrachés par la souffrance; la victime palpitante est détachée; le bourreau succombe, et le magistrat, la pâleur sur le front, sent pour la première fois l'aiguillon cuisant du remords pénétrer lentement dans son sein.

La torture finie, les mourans n'avaient rien avoué. Le magistrat, le greffier, l'interprète et le bourreau, restés seuls, se regardaient en silence; la surprise et le désespoir se lisaient sur leurs regards qui semblaient dire: *Pas un des sept accusés* n'a avoué.

Bientôt le bruit courut que les sept condamnés

n'avaient fait aucune révélation. La plus grande agitation régnait dans le peuple, aux sourds murmures succédèrent bientôt les cris, les pleurs, on se presse en foule vers le lieu où ils sont renfermés: ils n'ont plus que quelques momens à vivre. Vaine agitation, vains remords, la sanglante tragédie devait s'achever, le juge devait d'ailleurs *justifier son arrêt!* Jetés à demi morts sur le tombereau fatal, on les porta l'un après l'autre sur l'échafaud. La pâle lueur d'un flambeau éclairait cette scène horrible. Là, un seul instant, la religion les arrêta sur le passage effrayant de la vie à l'éternité; leur conscience sollicitée par elle, n'avait aucun crime à avouer; devant Dieu, comme devant leurs juges, un seul cri s'échappa de leur cœur brisé : *nous sommes innocens! Nous mourons innocens!*

Bientôt le peuple consterné s'écoulait lentement en disant : *Aucun des sept n'a rien avoué!* et le magistrat répétait aussi : *Aucun des sept n'a rien avoué!*

Les frères, les sœurs, les enfans, les mères des sept condamnés, le visage baigné de larmes, la pâleur sur le front, le désespoir dans l'ame, se retiraient en disant avec angoisse : *Oh! oui, ils étaient innocens!*

Quant aux Juifs, ils triomphaient; ils étaient dans la joie.

Quelques heures après l'exécution, le parlement s'assembla. Il restait à statuer sur le sort des trois accusés qui survivaient. On devait espérer que la constance des sept accusés à ne rien avouer, en présence de la question et de la mort, dessillerait enfin les yeux de juges prévenus ; et que ne pouvant rappeler à la vie les quatre innocens qui l'avaient perdue, ils s'empresseraient de proclamer l'innocence des trois qui vivaient encore ; l'attente générale fut trompée : selon la jurisprudence des tribunaux, le premier arrêt rendu contre les accusés liait les mains des magistrats, et ce premier arrêt avait prononcé d'avance contre eux : le parlement envoya les trois accusés aux galères perpétuelles !

L'arrêt fatal qui avait déjà frappé tant de victimes n'avait point reçu toute son exécution. D'après les lois existantes, le crime supposé des accusés devait être poursuivi jusque dans les derniers membres de leurs familles, au nombre de plus de quarante. Ces infortunés abandonnèrent leurs maisons, leurs champs : des vieillards se traînant avec peine, des femmes éplorées, autour desquelles se prenaient des enfans demi-nus, se dispersent ; ils fuient en pleurant, et jettent en s'éloignant de douloureux regards sur le modeste et paisible asile d'où ils sont exilés pour jamais ! Les infortunés n'emportent avec eux que le souvenir de l'affreux supplice des innocens, et la honte, la misère et le désespoir ne doivent plus les quitter désormais !

Après dix-huit années d'un silence affreux, la justice divine se réveilla enfin !

Une troupe considérable de Bohémiens dont les retraites étaient dans les bois, à peu de distance de Mittelbronn, commettait depuis long-temps des brigandages affreux. La justice des duchés des

Deux-Ponts et de Wirtemberg, dans lesquels ces bandits avaient exercé leurs forfaits les poursuivit long-temps en vain. Cependant elle parvint à en arrêter un grand nombre, et ceux qui échappèrent à une mort justement méritée furent envoyés aux galères.

Deux frères, Hannickel et Vinceslas furent arrêtés à leur tour. Conduits dans les prisons de Sultz, dans le duché de Wirtemberg, ils firent l'aveu des crimes commis par les brigands dont ils étaient chefs, et comprirent dans ces crimes le vol de Mittelbronn.

Interrogés séparément par le bailli de Sultz, dans le mois de septembre 1768, leurs dépositions furent identiques, et le bailli crut devoir demander au juge de Phalsbourg des renseignemens sur cette affaire.

Il ne pouvait rester aucun doute sur la véracité des faits rapportés par les deux frères sur le vol commis chez les deux Juifs de Mittelbronn.

Les deux Bohémiens avaient avoué que dans la nuit du 24 au 25 septembre, au nombre de vingt-huit, ils avaient pénétré dans la maison des Juifs Cerf Moise et Salomon Cerf, où ils avaient commis un vol de trente à quarante mille livres. Ils avaient nommé tous les brigands qui avaient eu part à cette expédition, et avaient déclaré que c'était d'après l'instigation d'un nommé Tangen Heuerlé, *le seul allemand* qui fût parmi eux, et qui leur avait indiqué la maison des deux Juifs comme susceptible de contenter leur rapacité, qu'ils s'étaient décidés à commettre ce vol audacieux.

Pressés par le bailli de dire si les sept allemands condamnés pour le crime commis par les Bohémiens n'avaient pas quelque rapport avec eux, les deux chefs de brigands déclarèrent, avec serment, qu'ils leur étaient tous inconnus et n'étaient jamais venus chez eux. Frappés d'horreur en apprenant les tortures et la mort qu'on avait fait subir aux sept malheureux, ces misérables, sans foi, sans honneur, exprimèrent avec énergie l'indignation qu'ils éprouvaient d'un jugement aussi inique, et appelèrent sur la tête de ceux qui l'avaient rendu les foudres du ciel.

Deux autres brigands confirmèrent, dans un nouvel interrogatoire, les dépositions d'Hennickel et de Vinceslas.

Le grand bailli de Sultz engagea le juge de Phalsbourg à lui envoyer le procès-verbal et la déclaration des Juifs; ce juge confondu garda le silence!

Malgré cette conduite du juge de Phalsbourg, le grand bailli saisi de toutes les preuves de l'innocence des sept condamnés, s'empressa d'en instruire son souverain.

Le duc de Wirtemberg, donnant dans cette circonstance une preuve de son humanité, ordonna des recherches à Lutzelbourg, pour que l'on s'assurât s'il existait encore quelques parens des sept condamnés. La misère, le désespoir, en avaient moissonné la plus grande partie; de quarante à cinquante, il n'en restait plus que huit, le duc leur fit remettre les extraits des procès verbaux qui attestaient l'innocence de leurs parens, et il écrivit en même temps à son ministre en cour de France pour qu'il appuyât de son nom la réclamation de ces infortunés.

Par un acte passé devant les notaires royaux de Phalsbourg, le 20 février 1707, les veuves d'Ulrich, et de Gaspard Beckvert, les deux frères et la veuve de Michel Fix, le fils et la fille d'Ulrich Beckvert, autorisèrent le président Dupaty à se pourvoir en leur nom, près du roi, pour en obtenir des lettres de révision et obtenir la réhabilitation des sept innocens condamnés.

ESTINÉS (Catherine).

Barthélemi Estinés, habitant le petit village de Cazaux, sur les frontières d'Espagne, était considéré comme le particulier le plus aisé du lieu. Boucher, marchand de grains et de tabac, il avait en outre un cabaret fort achalandé. De cinq enfans qu'il avait eus de son premier mariage, deux seuls étaient encore à la maison paternelle, un jeune garçon, muet de naissance, et sa sœur Catherine. Deux autres garçons étaient établis en Espagne, et sa fille aînée était mariée.

Six mois étaient à peine écoulés depuis la mort de sa première femme, que Barthélemi pensant que pour le bien de son commerce, il était utile qu'il se remariât, épousa Dominiquette Tontan.

Jusqu'à l'époque de cette seconde union, la jeune Catherine avait été l'objet particulier de l'affection de son père, qu'elle chérissait également. La présence de la nouvelle épouse changea toutes les habitudes de la maison, et dès-lors la paix et le bonheur en furent bannis à jamais. Se croyant faite pour dominer exclusivement son époux sexagénaire, Dominiquette sut par degrés lui inspirer de l'éloignement pour sa jeune fille; et calomniant sans cesse Catherine, ou exagérant ses torts les plus minimes, elle la rendit bientôt l'objet continuel du courroux et des mauvais traitemens d'un père, si bon pour elle jusqu'à ce moment.

Quoique élevée dans une certaine aisance, et n'ayant jamais quitté la maison paternelle, Catherine se décida alors à chercher du travail au dehors, et elle s'imposa la dure obligation de ne paraître à la table de son père, que lorsqu'elle ne serait point occupée chez les étrangers.

Cette conduite prudente ne pouvait satisfaire la marâtre qu'à demi. Elle voulait rester maîtresse absolue dans la maison de son facile époux, et pour y parvenir elle ne voyait d'autre moyen que d'obliger sa belle-fille, à force de mauvais procédés, à aller se réunir à ceux de ses deux frères qui habitaient l'Espagne.

Une circonstance vint augmenter la haine que Dominiquette portait déjà à sa belle-fille, et donner à celle-ci quelques légers torts qui déposèrent plus tard contre elle.

Catherine avait eu le malheur de fixer les regards impudiques du curé de Cazaux, dont la conduite scandaleuse l'avait fait chasser du village de Venerque. Cet homme se fournissait chez son père, et diverses fois elle avait été obligée de porter au presbytère sa provision de viande, reprenant chaque fois qu'elle y allait, par une légère badinerie, les efforts qu'il faisait pour ébranler sa vertu. Elle était toujours sortie pure de ces épreuves. Cependant cet homme impudique se permit un jour des tentatives si alarmantes pour la pudeur de Catherine, qu'elle résolut de ne plus reparaître dans sa maison.

Le refus de Catherine, de ne plus porter les provisions de l'indigne curé, fut tourné en dérision par sa belle-mère, qui dès-lors la remplaça dans cette commission. Soit que la vertu de Dominiquette fût moins forte que celle de Catherine, soit qu'elle ne prêtât qu'une attention de coquetterie aux propos que lui tenait sans doute cet homme dépravé, les visites qu'elle lui faisait devinrent si longues, que son mari s'en alarma, et qu'il s'éleva plus d'une fois à ce sujet des nuages entre les époux.

Catherine, plus clairvoyante que son père, et à laquelle sa propre expérience donnait des lumières, ne ménagea pas assez sur un article aussi délicat, une femme qui s'était déclarée son ennemie; et elle manqua même de prudence en instruisant son père de ce qu'il était si dangereux de lui révéler. La cruelle marâtre n'ignora pas long-temps le tort que sa belle-fille avait à son égard, et cette seule faute de la jeune fille accumula sur sa tête innocente les accusations les plus odieuses.

Suivant pas à pas la marche criminelle qu'elle s'était tracée, Dominiquette, après avoir su préparer par ses calomnies continuelles, l'esprit de son crédule époux, à la pensée d'un crime, elle choisit, pour mettre à exécution son fatal projet, le 25 juillet 1784, jour de la Fête-Dieu du lieu, où quelques convives réunis chez Estinés avaient mangé d'une espèce de bouillie préparée par Catherine. La mère de Dominiquette s'étant trouvée fort indisposée à la suite du repas, la cruelle belle-mère de Catherine, l'accusa, près de son mari, d'avoir jeté de l'arsenic dans le chaudron où la bouillie avait été faite, et malgré l'invraisemblance de cette accusation, puisqu'aucun des convives ne s'était trouvé incommodé, le faible Estinés ajouta foi à cette affreuse calomnie.

Cependant l'indigestion que Dominiquette avait métamorphosée en empoisonnement, n'ayant point eu de suites, elle cessa d'en parler; mais elle continua à répandre, dans le village, que Catherine provoquait sans cesse le courroux de son père par les propos les plus insolens, et qu'elle avait poussé l'audace jusqu'à le menacer de le faire mourir.

Confiante dans son innocence, Catherine n'opposait qu'un modeste silence aux propos outrageans dont elle était accablée chaque jour; elle attendit du temps la justice due à sa conduite; ce temps devait appeler la foudre sur sa tête.

Barthélemi Estinés éprouvait assez fréquemment de violentes douleurs d'entrailles, douleurs causées par un usage immodéré des vins et des liqueurs fortes. Appelé par les affaires de son commerce dans la ville de Montrejan, il fut saisi de crises violentes. Il déclara qu'il éprouvait un feu si dévorant dans les entrailles, qu'il craignait de mourir avant d'être arrivé chez lui. Il était effectivement dans un état si alarmant lorsqu'il arriva à Cazaux, qu'il fallut le porter dans son lit. Sa maladie ne dura que cinq ou six jours pendant lesquels

Dominiquette, écartant avec persévérance la jeune Catherine d'auprès du lit de son père expirant, donna seule à celui-ci les soins que réclamait son état. Réduite à passer les journées entières hors de la maison, pour subvenir à sa subsistance, et se dérober à la haine de sa marâtre, ce n'était qu'à la dérobée que la jeune fille pouvait quelquefois approcher du lit de mort de son père.

Le vieillard expira le vendredi 21 janvier 1765, à dix heures du soir. Catherine ne parut dans la chambre du malade, que long-temps après huit heures, c'est-à-dire moins de deux heures avant la mort de son père. Malgré cette circonstance, et quoique la position du malade fût déclarée sans ressource depuis long-temps, la belle-mère répandit le bruit que Catherine avait empoisonné le dernier bouillon que son père avait pris. Cherchant, même avant la mort du vieillard, à donner quelque vraisemblance à l'accusation qu'elle méditait, elle avait cherché à persuader au mourant, que la main coupable de sa fille avait empoisonné le dernier breuvage qui lui avait été présenté; mais cette odieuse insinuation fut sans effet; le vieillard n'adressa aucun reproche à sa fille, et mourut sans se plaindre d'elle.

Cette épouvantable trame, ourdie avec la plus noire méchanceté, était néanmoins fort maladroite; il était prouvé que le vieillard avait pris son dernier bouillon long-temps avant que sa fille se présentât dans sa chambre, et qu'au même moment, sa femme avait envoyé chercher le barbier du village voisin, avec prière d'apporter avec lui du contre-poison. Ce barbier était le plus ignorant des hommes. A peine fut-il arrivé que Dominiquette s'empara de lui et lui conta mille fables plus absurbes les unes que les autres sur le poison qu'elle disait avoir trouvé dans la marmite. Le crédule et stupide barbier, sans aucun examen, et sur la déposition de Dominiquette, fit prendre au malade de la thériaque dans du lait, et le malade déjà épuisé expira peu d'instans après.

Barthelemi venait d'expirer, et sa coupable épouse, s'éloignant de son lit de mort, parcourut le village pour y semer sa calomnie. Elle trouva aisément des méchans et des imbécilles qui accueillirent ses propos diffamans; l'innocente Catherine ne fut bientôt plus considérée que comme une parricide.

Le consul du village, instruit et secrètement poussé par la veuve Estinés, dénonça le prétendu empoisonnement; sur sa dénonciation, Portés, greffier de la juridiction de Rivière, et Laguens père et fils, substituts du procureur-général, se transportèrent à Cazaux, dans la demeure du défunt, deux jours après son décès, et firent procéder à l'ouverture du cadavre que l'on n'avait point encore inhumé pour de fortes raisons. Le barbier Mounié, appelé, ainsi qu'un de ses confrères aussi peu éclairé que lui, procédèrent à la hâte à l'ouverture du corps.

Le substitut Laguens, faisant cependant les fonctions de juge-commissaire, s'occupa peu de faire rédiger le procès-verbal, ni de s'informer quel avait été le genre de mort d'Estinés, et parcourant toute la maison, s'empara avec avidité de tout ce qui pouvait lui convenir.

Quant au greffier Portés, assis tranquillement dans le jardin, il rédigea seul le procès-verbal, où il consigna la déposition des deux chirurgiens, et profitant de leur ignorance, il altéra leur déclaration et la remplaça par tout ce qui pouvait être propre à former un corps de délit. Il joignit au procès-verbal la déposition des nommés Michel Verdot et Landrade, dont le dernier, entendu d'office, répéta les propos tenus par la veuve Estinés, et dit qu'il tenait d'elle-même que Barthelemi avait été empoisonné par sa fille. Ces deux témoins protestèrent plus tard contre l'infidélité du procès-verbal, et accusèrent le greffier d'y avoir consigné des faits autres que ceux qu'ils avaient déclarés.

Le procès-verbal et les dépositions des témoins inculpaient tellement l'infortunée Catherine que, sur la vue seule de ces pièces, Barre, juge de Rivière, la décréta de prise de corps le 28 janvier 1785.

Le décret de prise de corps rendu contre la jeune fille, ne fut pas difficile à mettre à exécution. Instruite de toutes les démarches dont elle était l'objet, il lui eût été facile de prendre la fuite. Forte de son innocence elle attendit paisiblement dans la maison paternelle l'effet des calomnies répandues sur son compte, certaine d'en prouver toute la fausseté. Elle était encore devant sa porte lorsque des cavaliers de la maréchaussée vinrent pour l'arrêter ; et loin de se montrer effrayée de leur présence, elle alla à leur rencontre en leur disant avec fermeté : *Si c'est moi que vous cherchez, me voici* ; elle les suivit ensuite sans aucune résistance dans les prisons de Saint-Gaudens.

Depuis le 28 janvier jusqu'au 10 mars suivant, la justice de Rivière resta dans une inaction absolue. Le substitut Laguens père, exploitant ce temps à son profit, se transporta à Cazaux, puis, sans aucune formalité de justice, il enleva le scellé apposé par lui, comme juge, et sans s'inquiéter des droits que les frères et sœurs de Catherine pourraient avoir sur ces effets comme héritiers de leur père, il les fit vendre, et s'en adjugea l'argent. Pendant que l'on pillait la maison d'Estinés, on s'efforçait par les promesses, l'argent et les menaces, à recruter des témoins contre sa malheureuse fille. L'information composée de vingt témoins fut commencée et finie le même jour, 10 mars 1785. Ce qui paraîtra inconcevable, c'est que le substitut comprit dans la liste de ces témoins la veuve Estinés, seule accusatrice de sa belle-fille.

Un des principaux machinateurs de l'accusation et l'instigateur secret des persécutions exercées contre Catherine était le curé de Cazaux ; ce misérable qui, après avoir mis tout en œuvre pour triompher de sa vertu, s'était déclaré son plus ardent ennemi et avait embrassé le parti de la veuve Estinés. Il avait été l'un des plus empressés à faire circuler les propos calomnieux répandus sur son compte, et voulant y mettre le sceau, il lança publiquement contre elle une espèce d'anathème, en lui faisant interdire l'entrée de l'église en présence de ses paroissiens.

Ce curé n'ignorait pas les causes de la mort de Barthelemi Estinés, puisqu'il n'avait cessé de le voir pendant sa maladie. Cependant ce fut lui, qui pendant la nuit même de la mort du vieillard, dépêcha vers le substitut Laguens fils, son ami intime, afin de lui dénoncer l'empoisonnement d'Estinés; ce fut d'après sa dénonciation que l'on dirigea des poursuites contre Catherine.

Le 25 mai 1785, une sentence rendue dans le plus grand mystère, condamna Catherine à la peine des parricides, c'est-à-dire à avoir le poing coupé, à être brûlée vive, ses cendres jetées ensuite au vent.

Un cri général d'indignation s'éleva contre les juges qui avaient prononcé un jugement aussi cruel. Les fauteurs de cette intrigue abominable ne virent plus pour eux d'autre refuge que dans l'évasion de Catherine. On employa donc tour-à-tour les menaces, la persuasion et la terreur pour la décider à une fuite que l'on favorisait; la courageuse jeune fille repoussa toutes les instances qu'on lui fit à cet égard, et soutenue par son innocence, elle s'obstina à demeurer dans les fers pour confondre ses calomniateurs.

Cette inébranlable fermeté déconcerta d'abord ses persécuteurs; mais redoublant bientôt leurs ruses infernales, ils parvinrent à tromper le juge souverain par un extrait infidèle de la procédure; Bertrand Laguens, après avoir usurpé les fonctions de juge, ne craignit point d'usurper celles de greffier, et conjointement avec son père et son frère en fabriquèrent un extrait favorable à leurs vues, et livrèrent ensuite Catherine à la maréchaussée avec ordre de la conduire à Toulouse, où elle arriva dans les premiers jours de juin 1785.

Le courage dont Catherine avait donné des preuves pendant son séjour dans les prisons de Saint-Gaudens, ne se démentit point dans celles de Toulouse. Le commissaire voulut s'assurer, par lui-même, de la réalité de ce qu'on lui avait dit de cette fille extraordinaire. L'air simple et tranquille de Catherine le frappa; il examina l'extrait de la procédure, et certain que cet extrait ne pouvait concorder avec l'original, il l'engagea à présenter une requête à la chambre de la Tournelle de Toulouse.

La malheureuse Catherine, suivant les conseils de celui qui lui témoignait un si vif intérêt, présenta en effet une requête, où après l'exposé de la conduite des juges de Rivière, elle demandait qu'on voulût bien nommer un commissaire pour aller sur les lieux vérifier si l'original de la procédure était conforme à la copie qu'on en avait envoyée au parlement. Après quelques débats peu favorables, un jeune conseiller au parlement, de Rigaud, mu par le désir d'être utile à la fille héroïne dont l'innocence lui paraissait évidente, sollicita de la cour l'ordre de se transporter sur les lieux pour y vérifier les minutes de la procédure, et offrit de faire le voyage à ses frais. Le parlement accueillit les propositions généreuses de ce digne magistrat qui partit dès le lendemain 21 juin, accompagné d'un greffier, et arriva le 22 à sept heures du matin à Montrejan, siége de la justice de Rivière.

Le jour de son arrivée, cet honnête magistrat fit sommer le greffier Portés de le conduire au greffe de la juridiction. Apprenant qu'il n'y en avait pas et que toutes les procédures étaient déposées dans la maison de ce greffier, il s'y transporte sur le champ et examine avec un soin minutieux les registres relatifs aux procédures criminelles. Cet examen lui fit découvrir des nullités sans nombre. La vérification et la confrontation de l'extrait avec l'original l'ayant convaincu que des additions, des altérations sans nombre avaient eu lieu, en vue de projet criminel, et après un examen approfondi, de Rigaud crut devoir faire arrêter le greffier Portés et le faire conduire dans les prisons de la cour. A son retour à Toulouse, la cour, sur son rapport, rendit un nouvel arrêt contre le greffier coupable, cet arrêt portant en outre que les deux Laguens seraient décrétés de prise de corps, et le juge Barre d'ajournement personnel.

Les deux Laguens et la veuve Estinés, craignant les suites d'une nouvelle procédure, prirent la fuite. Le juge Barre eut l'audace de se présenter.

On entama en effet une procédure nouvelle, suivie avec soin. De Rigaud, dont le zèle était inépuisable, se transporta une seconde fois à Montrejan, il reçut les dépositions de plus de trente témoins; et d'après ces diverses dépositions et les informations qu'il prit sur le compte de Catherine, il fut prouvé que non seulement elle était innocente de l'accusation portée contre elle, mais encore que les officiers du tribunal de Rivière étaient coupables de vol, d'additions dans les dépositions et de fausseté.

L'innocence de Catherine allait enfin être proclamée, après deux années entières de souffrances elle allait être rendue à la liberté :.... l'infortunée n'avait pas encore épuisé la coupe amère de la douleur. Retenue dans les cachots par suite de diverses circonstances, la malheureuse Catherine sentit son courage l'abandonner, et sans les consolations que lui apporta son frère, elle eût succombé sous le poids de tant de souffrances repétées.

Un nouveau commissaire fut nommé. C'était un magistrat intègre, digne de défendre la cause de Catherine. Grâce à son active indépendance et à ses lumières, un arrêt du parlement de Toulouse, du 28 juin 1787, la déchargea entièrement de l'accusation intentée contre elle, condamna le juge, le procureur et le greffier de Rivière à 6,000 livres de dommages et intérêts envers elle et à tous les dépens. Le même arrêt condamna les deux Laguens, père et fils, contumaces, à dix années de galères, le juge Barre et le greffier Portés à dix années de bannissement et à 4,000 livres de dommages intérêts envers l'accusée, et décréta de prise de corps la belle-mère de Catherine pour que son procès lui fût fait.

L'horrible persécution et le jugement inique sous le poids desquels l'innocente Catherine se trouvait depuis près de trois ans, lui avaient concilié l'estime et l'intérêt des habitans de Toulouse; ils lui avaient prodigué les plus affectueuses consolations dans sa prison, et attendaient avec impatience le moment de la voir arracher au supplice dont la menaçait le premier jugement. Dès que le jugement solennel qui la vengeait fut connu, un peuple immense se porta vers sa prison et l'accueillit avec les plus sincères acclamations. Depuis lors, sa présence en public ne cessa de produire la plus vive émotion, et l'on considérait avec autant de surprise que de sensibilité cette jeune fille qui avait montré un courage au-dessus de son sexe et qui n'avait dû l'existence qu'au talent, à l'éloquence et à l'humanité de ses généreux défenseurs.

FAMIN (Thérèse-Ismérie).

Thérèse-Ismérie Famin était fille du directeur des postes de Mantes. L'exemple et les instructions d'une mère dont elle ne s'était jamais éloignée lui avaient inspiré de bonne heure le goût de la vertu.

La maison de Famin était voisine des prisons de Mantes. Un homme qui y était détenu parvint un jour à briser ses fers et à pénétrer dans une chambre voisine de cette maison. Là, s'étant assuré que, par la fenêtre de cette chambre qui donnait sur le jardin de Famin, il pourrait échapper aux gardes qui allaient peut-être sous peu s'apercevoir de son absence, il sentit le besoin de franchir la hauteur de cette fenêtre. N'ayant aucune corde pour lui faciliter ce projet, il déchira sa chemise, la partagea en plusieurs lanières, et s'en fit un lien assez fort pour le soutenir. Alors se suspendant à la fenêtre, il se glissa dans le jardin, et chercha un asile plus sûr dans la maison.

Thérèse, occupée à quelques détails de ménage, entra dans la cuisine au moment où le prisonnier venait y chercher un refuge; la vue d'un homme nu, égaré et tremblant qui s'avança vers elle pour la conjurer de lui accorder secours, la glaça d'effroi, et elle resta sans mouvement à ses pieds. La jeune fille se trouvait alors dans cet état critique pendant lequel son sexe exige de grands ménagemens. La frayeur qu'elle venait d'éprouver avait arrêté son sang dans ses veines; long-temps les soins qu'on lui prodigua pour la rappeler à la vie furent infructueux, et lorsqu'elle revit la lumière, elle éprouva des gonflemens et des maux de tête insupportables.

On espérait que quelques jours de repos suffiraient à son rétablissement. On essaya divers remèdes dont on n'obtint aucun résultat avantageux; la révolution avait été si forte que ses effets en étaient terribles; le gonflement du ventre prenait chaque jour un nouvel accroissement. Le chirurgien Barrier fut appelé; après un examen attentif de l'état de la malade, il donna quelques espérances et fit des prescriptions que l'on suivit exactement.

L'effet de ces nouveaux remèdes ne fut aucunement salutaire; le chirurgien, alarmé par les symptômes qui se présentaient journellement, variait chaque jour ses ordonnances sans en attendre pour cela d'heureux effets.

La souffrance qu'éprouvait la demoiselle Famin l'avait rendue d'une maigreur excessive, et cette maigreur faisait encore ressortir la grosseur prodigieuse de son ventre. Ses parens, ses amis et toute la ville n'ignoraient pas les causes de sa maladie, beaucoup de personnes lui avaient indiqué divers moyens comme devant être résolutifs, tous avaient échoué, et les visites éloignées du chirurgien prouvaient qu'il n'espérait plus rien des ressources de son art ou de ses lumières.

Offline, médecin de la ville, appelé à son tour, entendit le rapport que lui fit le chirurgien des progrès de la maladie et des remèdes qu'il avait cru devoir y appliquer; le médecin ordonna une saignée et divers autres moyens sur l'emploi desquels il fondait l'espoir de son succès. Ces moyens ne servirent qu'à prouver l'impuissance de la science et à redoubler l'activité du mal.

Le danger augmentant chaque jour, la certitude d'une hydropisie fit bientôt craindre pour les jours de la jeune Thérèse. La grosseur démesurée du ventre ne pouvait cependant donner l'idée d'une grossesse, et la conduite bien connue de la jeune fille suffisait ponr éloigner tout soupçon semblable sur son compte.

Cependant le chirurgien et le médecin qui jusqu'alors n'avaient raisonné et opéré que d'après les apparences, proposèrent une visite. La malade y avait consenti; son père, craignant que cette visite ne devînt le sujet de beaucoup de plaisanteries, s'y opposa formellement, et les médecins trouvèrent dans ce refus un prétexte pour cesser de visiter une malade que leurs soins réunis n'avaient pu guérir.

Quoique l'état de Thérèse devînt chaque jour plus dangereux, il n'avait point éloigné ceux qui aspiraient à sa main. Recherchée par le nommé Lencret, marchand mercier à Mantes, que sa maladie n'avait point effrayé, le vœu réuni des deux familles, sa propre inclination, et l'espoir d'une guérison que les médecins annonçaient devoir être une conséquence des suites du mariage, tout la détermina à une union qui devint bientôt la nouvelle de toute la ville et donna matière aux caquets. Les gens sensés ne virent dans cette union qu'un témoignage assuré de la pureté de la jeune fille; la classe nombreuse des oisifs et des méchans la présenta comme une suite nécessaire de l'inconduite de la jeune fille, et le désir de réparer par le mariage les effets d'une faiblesse devenue publique.

Ces bruits offensans parvinrent bientôt aux oreilles des deux époux. Thérèse s'en affligeant, son mari la rassura; il redoubla même de soins et de marques d'attachement. La plus parfaite union régnait entre eux. Un mois s'était écoulé sans que la malade éprouvât aucun changement dans sa position, lorsque la nature, faisant enfin un effort, détermina une crise favorable. L'évacuation commença le 25 mars 1767, et devint prodigieuse le 26. Tonneau, chirurgien, que le hasard avait conduit dans une maison voisine, fut appelé; il s'instruisit de l'état de la malade, lui donna ses soins, et ne put méconnaître les symptômes et les suites d'une hydropisie de matrice bien prononcée; et après avoir ordonné quelques calmans, il promit une guérison certaine.

Tandis que la jeune mariée partageait la joie et l'espérance de sa famille, un orage se formait sur sa tête. Dans la nuit du 26 au 27 mars, une main criminelle exposa à la porte d'un habitant du village de Gassicourt deux enfans nouveau-nés qui n'avaient pas reçu le baptême. Exposés à l'injure d'un froid excessif, et à peine couverts, ces deux petits abandonnés furent trouvés morts le lendemain matin.

Cet accident, qui intéressait les magistrats, donna lieu à des recherches qui n'eurent aucun résultat. La justice ne put découvrir le coupable, la marche qu'il avait tenue, et l'heure à laquelle le forfait avait été commis. La calomnie se chargea de désigner une victime. Les soupçons de grossesse que l'hydropisie de la dame Lencret avait suscités étaient éteints; la malignité les ranima, et l'on répéta bientôt dans toute la ville que la femme Lencret était la mère des enfans qui avaient été exposés. Le ministère public ne put se défendre de cette prévention, et rendit plainte.

Le lieutenant criminel, au lieu de se transporter à l'endroit où les enfans avaient été exposés, confia cet emploi à un nommé Merville, qui n'avait aucun grade qui pût l'autoriser à une semblable démarche.

L'information eut lieu avec une sorte d'appareil; on entendit un grand nombre de témoins. La plainte accréditant les soupçons, la vengeance demandait un décret. Sans qu'aucun indice n'eût désigné la femme Lencret, un décret de prise de corps fut rendu contre elle, et exécuté, on la plongea dans un sombre cachot.

Après plusieurs interrogatoires qu'on lui fit subir, et dans lesquels on ne put trouver la plus petite variation, on ordonna une visite. Le juge, voulant connaître les rapports qui pouvaient exister entre une hydropisie de matrice et une grossesse, nomma un médecin, un chirurgien, et deux sages-femmes, les chargeant d'examiner avec soin si l'accusée était accouchée ou si elle n'avait eu effectivement qu'une hydropisie.

Les experts interrogèrent la femme Lencret sur le temps, la cause, les douleurs et les effets de la maladie qu'elle avait éprouvée. Aux examens les plus secrets exigés par la justice, elle joignit tous les détails qu'il était possible de donner. La suite prouva que l'ignorance de ces experts était grande, et que rien ne pouvait excuser la hardiesse de la déclaration qu'ils avaient faite.

L'accusée reconnut aisément à la confrontation, qu'aucun témoin n'avait attesté sa grossesse, et qu'ils n'avaient rendu compte que de ses inquiétudes et de son hydropisie; elle croyait donc toucher au terme de sa captivité. Le peuple, entraîné par de mauvais soupçons, exaspéré contre elle, demandait vengeance. Les juges la condamnèrent à mort, non comme étant convaincue d'être la mère des deux enfans qui avaient été exposés, mais comme étant accouchée après avoir scellé sa grossesse, et ayant également fait disparaître son enfant.

La condamnation ne portant plus sur la mort des deux enfans exposés, il n'existait plus de corps de délit; et bien que l'accusée fût condamnée à mort, on avait ordonné un plus amplement informé de six mois, sur l'exposition de Gassicourt. Le rapport des médecins et des matrones portant qu'elle était accouchée et qu'elle avait dérobé son fruit, c'était sur cet hommicide qu'elle était condamnée.

L'avocat Turpin, défenseur de la femme Lencret, fit valoir la négligence que le magistrat avait mise dans les démarches qui pouvaient donner des lumières sur l'exposition des deux enfans : la déclaration des habitans du village, la présence de ceux qui s'y seraient trouvés, le bruit que l'on avait entendu et le chemin que l'on avait suivi, recueillis au jour du crime, n'auraient pu, disait-il, échapper à un sévère examen. Les magistrats s'étaient en tout éloignés de la route que la loi leur prescrivait de parcourir, puisque cette loi, qui veut que le procès-verbal soit dressé sur-le-champ, et sur le lieu même du délit, exige également que les délits ne soient constatés que par des juges, sous peine de nullité. Loin de remplir ce rigoureux devoir, on avait conféré cette mission à un homme obscur, sans aucune qualité requise, et qui, après s'être transporté sur les lieux, avait verbalisé sans s'informer de rien, sans entendre aucune déposition. Il n'existait aucune preuve du transport et de l'exposition des deux enfans attribués à la femme Lencret. Aucun témoin n'avait attesté les avoir vus sortir de la ville et conduire à Gassicourt; aucun témoin ne déclarait avoir entendu leurs cris perçans et plaintifs, les avoir vus dans la rue, aux portes de la ville, sur les chemins dans le village. On alléguait en vain que dans la nuit du 25 au 26 mars, on avait vu une lumière traverser les appartemens de l'accusée ; son père, comme directeur des postes était forcé de veiller une partie de la nuit, et cette déposition ne pouvait être d'aucune conséquence. Enfin les voisins avaient déclaré avoir entendu des cris d'enfans à la même heure, et une femme s'écrier avec beaucoup de force : *Ah! mon Dieu! Ah! mon Dieu!* Qui avait vérifié d'où partaient ces cris? Quel était l'âge, la force, le nombre des enfans? Qui prouvait que ces cris ne provenaient pas d'une de ces femmes indigentes et sans asile qui traînant après elle sa malheureuse famille, errait cette nuit même sans refuge? Par quel pouvoir les cris de ces enfans et de cette femme s'étaient-ils étouffés tout-à-coup? Qu'avait-on fait des enfans? Qu'étaient-ils devenus pendant le reste de la nuit, le lendemain, la nuit suivante, enfin jusqu'au 27, jour de l'exposition? La voix qui criait avec tant de force ne s'était plus fait entendre. Avait-on vu entrer et sortir de chez Famin celui qui avait transporté ces enfans à Gassicourt? L'y avait-on suivi? Rien alors ne prouvait les soupçons que la malignité avait avancé avec autant d'audace que de persévérance. Les recherches les plus minutieuses des juges n'avaient pu leur procurer aucune preuve de l'accouchement dont on avait soupçonné la femme Lencret. En vain accusa-t-on le chirurgien d'Epone d'avoir été appelé mystérieusement pour sa délivrance : sa déposition détruisit cette fausse accusation. Le chirurgien, témoin de la dernière crise que Thérèse avait éprouvée, crise à laquelle elle avait dû son retour à la santé, avait également déclaré qu'il n'avait trouvé dans la malade et dans la révolution qui venait de s'opérer en elle, aucun indice qui pût caractériser ni permettre de soupçonner un accouchement. Soixante ou quatre-vingts témoins de tout âge, de tout état, de tout sexe et de toute condition avaient déposé en faveur de l'accusée, de sa conduite habituelle, de ses mœurs irréprochables qui ne pouvaient admettre la pensée d'une grossesse, et lorsque les soupçons dirigés sur elle lors de son mariage avec Lencret eussent eu quelques fondemens, si l'accusée eût été enceinte de lui lors de son union, était-il à présumer qu'un père eût lui-même prêté la main à l'exposition de ses enfans?

Après avoir récapitulé tous les faits qui étaient à l'avantage de l'accusée, l'avocat rappelait les dépositions des médecins experts, appelés près d'elle par ordonnance des juges, pour procéder à une visite scrupuleuse qui pût établir les preuves certaines de la maladie dont elle disait avoir éprouvé les effets, ou de l'accouchement dont elle était soupçonnée. Le témoignage de ces experts ne pouvait apporter aucune preuve contre la femme Lencret; cette visite au fond du cachot où elle était plongée, n'avait eu lieu qu'après un espace de temps trop prolongé pour que les médecins, même les plus instruits, pussent reconnaître les preuves d'un accouchement. Ces experts ne s'étaient point d'ailleurs occupés de découvrir s'il existait des symptômes d'hydropisie; ils n'avaient cherché que la possibilité de l'accouchement, et avaient cru en trouver la certitude dans des signes qui proviennent également de l'hydropisie et de l'enfantement, telles que le gonflement des seins et les vergetures, qui, provenant d'une tension peu naturelle de la peau, sont également communes aux femmes qui ont été mères, et à celles qui ont été affligées d'une hydropisie, et en général à toutes les personnes, qui après avoir eu un embonpoint considérable, maigrissent excessivement.

A ces moyens de défense, l'accusée joignit deux consultations, l'une de Petit, Leclerc et Durand, docteurs de la Faculté de médecine de Paris; l'autre de Valentin, Louis, Ruffel, Barbaut et Veyret, maîtres en chirurgie de l'École de Paris.

Ces deux ouvrages rédigés de la manière la plus précise et la plus susceptible d'éclairer les juges sur la question ardue soumise à leur décision, prouvaient évidemment que les signes qui avaient déterminé les experts à prononcer que l'accusée venait d'accoucher, auraient dû au contraire leur faire connaître qu'elle n'avait jamais été mère.

Quoique les signes que laissent l'hydropisie et l'enfantement aient la même apparence, il existe cependant entre elles des différences qui ne peuvent échapper aux gens de l'art. Ces différences sont occasionnées par le changement de diverses parties, changemens que les anatomistes doivent discerner soit à la vue, soit au toucher, et dont la réalité est démontrée par l'autorité des auteurs les plus graves qui ont écrit sur cette matière.

Après de longs débats, l'audition d'un grand nombre de témoins et les dépositions des membres de la Faculté de Paris, intervint un arrêt, le 30 juillet 1767, qui déclara Thérèse-Ismérie Famin, femme de Robert-Nicolas Lencret, marchand mercier à Mantes, déchargée de l'accusation portée contre elle.

FAVA (FRANCESCO).

L'homme est de glace aux vérités,
Il est de feu pour le mensonge.

LA séduction a fait de tout temps plus de partisans que les connaissances réelles; et tel homme instruit qui s'est vu méconnu, méprisé même, eût été fêté et prôné, s'il avait eu l'audace d'imposer à la multitude par de brillans prestiges. La France surtout a offert aux intrigans, un théâtre vaste et facile pour exercer leur imposture, et leur a prodigué tour à tour son or et son admiration.

On ne connaît positivement ni le nom, ni le pays, ni la profession de Francesco Fava. Changeant de nom selon les circonstances, se disant tantôt médecin, tantôt marchand, et variant même sur le lieu de sa naissance, on ne peut offrir à cet égard que des données fort incertaines. Cependant, comme il déclara en justice que son véritable nom était Francesco Fava, et qu'il était né d'une famille honnête de Finale, près de Gênes, c'est sous le nom déclaré par lui que nous avons cru devoir l'adopter.

Dès sa jeunesse, Fava parcourut une partie des

provinces de l'Italie, et commença sa brillante carrière par l'étude de la médecine, dans laquelle il acquit une sorte de renommée, particulièrement par ses connaissances relatives aux empoisonnemens. Persuadé qu'en unissant son sort à celui d'une femme jolie et spirituelle, il obtiendrait encore plus de confiance, il rechercha Catherine Oliva, fille d'un marchand d'huiles qui demeurait à Orta. Ce fut sous le nom de César Fiori qu'il s'introduisit chez le père de la jeune Napolitaine; il espérait que, quoique son extraction et le lieu de sa naissance fussent inconnus, sa renommée seule suffirait pour disposer le négociant en sa faveur. Celui-ci ayant désiré avoir quelque témoignage authentique de ce que Fava lui avait avancé, l'adroit Francesco feignit d'entrer dans ses désirs, et lui présenta peu après un acte dressé par lui, provenant, disait-il, du juge de Saint-Séverin, et scellé de lui, dans lequel ce juge attestait que Fava était de la maison de Fiori de Saint-Séverin, près de Naples.

Satisfait de la lecture de cet acte, le marchand lui accorda sa fille. Peu de temps après la célébration de son mariage, Francesco quitta Orta, et alla s'établir, avec son épouse, à Castelarca, ville située à quelques lieues de Plaisance. Il avait alors repris le nom de Francesco Fava.

Au commencement de l'année 1607, Fava, ne pouvant suffire qu'avec peine aux besoins de sa nombreuse famille par sa profession de médecin, cédant d'ailleurs à l'esprit d'intrigue qui le dominait, résolut de tenter, par un coup périlleux, à assurer le repos du reste de sa vie. Partant donc de Castelarca au temps de Pâques, il se dirigea vers Naples, où il arriva sous le costume d'un abbé. Son premier soin, en arrivant dans cette grande ville, avait été de s'informer des banquiers les plus en réputation. S'étant procuré les renseignemens qui lui étaient nécessaires, il s'adressa au riche Alexandre Bossa, comme désirant en recevoir une lettre de change de cinquante écus pour faire tenir à un neveu qu'il avait et qui était étudiant à Rome. Le banquier donna de suite à Fava la lettre de change qu'il lui demandait, et reçut la somme en échange. L'intrigant, muni de cette lettre, la garda pendant quinze jours qu'il employa à en imiter et contrefaire l'écriture à s'y méprendre; et lorsqu'il se crut certain de la réussite de son projet, il reporta la lettre de change au banquier et en retira ses cinquante écus, donnant pour motif que n'ayant plus aucune affaire à traiter à Venise, il n'avait plus besoin de traite sur cette ville.

Francesco avait su mettre à profit les diverses visites qu'il avait faites dans les bureaux du banquier. Il s'était adroitement emparé de quelques lettres inutiles à celui-ci, mais qui, étant écrites de sa main et de celle de Bordenali son coassocié, pouvaient servir aux desseins qu'il méditait. Profitant également un jour de l'absence d'Alexandre Bossa, il se présenta chez lui, et annonçant au jeune homme qui s'y trouvait que son intention était d'attendre le retour du banquier, il lui demanda de vouloir bien lui donner du papier, de la cire et un cachet pour faire plusieurs lettres pressées : son but, par ce moyen adroit, était de connaître le papier sur lequel le banquier écrivait habituellement, et de se procurer son cachet.

Fava demeura à Naples pendant deux mois. Il en partit pour se rendre à Padoue, ville où il devait mettre à exécution son projet. Sous le vêtement d'un simple prêtre, il se présenta à l'évêque de Concordia ; lui avoua qu'il était l'évêque de Venafri, du royaume de Naples ; qu'une fausse accusation d'intrigue amoureuse avec la fille du duc de Caetan, l'avait fait renvoyer de son évêché, et qu'il s'était rendu à Rome pour se justifier ; mais que la fureur de ses ennemis l'ayant poursuivi jusque-là, et sa vie n'étant plus en sûreté, il s'était vu forcé de se déguiser et de s'éloigner promptement. Fava termina le récit de ses infortunes supposées, en avouant à l'évêque qu'il venait chercher près de lui un asile et une protection contre ses persécuteurs. Il lui exprima le désir qu'il avait, qu'il voulût bien lui prêter son entremise pour lui faire remettre à Venise dix mille ducats qu'il avait laissés à Naples entre les mains d'un seigneur napolitain, le marquis de Ste-Arme, ne voulant pas faire cette démarche lui-même, dans la crainte de mettre ses persécuteurs sur ses traces. Fava ajouta qu'il destinait ces dix mille ducats à acheter des diamans, perles et chaînes d'or qu'il destinait à divers seigneurs qui pourraient pacifier son affaire, et le remettre dans son évêché.

L'évêque de Concordia pleignit son faux collègue, l'assura de sa protection, et lui promit, par le moyen d'un de ses amis nommé Bertoloni, établi banquier à Venise, de lui faire faire facilement, dans cette ville, la remise des dix mille ducats que le marquis de Ste-Arme avait entre les mains.

L'audacieux imposteur accepta les offres obligeantes de l'évêque, et, après lui avoir exprimé ses remerciemens, il prit congé de lui, charmé du succès inespéré de ses démarches, et interrogeant déjà, dans l'éloignement, la perspective heureuse que son adresse lui ménageait.

Il laissa passer quelques jours qui étaient censés le temps nécessaire à un courrier pour aller de Padoue à Naples, et de Naples à Venise; puis il donna à Octavio Oliva, l'un des frères de sa femme qui l'accompagnait partout, un paquet de lettres, qu'il était censé rapporter de Naples pour qu'il les portât à Venise chez le banquier Angelo Bossa, oncle et correspondant d'Alexandre Bossa, banquier à Naples. Il est inutile de dire que les lettres que contenait ce paquet étaient fabriquées par Fava.

L'une était supposée écrite par le banquier Alexandre Bossa à son oncle, pour lui donner avis que sous quelques jours il lui ferait parvenir dix mille ducats, pour qu'il eût à les remettre à Antonio Bertoloni, banquier à Venise. La seconde était soi-disant écrite par le marquis de Ste-Arme, et adressée à l'évêque de Vénafri. La troisième lettre, également du marquis de Ste-Arme, était adressée à l'évêque de Concordia, et le remerciait de la réception gracieuse qu'il avait faite à son ami. Enfin, la dernière mandait à Antonio Bertoloni que sous peu de jours il lui ferait passer une lettre de change de dix mille ducats.

Ces lettres étant rendues à leur destination, Fava supposa encore avoir reçu un nouveau paquet de lettres, parmi lesquelles se trouvait la lettre de change souscrite par Francesco Bordenali, coassocié d'Alexandre Bossa.

Le résultat de toutes ces intrigues fut que Fava, sur le conseil de l'évêque de Concordia, se décida à partir pour Venise, afin d'aller recevoir lui-même sa lettre de change, malgré la crainte qu'il éprouvait d'être découvert dans cette ville.

Muni de lettres de créances de l'évêque de Concordia, Fava se rendit à Venise, et se présenta à Bertoloni qui le logea dans sa maison et le traita avec toute la déférence due à un prélat distingué.

Aussitôt que Bertoloni fut certain qu'Angelo Bossa solderait la lettre de change qui lui était adressée, il s'empressa de satisfaire les désirs de Fava, et fit chercher, dans les plus beaux magasins de Venise, les diamans et les perles les plus précieux, et les fit apporter pour que le faux évêque pût choisir ce qui lui conviendrait. Fava, après un examen minutieux des précieux objets qui étaient offerts à sa convoitise, en choisit un grand nombre que Bertoloni paya sans hésiter, ainsi que tous les frais qu'avaient occasionnés ces divers achats.

Pendant le temps que dura cette affaire, Fava soutint admirablement le rôle qu'il avait adopté : ses actions et ses discours étaient empreints d'un air d'humilité et de mysticité. Les paroles les plus onctueuses de l'évangile se mêlaient à toutes ses conversations, et le plus souvent il avait entre les mains son bréviaire sur lequel il attachait d'humbles regards. Enfin sa modestie, son air imposant lui attiraient le respect de toutes les personnes qui l'approchaient.

Le faux évêque avait soin de mêler à ses conversations intimes avec Bertoloni, quelques circonstances arrivées, disait-il, dans son évêché ; mais ce n'était que légèrement qu'il traitait ces sujets, et jamais il ne semblait y apporter d'intention ni d'importance.

Fava voyant tous ses projets réalisés, se souvint que l'évêque de Concordia l'avait assuré de la fidélité de don Martino, un de ses anciens serviteurs, et qu'il le lui avait demandé pour l'accompagner lorsqu'il quitterait Padoue ; il écrivit alors à cet évêque que ses achats étant terminés, il espérait partir le lendemain matin de Venise, et qu'il se dirigerait vers Padoue, où après être resté le temps nécessaire pour lui présenter ses complimens, il en repartirait aussitôt avec don Martino qu'il désirait qui se tînt prêt pour l'accompagner. Fava ignorait le nom de l'évêque de Venafri dont il avait emprunté la dignité ; comme son audace ne pouvait reculer devant une nouvelle fourberie, il signa au hasard le nom de Carlo Pirotto.

Bertoloni, qui n'avait pas cru devoir mettre le faux évêque en possession des objets précieux qu'il lui avait fait acheter, avant d'en avoir préalablement instruit l'évêque de Concordia, reçut une réponse tellement favorable à l'imposteur, qu'il ne fit aucune difficulté de lui livrer sequins, diamans, perles et chaînes d'or, en échange d'une quittance également donnée au nom de Carlo Pirotto, évêque de Venafri.

Fava témoigna à Bertoloni sa reconnaissance pour les complaisances et déférences qu'il avait eues à son égard, et disposa tout pour son départ. Mais voulant témoigner à sa manière la gratitude que les soins de son hôte lui avaient inspirée, il crocheta la serrure d'un coffre où il savait qu'était renfermé l'argent du riche banquier, et après avoir pris quatre cents écus en or, il referma le coffre avec une telle adresse qu'il était impossible de s'apercevoir qu'il eût été ouvert.

Tout étant près pour le départ, Fava, accompagné de Bertoloni, et suivi de son beau-frère Pietro Oliva, partit de Venise. A peine arrivé à Padoue, il se rendit chez l'évêque de Concordia, le remercia des services qu'il lui avait rendus et refusa l'offre qu'il lui fit de dîner avec lui, alléguant le désir qu'il avait de rejoindre de suite à Turin le marquis d'Est, afin de mettre ordre à ses affaires. Enfin, ayant demandé que don Martino l'accompagna et ayant appris qu'il était absent, il partit à la hâte, suivi de son beau-frère et satisfait de la réussite d'une escroquerie dont il espérait l'impunité.

Bertoloni, de retour chez lui ne tarda pas à s'apercevoir du mécompte qui existait dans le coffre où il plaçait son argent; quelques soupçons s'élevaient dans son esprit, cependant il les éloigna aussitôt. Huit jours après il se fit payer par Angelo Bossa le montant de la lettre de change qu'il avait acquittée pour ce dernier.

Le lendemain que ce paiement eu lieu, un courrier exprès arriva de Naples, envoyé par Alexandre Bossa à son oncle Angelo. Alexandre l'informait qu'il ignorait absolument l'affaire dont il était question, et qu'il n'avait donné aucune lettre de change au marquis de Sainte-Arme. Angelo Bossa, consterné de cette nouvelle, porta de suite sa plainte contre le faux évêque et obtint décret des juges de la nuit. L'évêque de Concordia, Bossa, Bertonoli se joignirent à lui pour découvrir l'imposteur qui les avait trompés avec tant d'audace. De nombreuses recherches n'aboutirent à rien, on envoya dans toutes les provinces de l'Italie, et même hors de l'Italie, des mémoires contenant un état détaillé de tous les objets que Fava avait volés. On promettait le quart de la valeur des objets à celui qui les ferait retrouver. Un de ces mémoires parvint au nommé Aumagres, banquier à Paris, qui après en avoir fait faire des copies, les distribua parmi les orfèvres de la capitale.

L'intention de Fava en quittant Padoue n'était point d'aller à Turin, ainsi qu'il l'avait annoncé; il retourna chez lui à Castelarca, et après avoir informé sa femme qu'il avait reçu quelques fonds de ses débiteurs et que le moment était arrivé où ils devaient s'aller établir en France pour y tenter la fortune, il partit avec sa famille et l'un de ses beaux-frères; il passa rapidement à Venise, traversa la Suisse et arriva en France, où au mois de novembre il était installé à Paris, dans une chambre garnie, près la place Maubert.

Lorsque Fava se vit arrivé à bon port à Paris il se crut désormais à l'abri de toute poursuite; cependant craignant de ne point trouver dans cette ville un refuge contre la haine de ceux qu'il avait trompés, il se décida à se défaire de ses diamans, et avec le prix qu'il en retirerait à aller chercher au fond de quelques villes d'Anjou ou de Poitou, une retraite ignorée.

Après avoir arrêté l'exécution de ce nouveau projet, il écrivit à un de ses intimes amis, nommé Francesco Corsina, établi alors en Flandre, où il avait une boutique d'apothicaire, que s'il voulait se réunir à lui ils leveraient une bonne pharmacie où, travaillant tous deux de leur art, ils partageraient par moitié les profits qui en proviendraient.

En attendant des nouvelles de Corsina, Fava chercha à se défaire de ses diamans; ne croyant pas pouvoir prendre trop de précautions, il s'adressa non à un de ces riches orfèvres dont les magasins réunissent les classes les plus opulentes de la société, mais à un nommé Bourgoin, qui avait une petite boutique près de l'église de St.-Leufroy, non loin du Pont-au-Change; après quelques pourparlers, Fava accepta les offres du marchand, qui lui promit de lui faire vendre tous ses diamans, et il lui laissa quatre petites boites, après toutefois en avoir pris un récépissé, se promettant de revenir dans quelques heures, pour savoir si l'orfèvre avait trouvé un acquéreur.

Espérant terminer une affaire qui lui serait avantageuse, l'orfèvre s'empressa de chercher des marchands qui voulussent acheter les diamans de Fava. Le hasard fit qu'il s'adressa à un lapidaire nommé Maurice, et à Pâris Turquet, joaillier, qui tous deux avaient eu connaissance du mémoire envoyé de Venise, et qui reconnurent au premier instant les boîtes que l'orfèvre leur montrait, comme étant du nombre de celles désignées dans le mémoire. Tous trois après s'être bien assurés de l'identité des objets, s'associèrent pour le quart promis à celui qui découvrirait les marchandises perdues, et donnèrent aussitôt avis de cette affaire à Denis de Quiquebœuf, lieutenant de la grande prévoté de la connétablie de France.

Lorsque Fava revint pour savoir des nouvelles des diamans qu'il avait confiés à l'orfèvre, le lieutenant de prévoté s'offrit à lui comme étant un marchand, et désirant acheter un assez grand nombre de pierreries. Fava, sans aucun soupçon, s'empressa de lui montrer d'autres boîtes, qui furent également reconnues par le lapidaire et par

Turquet; mais commençant à s'inquiéter de l'attention avec laquelle ces marchands considéraient ces boites, et des regards qu'ils échangèrent entr'eux, prétexta une assignation pressée, et promit de revenir sous quelques instans. Le lieutenant Quiquebœuf se fit alors connaître, et malgré l'assurance que lui donnait Fava qu'il avait loyalement acquis ces diamans, il le fit arrêter, et, se transportant à sa demeure, il y trouva en effet tous les objets désignés dans le mémoire.

Interrogé dès le jour même de son arrestation, Fava déclara qu'il se nommait Francesco Fava, qu'il était né à Capria sur les confins de la Ligurie, et avait de quarante-cinq à quarante-six ans.

Quoique docteur en médecine, il s'était toujours disait-il, occupé de trafiquer des pierreries, et c'était par suite de ce négoce, qu'il se trouvait en possession des objets qu'il était accusé d'avoir volé et qu'il avait achetés à Plaisance, pour une somme de 5,150 ducats.

Le soir même de l'interrogatoire de Fava, son beau-frère Piétro Oliva, se sauva sans qu'on en ait jamais entendu parler depuis.

Le lendemain 13 janvier 1608, on continua l'interrogatoire. Fava, déconcerté par les preuves qu'on lui offrait de sa culpabilité, s'embarrassa dans ses réponses, et finissant par implorer la clémence de ses juges, il se jeta à leurs pieds, confessa son crime, et en avoua toutes les particularités.

Conduit prisonnier au Fort-Lévêque, l'imposteur démasqué, sentit que, quelle que fut sa condamnation, il ne pourrait plus reparaître dans la société, où son déshonneur était connu; décidé à se soustraire par la mort, à la honte ou au supplice qui lui était réservé, il s'enveloppa dans ses vêtemens, et avec un canif dont il s'était muni, il se coupa les veines des deux bras, en cinq endroits différens. Le froid ayant arrêté son sang, et n'ayant plus la force d'achever son suicide, Fava appela le geôlier, dont les soins le rappelèrent à la vie.

Après avoir fait un aveu détaillé de toutes les circonstances qui avaient précédé et suivi son vol, Fava interrogé si sa femme avait eu connaissance de sa conduite, répondit que la sienne était trop simple et trop innocente, pour qu'il lui eût confié le projet qu'il avait formé. Lors de leur confrontation, Fava s'aperçut que la douleur et le ressentiment de sa conduite l'avaient consternée; pâle et sans voix, elle le pressait sur son sein, sans proférer une seule parole. Ému de son affliction, il lui dit tendrement: Femme, femme, calme-toi; si je vis, tu posséderas toujours ce que tu aimes; si je meurs, tu perdras la cause de ton ennui.

Les juges de Fava parurent douter long-temps qu'il eût pu ourdir une escroquerie aussi audacieuse, sans le secours d'aucun confident; ils étaient persuadés, d'ailleurs, qu'il n'avait pu faire lui seul, toutes les fausses lettres dont il avait eu besoin. Fava détruisit leurs doutes à cet égard; il avoua que bien qu'il ne fut évêque, marquis ni marchand, il n'ignorait pas les titres, les honneurs et les déférences dont on usait ordinairement envers eux; quant à l'imitation de l'écriture, il ajouta que sa trop grande science dans cette partie, avait été cause de ses fautes, et qu'il était tellement expert dans cet art, qu'il pouvait contrefaire l'écriture de cinquante mains différentes, en moins d'une heure, sans qu'il fût possible de distinguer ses copies des originaux; et que quant aux cachets il lui suffisait d'en avoir un de cire pour modèle, pour en faire de semblables, aussi bien et aussi promptement que les plus habiles graveurs.

Pendant l'instruction du procès, Francesco Corsina, auquel Fava avait écrit, arriva à Paris; il parvint à voir le prisonnier et lui promit de lui faciliter les moyens de se sauver, et de le tenir en outre au courant de tout ce qui aurait rapport à son procès. Ce fut effectivement par lui que Fava apprit le 25 février, que le courrier de Venise venait d'arriver et que Antonio Bertoloni devait le suivre pour venir lui-même lui faire faire son procès. Fava sentit qu'il devait maintenant tout tenter pour se soustraire à la justice des lois; il avait remarqué qu'en pénétrant dans la chambre du geôlier, il pouvait aisément se sauver par la fenêtre et franchir la muraille qui fermait sa prison du côté du quai de la Mégisserie. Il chargea Corsina de lui procurer des cordes, et lui promit pour récompense de ce service qu'aussitôt qu'il se verrait en sûreté, il le mettrait à même d'élever une pharmacie dans laquelle ils exerceraient tous deux la médecine.

Corsina exécuta ponctuellement les ordres de Fava, et celui-ci reçut bientôt tout ce qui devait aider son évasion. Le 27 février fut choisi par lui pour mettre à exécution son projet de fuite. Déjà le prisonnier touchait au moment de se voir à l'abri de tout danger, un contretemps facheux donna bientôt l'éveil, et prêt à franchir les murs de sa prison, Fava fut repris et resserré plus étroitement que jamais.

Antonio Bertoloni, arrivé à Paris avec une lettre de faveur de sa république, après avoir salué l'ambassadeur de Venise, avait été présenté au roi, qui avait voulu connaître toutes les particulités de son affaire, et avait donné ordre au chancelier de lui faire rendre prompte et entière justice. Bertoloni était porteur d'une procuration d'Angelo Bossa et de toutes les pièces nécessaires à l'instruction du procès.

Fava n'ignorait aucune de ces circonstances; n'espérant plus pour lui de salut dans la fuite, il s'abandonna à un désespoir dont il cacha cependant les effets, et prit la ferme résolution de s'empoisonner ainsi que sa femme et ses enfans.

Le 4 mars il pria le geôlier de lui faire venir un barbier pour lui couper les cheveux et la barbe. Cette opération faite, il chargea le barbier de lui aporter des feuilles de roses, des raisins de Corinthe, du sucre et une demi-once d'antimoine dont il voulait faire un onguent pour une inflammation qu'il avait aux yeux. Le barbier acheta ces drogues, mais l'antimoine étant un poison, il crut devoir avertir le geôlier de la commission que lui avait donnée le prisonnier. Fava se vit encore cette fois privé des moyens d'attenter à son existence. Cependant étant tombé malade peu de temps après, et sa maladie s'annonçant par des vomissemens continuels et de violentes coliques, il est présumable qu'il était parvenu à se procurer de l'antimoine, mais que la dose étant trop faible il n'avait pu se faire mourir.

Le procès avait été mis en état, et d'après les conclusions du procureur du roi Pierre Forestier, il fut distribué à l'avocat Roland Bignon, pour qu'il eût à en faire son rapport. Enfin le 22 mars les pièces furent rapportées et vues, mais l'heure étant avancée, on renvoya le jugement définitif au lundi suivant.

Fava, instruit que son jugement allait être prononcé, résolut d'échapper à la honte du supplice par un effort de courage.

Sa femme étant venue le voir le jour même, il lui exprima le désir de manger d'une pâte italienne qu'elle lui avait déjà préparée plusieurs fois. Celle-ci s'empressant de satisfaire ses désirs, lui envoya dès le lendemain, par son fils, la pâte qu'il disait. Le prisonnier ne l'eut pas plus tôt reçue, qu'en rompant un morceau, il enferma dedans une forte portion d'arsenic qu'il s'était procuré sans qu'on ait jamais pu savoir par quel moyen, et certain cette fois de ne point échouer dans son entreprise, il avala tranquillement cette pâte empoisonnée. Quelques momens après sa femme arriva ; le poison faisant déjà son effet, Fava ne lui dissimula pas les souffrances aiguës qu'il éprouvait, sans cependant lui en avouer la cause. Après lui avoir fait ses derniers adieux, et avoir donné deux fois sa bénédiction à son fils, il les força tous deux à retourner chez eux, et aussitôt après leur départ il demanda un prêtre. Ayant refusé l'assistance d'un ecclésiastique qui était prisonnier, le poison commença son action active, pendant qu'on était allé en chercher un autre, et il tomba dans les plus horribles convulsions. Se sentant près de ses derniers momens, il voulut qu'on l'ôtât de son lit et qu'on le plaçât sur une paillasse pour y mourir, et il expira en effet peu après sans que le geôlier ni les prisonniers connussent la cause de sa mort et eussent le tems et les moyens d'y remédier.

Le lundi matin, 24 mars 1608, les juges assemblés pour le jugement du procès furent avertis de la mort du prisonnier. Le corps ayant été ouvert, on trouva dans l'estomac le poison qu'il avait pris la veille. On interrogea sa femme, puis on fit le procès au cadavre. La sentence fut prononcée le jour même. Elle déclara Francesco Fava atteint et convaincu de vol, d'escroquerie, de supposition de nom, d'écritures et de cachets; en outre, d'avoir plusieurs fois attenté à ses jours, étant en prison, et de s'être enfin fait mourir, le procès étant sur le bureau : pour réparation de quoi elle le condamna à être traîné la face contre terre à la voirie par l'exécuteur de la haute justice, et là pendu par les pieds à une potence qui y serait dressée à cet effet.

La sentence prononça la confiscation des biens du condamné au profit de qui de droit, « sur « iceux préalablement pris la somme de 9,356 du- « cats douze gros, monnaie de Venise, et pour les « dépens, dommages et intérêts d'Angelo Bossa « ou à son procureur, les diamans, perles, chaînes « d'or et sequins dont Francesco Fava a été trouvé « saisi. »

On renferma dans la sentence cette disposition dernière : « Octavio Oliva, Pietro Oliva et Fran- « cesco Corsina seront pris au corps partout où « ils seront trouvés, et amenés prisonniers au « fort l'Evêque, pour leur être fait et parfait leur « procès. »

Les juges de la Connétablie se turent sur le quart promis aux marchands qui avaient recouvré les diamans, perles et chaînes d'or, d'autant qu'ils s'étaient arrangés avec Angelo Bossa, pour une somme de cent écus.

FERRAGE (Blaise),

OU

LE BRIGAND ANTHROPOPHAGE.

Le scélérat dont on va retracer imparfaitement les crimes, ne peut mériter le nom d'homme, puisqu'il s'était rangé lui-même dans la classe des bêtes féroces.

Blaize Ferrage, surnommé Seyé, maçon de profession, était né à Ceseau, village du comté de Comminges.

D'une très-petite stature, sa force athlétique le rendait redoutable dans tout le canton qu'il habitait. A une vigueur physique peu commune étaient réunies les inclinations les plus vicieuses et les plus perverses. Dès sa plus tendre jeunesse, se livrant sans contrainte à son penchant pour la débauche et le libertinage, il poursuivait, avec l'acharnement d'un satyre, les femmes et les filles qu'il pouvait rencontrer à l'écart, et ce n'était qu'avec peine que celles-ci se dérobaient à son incontinence.

A peine âgé de vingt-deux ans, Ferrage, se bannissant volontairement de la société, et se retranchant de l'espèce humaine, lui voua une haine implacable, et ne songea plus qu'à assouvir sur elle sa férocité.

Le creux d'un rocher situé sur la crête des montagnes d'Aure devint le repaire où Ferrage se dérobait aux poursuites dirigées contre lui. Dès que les voiles de la nuit venaient favoriser ses projets, s'élançant de sa caverne, tel qu'un loup cervier, il parcourait les campagnes environnantes, enlevant brebis, moutons, fruits et volailles, en un mot tout ce qui s'offrait à sa rapacité; et quelquefois même oubliant toute prudence, il se montrait en plein jour dans les lieux qu'il désolait par ses brigandages.

Si Ferrage avait borné là ses rapines, il n'eût été rangé que dans la classe des voleurs audacieux; mais, enfreignant toutes les lois divines et humaines, il s'élançait sur les femmes ou jeunes filles qu'il pouvait surprendre, les enlevait malgré leurs cris, et les entraînait dans sa caverne : en vain quelques-unes parvenaient-elles à lui échapper, leur fuite ne pouvait les soustraire à la cruauté de ce monstre, qui les poursuivait à coups de fusil. Dès qu'il les avait atteintes et renversées, il courait sur elles comme le vautour sur sa proie, et assouvissait sa passion féroce sur les cadavres palpitans de ses victimes.

Le voisinage dangereux de ce malheureux obligeant les habitans des environs de sa retraite à veiller avec attention à l'approche de cet ennemi commun, souvent Ferrage manquait de vivres. L'opinion générale était qu'il était devenu anthropophage. Il préférait, disait-on, pour ses repas de canibale, les femmes, et surtout les jeunes filles. Les cadavres des hommes qu'il égorgeait ne pouvaient satisfaire que sa voracité, tandis qu'il pouvait commettre un double crime sur ceux des femmes qui expiraient sous ses coups, et qui, avant de devenir sa pâture, servaient à satisfaire sa luxure. La plus tendre enfance n'obtenait même pas grâce à ses yeux, et le fer prêtait au besoin son secours à ses attentats.

Semblable aux bêtes féroces au milieu desquelles il s'était choisi un refuge, Seyé passait une partie des jours accroupi sur la cîme des montagnes, attendant l'occasion favorable. Éloigné de tout commerce avec ses semblables, vivant au milieu des rochers, des forêts et des neiges, sa vie était extrêmement dure; il ne marchait jamais qu'armé jusqu'aux dents. L'effroi qu'inspirait sa présence était universel, et la maréchaussée n'en était pas exempte. Cependant l'épouvante que la présence de Ferrage inspirait était empreinte d'une teinte de merveilleux, et lorsque son audace le portait à descendre aux marchés de Montugeau, ville voisine de sa retraite, pour y renouveler sa provision de poudre et de balles, loin de chercher à se saisir de sa personne, il voyait fuir devant lui la foule épouvantée.

Surmontant la terreur qu'il inspirait à tous, la maréchaussée était parvenue une fois à l'arrêter; mais il avait trouvé le secret d'échapper à ses geôliers. Les paysans prétendaient qu'il portait habituellement dans sa chevelure une herbe dont la propriété était de ronger le fer. Malgré l'absurdité de cette opinion, elle s'était tellement accréditée, que la seconde fois qu'il fut pris, on lui sauta d'abord aux cheveux, afin de le priver de la ressource de cette herbe extraordinaire.

La peur qu'il inspirait n'avait plus de bornes. Les paysans n'osaient plus sortir seuls, redoutant ses attaques. Il venait, en peu de temps, de commettre deux crimes avérés : le premier, envers un laboureur qu'il soupçonnait d'avoir voulu le faire arrêter, et dont, pour se venger, il avait incendié la grange dans laquelle ses troupeaux étaient renfermés; le second, sur un marchand de mules, Espagnol, qui, en passant au pied des montagnes d'Aure pour venir en France, avait été rencontré par lui. Seyé, après s'être offert à lui servir de guide, l'avait attiré dans sa caverne, où il l'avait assassiné.

On sentit enfin la nécessité d'employer tous les moyens possibles de s'en affranchir. Des récompenses furent promises par les habitans du canton à celui qui le livrerait. Il n'était pas facile de le saisir; sa caverne était fortifiée par la nature, on n'y pouvait arriver que par d'étroits sentiers presque à pic, et l'habitant de cette demeure déserte avait sans cesse l'éveil sur ses dangers, et se tenait constamment sur la défensive.

Enfin un particulier, qui se trouvait lui-même sous le coup de la loi, résolut de mériter sa grâce et la récompense promise, en livrant aux autorités du pays celui dont le nom seul était un grand sujet de frayeur. Il gagna les montagnes qui servaient d'asile à Seyé, feignit de choisir au milieu des rochers, un refuge contre la justice, et gagna ainsi la confiance du brigand, qui, sans soupçon et sans crainte, forma bientôt une liaison intime avec lui. Cette ruse eut un succès inespéré; Seyé par l'adresse de son nouvel ami, fut découvert et arrêté au milieu des montagnes où il s'était égaré pendant la nuit, et malgré la terreur dont on ne pouvait se défendre à son approche, il fut contraint de céder aux forces que l'on avait réunies contre lui.

Son arrestation répandit la joie la plus vive dans tout le canton. Chacun se félicitait d'être délivré de cet épouvantable fléau.

Le procès de Seyé ne pouvait être long. Le parlement de Languedoc le condamna le 12 décembre 1782, à être rompu vif, et l'exécution eut lieu le lendemain. Seyé avait vingt-cinq ans. On crut devoir redoubler de surveillance; le jour de son supplice, la garde fut triplée. On ne pouvait attendre d'un tel criminel, ni larmes, ni repentir; en effet, Seyé marcha au lieu du supplice, avec le visage coloré et l'air tranquille. Malgré les gardes dont il était entouré, les paysans ne le considéraient qu'avec effroi, et tremblaient encore en le voyant sur la roue. Ils ne furent entièrement rassurés que lorsqu'ils le virent mort.

Seyé n'avait habité les montagnes, que trois

années, et pendant ce court espace de temps, il avait accumulé sur sa tête, les crimes que des scélérats consommés n'auraient pas commis dans leur vie entière. Outre les vols qu'il avait exercés dans tout le canton, on n'estimait pas à moins de quatre-vingts, les filles et les femmes qui étaient devenues sa proie, et lui avaient servi de pâture.

FERRIÈRES (Charles-Goubert des),

OU

LES JUGES DE MANTES.

Charles Goubert des Ferrières, d'une ancienne famille, quitta le service avec le titre de capitaine de cavalerie, et obtint une place de garde de la manche du roi, qu'il conserva pendant cinq ou six ans. Il était seigneur de la paroisse de Saint-Chéron, et en partie de celle de Villeneuve, près de Mantes.

Il avait eu d'un premier mariage, trois enfans, dont un garçon, que l'on appelait Saint-Chéron, et deux filles, Geneviève et Catherine. Parvenu à l'âge de soixante-quinze ans, il épousa en secondes noces Marie-Barbe Pouget, qui n'avait que quatorze ans. Le sieur des Ferrières ne tarda pas à se repentir de l'imprudence qu'il avait commise, en épousant une aussi jeune personne. Ce mariage fut désagréable aux enfans du premier lit. La désunion qui existait entr'eux et la nouvelle épouse, le dégoût que celle-ci ne tarda pas à éprouver, pour un mari presque octogénaire, l'indépendance de son caractère, et plus encore ses inclinations, la déterminèrent à quitter la maison maritale. Revenue à Paris, elle fit la connaissance d'un nommé Paquin, avec lequel on prétendit même qu'elle avait contracté un second mariage, du vivant de son mari.

Quoi qu'il en soit, la vie scandaleuse de la dame des Ferrières, étant parvenue à la connaissance du procureur-général, il la poursuivit comme bigame, et par un arrêt du 27 août 1699, il fut ordonné qu'il serait plus amplement informé de ce crime, pendant trois mois.

Des Ferrières ne fit aucune tentative pour ramener vers lui une épouse qui, dans un âge où la timidité et la modestie doivent régler toutes les actions, ne connaissait aucune retenue, et enfreignait également les lois du devoir, et celles de l'honneur. Jouissant dans tout le canton d'une certaine considération, et de l'estime des gens de bien, il se consola de sa disgrâce.

Des liaisons assez intimes, existaient entre lui et le sieur Ferret, vicaire de la paroisse de Villeneuve, et ils mangeaient souvent ensemble.

Le vicaire se rendit un matin chez des Ferrières pour lui faire visite. Celui-ci était parti dès l'aurore pour la chasse, et Ferret ne trouva au logis, que la vieille servante qui filait auprès de la cheminée, tout en soignant le pot-au-feu destiné à satisfaire l'appétit du chasseur à son retour. Le vicaire, après être resté quelques instans, céda au désir de faire une plaisanterie, que le temps du carnaval où l'on était alors, rendait moins extraordinaire. Profitant d'un moment où la vieille avait le dos tourné à la cheminée, et portait toute son attention sur le fil délié qui se formait sous ses doigts, il s'empara avec adresse de la marmite bouillante, la cacha sous sa soutane, aux risques de payer bien cher sa plaisanterie, et s'éloigna sans que la servante se fût aperçue du larcin.

Il était à peine midi, lorsque des Ferrières rentra. Sa première parole en entrant fut de demander à dîner. Sa servante abandonnant son rouet, s'empressa de satisfaire aux désirs de son maître, et comptant déjà sur les éloges qu'elle allait recevoir de lui, elle s'approcha de la cheminée pour tremper sa soupe. Qui pourrait exprimer sa surprise, son effroi même, en voyant que son pot-au-feu était disparu! Ne pouvant révoquer le témoignage de ses yeux, certaine cependant de ne point s'être éloignée un seul instant, elle attribua au diable le tour qui venait de lui être joué. Trop éclairé pour faire à l'esprit malin les honneurs de la mystification dont il était l'objet, des Ferrières soupçonna le vicaire, et demanda s'il n'était pas venu. — *Il est venu, reprit la vieille servante, mais comment présumer que ce soit ce cher homme qui*..... Le vicaire est venu s'écria des Ferrières en l'interrompant, ne cherchons donc pas d'autre voleur. C'est lui, et *il me le paiera*. Ces quatre mots le conduisirent à la mort.....

Quelques jours après, le 12 février 1692, le vicaire Ferret rendit plainte devant le sieur Lebœuf, lieutenant-criminel de Mantes, pour un vol commis chez lui, vol qui consistait en un pot de beurre de seize livres, un pot de graisse, et plusieurs morceaux de lard. Ce vol peu considérable peut-être l'était cependant beaucoup pour un pauvre prêtre de village, et Ferret poursuivit sa plainte avec vigueur. La plainte portait que ce vol aurait été commis par un trou pratiqué à la muraille.

Le lieutenant criminel permit d'informer; des monitoires furent publiés, et il résulta des informations que les provisions volées avaient été trouvées dans la cave de des Ferrières, qui, de concert avec son fils, avait engagé Marie Menu, sa domestique alors, et depuis mariée à Adrien Aumont, à profiter du moment où le vicaire était occupé à l'église pour lui voler sa provision de beurre, de lard et de graisse.

Les soupçons pouvaient être dénués de fondement. Des provisions de la nature de celles qui avaient été volées pouvaient se trouver chez toute autre personne que le vicaire. D'un autre côté, il était possible et même vraisemblable que des Ferrières avait voulu se venger du tour que le vicaire lui avait joué, mais s'en suivait-il de là qu'il eût eu l'intention de commettre le crime dont on l'accusait.

Le manque de preuves empêcha que cette affaire n'eût des suites sérieuses. Le vicaire reçut vingt-cinq francs en forme de restitution, son ressentiment fut apaisé, et malgré l'information qui avait eu lieu tout fut assoupi.

On devait présumer que rien ne réveillerait une accusation qu'on avait poussée avec trop de sévérité. Cependant quelques années s'étant écoulées, Bourret, procureur du roi de Mantes, la fit revivre, non contre des Ferrières, mais contre Saint-Chéron, son fils. Dans la plainte qu'il rendit contre ce dernier en 1695, il l'accusa d'avoir enlevé sa cousine germaine et d'en avoir eu plusieurs enfans. Il l'accusait également d'avoir abusé de sa sœur Geneviève et d'avoir supprimé les enfans nés de ces deux incestes. Enfin, disait-il, Saint-Chéron avait commis plusieurs faits de violence dans le canton au nombre desquels on devait mettre le vol fait avec effraction chez le vicaire.

Cette dernière circonstance rendant l'accusé justiciable du prévôt de la maréchaussée, le prévôt de Mantes instruisit son procès, et le décréta de prise de corps. Des Ferrières, chargé par la déposition de Marie Menu, fut également arrêté; on rechercha la vie et les mœurs du vieux gentilhomme; mais, malgré le désir que l'on pouvait avoir de le faire mourir, Bourret n'osa pas pousser la condamnation plus loin que le bannissement perpétuel, et les juges prononcèrent contre lui un plus amplement informé de trois mois.

A l'égard de Saint-Chéron il fut condamné aux galères perpétuelles et obtint comme commutation de peine d'être banni à perpétuité.

Geneviève, sa sœur, qui avait pris la fuite, fut également condamnée par contumace au bannissement.

Saint-Chéron ayant été condamné en outre à une amende de 10,000 livres, Martin de la Barre, fermier du domaine, fit saisir la terre de Saint-Chéron pour le remboursement de l'amende ordonnée. Cette saisie était cependant irrégulière et dénuée de fondement, puisque la terre de Saint-Chéron appartenait à des Ferrières, et que l'amende ayant été prononcée contre son fils, il n'était nullement chargé de l'acquitter. En conséquence il interjeta appel de la saisie au parlement.

Cette démarche irrita le procureur du roi, dont le but secret était d'obtenir une condamnation pécuniaire qui devait tourner à son profit. L'appel du vieux gentilhomme faisait échouer ses projets, et l'exposait même à des poursuites qu'il crut devoir prévenir. Il se ligua avec quelques officiers du siége qui avaient eu des discussions d'intérêt avec des Ferrières, et ils ne cherchèrent plus que l'occasion de faire repentir ce dernier de la conduite qu'il avait tenue.

Cette occasion tarda peu à se présenter. Saint-Chéron, après son bannissement était entré au au service; s'imaginant que son affaire était tout-à-fait assoupie, il profita de la paix pour venir voir son père. Le prévôt, sous prétexte qu'il n'avait pas gardé son ban, le fit arrêter et condamner à être pendu. Son supplice eut lieu le 10 septembre 1698. Par un raffinement de cruauté, digne tout au plus des Cannibales, on attacha le cadavre de Saint-Chéron à un arbre vis-à-vis la porte son père, et dans la crainte qu'on ne parvînt à le détacher on l'y fixa par le cou et le milieu du corps avec des chaînes de fer et des clous rivés.

Cet acte de barbarie satisfaisait la vengeance qui animait l'esprit des juges de Mantes, mais n'assouvissait pas leur cupidité : elle ne pouvait l'être que par l'invasion du bien de l'infortuné vieillard, et, après avoir traîné le fils à la potence, ils résolurent d'y conduire également le père. A l'expiration du plus amplement informé, prononcé par le jugement du 9 septembre 1695, des Ferrières négligea de présenter requête pour obtenir sa décharge.

Trois ans passèrent sans qu'aucune charge s'élevât contre le vieillard; il se croyait désormais à l'abri de toute atteinte. Sa sécurité fut de courte durée.

Le 8 septembre 1698, le procureur du roi rendit une nouvelle plainte, requérant la continuation de la procédure commencée en 1695, et une information par addition au sujet de violences par lui commises depuis. Le lieutenant-criminel de robe courte déféra à ce réquisitoire. Son information, par continuation et addition, ayant été terminée le 21 du même mois, le 28, des Ferrières et Marie Menu furent décrétés de prise de corps, et, le 22 novembre suivant, ils furent tous deux constitués prisonniers.

Des archers, envoyés pour saisir des Ferrières, l'arrêtèrent dans son château, brisèrent ses meubles, mirent ses papiers au pillage, le maltraitèrent, le traînèrent dans la boue sans égard pour ses quatre-vingt-deux ans, le menaçant de l'attacher à la queue d'un cheval, et lui criant hautement qu'il aurait bientôt le même sort que son fils.

Le vieillard, qui n'avait jamais ignoré les projets de vengeance de ses ennemis, n'ignorait pas non plus que le sacrifice d'une partie de sa fortune en suspendrait les effets; pourtant, peu disposé à une concession qui en eût peut-être amené de plus grandes, il crut prévenir toutes nouvelles poursuites et se pourvut au parlement.

Le 6 septembre, il avait interjeté appel de toute la procédure de la maréchaussée faite en 1695. Cet appel, signifié au procureur du roi le 1er octobre 1698, saisissait une cour souveraine, et devait arrêter les poursuites. Les juges avaient les bras liés. Ne connaissant point l'appel du 1er octobre, ils avaient pu procéder à la plainte du 8 septembre; mais la signification de cet appel suspendant toutes poursuites, l'emprisonnement exécuté le 21 novembre était un attentat à l'ordre judiciaire.

Aveuglés par leur passion, les juges violèrent toutes les règles de l'équité et des lois, sans que les protestations de des Ferrières vinssent les rappeler à leur mémoire.

Interrogé le 23, le vieillard refusa fermement de répondre devant le prévôt, attendu que sa qualité de gentilhomme l'exemptait, disait-il, de la juridiction de la maréchaussée, et que d'ailleurs le parlement était saisi de la procédure. Interrogé de nouveau le 29, il protesta de nouveau contre l'interrogatoire, la confrontation et la procédure. En vain l'innocent vieillard rappela ses juges à leur devoir; la cupidité les aveuglait tellement qu'ils s'abusaient même sur les suites que pourrait avoir pour eux le jugement inique qu'ils allaient prononcer.

Le procureur du roi crut devoir, pour se mettre à l'abri des reproches et colorer ses persécutions, obtenir un arrêt du grand conseil, du 7 janvier 1699, qui portait que, sans avoir égard à l'appel interjeté par des Ferrières, le procès serait continué par les juges de Mantes, *sauf audit des Ferrières à se pourvoir par les voies de droit*.

Cette dernière clause eût détruit entièrement le succès que se promettait le procureur du roi; mais il eût fallu pour cela que des Ferrières eût eu connaissance de l'arrêt, et le procureur le tint secret. Le 12 janvier il fit procéder à un nouveau recolement, et le 15 du même mois il donna ses conclusions définitives tendantes à *la mort*.

Des Ferrières tenta un nouvel effort et le 17 janvier il interjeta de nouveau appel au Parlement, demandant en outre la permission de prendre à partie le procureur du roi et le lieutenant criminel de robe-courte. Efforts infructueux.

Le 21 janvier fut irrévocablement fixé pour consommer le crime judiciaire poursuivi depuis si long-tems. Bourret voulant sauver les apparences et mettre la compétence à l'abri de tout reproche, se détermina à faire signifier l'arrêt du grand conseil, le 20 janvier, veille du jugement, non à l'accusé mais au procureur Feugère, à Paris, celui-là qui avait occupé au parlement pour des Ferrières.

Le procureur, voyant l'imminence du danger dans lequel se trouvait son client, forma opposition, dès le 21 au matin, et il le signifia de suite au procureur qui occupait au grand conseil pour la maréchaussée. Il n'était plus tems. Cette opposition accompagnée d'une lettre du procureur général au grand conseil, n'arrivèrent à Mantes que le jour même destiné à consommer la plus atroce injustice.

Le procureur de Mantes avait senti que la plus grande diligence pouvait seule assurer l'exécution de ses projets. La procédure étant achevée il ne fallait plus que l'examiner pour en faire le rapport. Petit, rapporteur, d'un esprit extrêmement borné, se laissa aveuglément conduire par Bourret. Un cabaret du village de Lymay fut choisi pour l'endroit où devait avoir lieu la conférence, et le prévôt lui-même, l'assesseur, le greffier, donnèrent leurs instructions au rapporteur.

Motet, presque imbécile, Nesmond, président du Présidial, furent au nombre des juges; et sur le refus de quelques-uns de coopérer à cette œuvre infâme on leur substitua deux avocats, dont l'un était juge du seigneur, auquel appartenait la confiscation des biens de l'accusé; l'autre était un élu, accusé de prévarication.

Le devoir des juges et de Bourret était de suspendre le jugement à la réception de la lettre du procureur général : cette sorte de déférence leur eût arraché leur victime ; on n'eut donc aucun égard à cette lettre, et Bourret répondit sur-le-champ au procureur général que l'*accusé était sur la sellette et qu'il donnerait bientôt quittance des misères de ce monde.*

Ce persiflage d'un magistrat devant suffire pour éclairer le procureur général. Ce dernier ne put néanmoins sauver l'accusé.

Le tribunal de Bourret prononça le jugement qui condamnait Charles Goubert des Ferrières, *atteint et convaincu de vol commis avec effraction, à être pendu en la place du marché, ses biens acquis et confisqués à qui il appartiendrait : sur iceux préalablement prélevée la somme de cinq cents livres d'amende envers le roi.*

Marie Menu ne fut condamnée qu'au fouet ; et attendu sa grossesse, on sursit à la prononciation et à l'exécution du jugement.

Cette affreuse condamnation ne pouvait satisfaire les juges qu'à demi, tant que leur resterait la crainte d'en voir l'exécution suspendue. Cette appréhension fit dédaigner de sauver les apparences. Le prévôt alla lui-même chercher le bourreau ; l'assesseur fournit le bois nécessaire pour élever la potence, la fit faire sous ses yeux, aida lui-même le charpentier qui, selon lui, travaillait trop lentement : enfin ces juges infâmes, après s'être réunis pour condamner un innocent au dernier des supplices, ne rougirent pas de remplir l'office de ses bourreaux.

Des Ferrières marcha à la mort avec le calme de l'innocence; sa démarche était assurée, son regard imposant, son aspect vénérable, la sérénité qui régnait sur son visage, attendrirent tous les spectateurs. Les juges, jouissant de leur vengeance, étaient confondus dans la foule, et témoignaient la joie barbare qui les animait. Un capucin avait été choisi pour assister le patient malheureux à ses derniers momens. Au milieu d'une touchante exhortation qu'il adressait à la triste victime, le farouche assesseur, impatient du retard de quelques minutes apporté à l'exécution eut l'indignité de dire à ce religieux : *Mon père, dépêchez-vous! il est assez préparé.*

Le consolateur s'éloigna les larmes aux yeux. Peu d'instans après, l'infortuné des Ferrières n'existait plus!

Un crime de ce genre ne pouvait rester impuni. La fille de des Ferrières, Catherine, porta sa douleur jusqu'au trône. La voix de la nature, celle de l'humanité furent entendues, et ce prince ordonna au chancelier Louis Boucherat de prendre connaissance de cette affaire et de faire rendre justice.

L'affaire fut donc examinée avec soin par trois conseillers; sur leur rapport, le chancelier envoya à Mantes un huissier de la chaîne, chargé de ses ordres, qui mit le scellé sur les armoires du greffe et annonça ensuite aux juges qu'ils eussent à le suivre en cour.

Arrivés à Versailles, ils comparurent tous, les

uns après les autres, devant le chancelier, à l'exception du greffier que le procureur du roi avait fait évader. Après des reproches proportionnés à l'indigne conduite qu'ils avaient tenue, le chancelier les fit conduire dans un cachot de la Conciergerie.

Le 14 mars, des lettres de révision furent expédiées aux juges des requêtes de l'hôtel; elles furent enregistrées deux jours après.

La demoiselle des Ferrières exposa ses moyens; les juges de Mantes se réfugièrent dans les allégations les plus tortueuses, articulèrent des crimes dont aucune preuve certaine n'existait, et prouvèrent même dans leurs mémoires justificatifs, en s'accusant mutuellement, tout ce que l'avarice, la haine et la vengeance peuvent concevoir de plus hideux.

Enfin un arrêt définitif vengea la mémoire de l'infortuné des Ferrières. Un premier jugement, en date du 27 mars 1699, avait déjà cassé la procédure faite à Mantes, et déchargé la mémoire de Charles Goubert des Ferrières des condamnations portées contre lui. Le dernier jugement, rendu le 1er septembre 1699, condamna Pierre Manouri, prévôt, François Letourneur, assesseur, et Jean Bourret, procureur du roi, à cinq années de bannissement et à une amende de cent livres envers le roi, comme convaincus de prévarication; le président de Nesmond, les conseillers Petit et Motet à être admonestés, et chacun à quatre livres d'aumônes. Le greffier Daret, convaincu d'avoir participé aux prévarications du prévôt, de l'assesseur et du procureur du roi, banni à perpétuité, ses biens confisqués, et au paiement d'une amende de cent livres envers le roi.

Tous les juges furent condamnés solidairement en vingt mille livres de réparation civile et à tous les dépens. Ils furent en outre condamnés à fonder à perpétuité un service solennel dans l'église de Notre-Dame de Mantes, pour être célébré tous les ans, à pareil jour que des Ferrières avait été exécuté.

A l'égard du greffier Daret, qui était en fuite, il fut ordonné que l'arrêt serait transcrit sur un tableau attaché par l'exécuteur de la haute-justice à un poteau placé à cet effet dans l'endroit même où avait eu lieu l'exécution de des Ferrières. Cette disposition ne reçut point son exécution.

Marie Pouget, femme de des Ferrières, et qui était intervenue au procès, fut déclarée indigne, par la conduite qu'elle avait tenue envers son mari, de participer aux réparations tant honorables que pécuniaires ordonnées par ledit arrêt.

La vengeance divine se chargea également de poursuivre les juges prévaricateurs. L'assesseur et le procureur du roi moururent peu de temps après l'arrêt; leur mort fut accompagnée des souffrances les plus cruelles. Le prévôt se fit soldat aux gardes, et mourut de misère. Le greffier eut le même sort.

FONTAINE (Louise-Antoinette).

Louise-Antoinette Fontaine naquit à Besançon, en 1740, de parens pauvres et obscurs. Dès l'âge de quinze ans, elle quitta sa famille pour venir à Paris, espérant trouver, dans cette grande ville, des moyens d'existence et même de fortune. Jeune, jolie, sans guide, sans expérience, Louise ne chercha pas, dans le travail, un préservatif contre la misère; ses charmes naissans l'exposèrent à la séduction, elle sacrifia à une honteuse prospérité son honneur et sa beauté et se livra bientôt à tous les excès de la débauche. La protection de quelques amis la fit recevoir dans un petit spectacle. Louise avait des dispositions pour le théâtre; mais cette profession qu'il est possible d'ennoblir, par ses talens et une conduite estimable, ne fut, pour la jeune Fontaine, qu'une carrière dans laquelle elle trouva plus facilement les occasions de se livrer à son penchant pour le libertinage, et ce fut, sans doute, dans cette école qu'elle acquit cet esprit insinuant et l'art perfide de subjuguer les âmes faibles.

Louise, fatiguée du théâtre, retourna dans sa patrie; n'y trouvant pas l'occasion d'y exercer ses talens pour l'intrigue, elle résolut de se marier à un homme qui pût la ramener dans la capitale qu'elle avait quittée imprudemment. Un laquais de bonne maison, nommé Frémain, lui proposa sa main; Louise, oubliant les rêves ambitieux dont elle s'était bercée, accepta sa proposition et suivit son mari dans l'hôtel de son maître, qui lui donna, en 1769, l'emploi de femme de charge.

Dès que la femme Frémain se vit élevée à cet emploi, elle ne songea plus qu'à capter l'amitié du comte qui était veuf. Le comte, pendant un procès qu'il eut et dont dépendait son honneur et sa fortune, reçut, de sa femme de charge, des preuves de désintéressement et d'attachement qu'il est rare d'éprouver de la part d'un domestique. Sorti victorieux de ce procès, le comte crut devoir offrir, à la femme Frémain, une récompense pécuniaire; mais celle-ci, se rappelant la dignité des héroïnes de théâtre parmi lesquelles elle avait figuré, refusa les offres de son maître, en lui disant : « qu'un sentiment plus noble l'inspirait depuis longtemps, qu'un respectueux attachement avait guidé ses actions, et qu'elle ne désirait rien davantage que de lui prouver combien elle lui était dévouée. » Cette délicatesse apparente, et calculée par l'adroite femme de charge, fit sur le comte l'impression qu'elle avait prévue. Il éleva de suite au grade de valet de chambre le mari de la désintéressée Louise.

Le procès du comte lui avait fait éprouver de vifs chagrins; il se décida à quitter la ville, et se retira à la campagne, où il emmena tout son monde. La conduite que la femme Frémain avait tenue envers lui la lui fit traiter avec une distinction toute particulière. La liberté de la campagne, en établissant une plus grande familiarité, rapprocha encore la distance qui existait entre le comte et sa femme de charge; un examen plus attentif lui fit apercevoir qu'elle était douée de charmes; il la trouva jolie, le lui dit, et devenu amant pressant, il fut peu de temps à devenir amant heureux.

Avant d'avoir eu des liaisons avec son maître, la femme Frémain avait eu un enfant. Le comte, que ses affaires obligeaient à de fréquens voyages pendant lesquels il restait quelquefois plusieurs mois absent de chez lui, ignorait cette circonstance. L'ambitieuse et artificieuse femme de charge projetant dès-lors de subjuguer son maître et de lui attribuer les honneurs de la paternité de son enfant, avait fait baptiser sa fille sous la déclaration de père et mère inconnus, et un secret profond enveloppa pendant plusieurs années ces intrigues.

La femme Frémain n'ent pas plutôt établi son empire sur le comte, qu'elle tenta un coup décisif qu'elle méditait depuis long-temps. Après avoir donné à sa physionomie et à toute sa contenance l'expression de l'embarras et de la tristesse, elle avoua au comte qu'elle avait vécu avec Frémain sur la promesse que cet homme lui avait faite de l'épouser; mais elle protesta que depuis qu'elle avait été assez heureuse pour fixer les regards de son maître, tous ses désirs s'étaient bornés à conserver la bienveillance du comte, et qu'elle avait cessé de désirer une union avec Frémain, puisque cette union n'était plus le vœu de son cœur.

L'expression que l'adroite Louise sut mettre dans ce discours séduisit le faible comte, et dès ce moment, il fut entièrement subjugué par la femme adroite qui savait à son gré diriger toutes ses volontés.

Le résultat des confidences de la femme Frémain fut que le comte renvoya Frémain à Paris, en lui faisant avoir une place dans la garde de Paris, ce qui l'empêcha de se plaindre de ce renvoi. Dès le moment du départ de son mari, la femme Frémain, qui n'était connue dans la maison du comte que sous le nom de Fontaine, prit celui de Marie-Louise-Joseph de Lespignières. Tous les anciens domestiques qui l'avaient connue avant sa métamorphose furent renvoyés; on les remplaça par de nouveaux qui ignoraient l'origine de mademoiselle de Lespignières, et ne la connurent que comme maîtresse du comte leur maître.

Plusieurs années s'écoulèrent dans cette union intime. L'artificieuse Louise parvint à maîtriser entièrement le comte, qui, ne connaissant d'autres désirs que ceux de la femme qui l'avait séduit, accueillit la fille qu'elle lui présenta comme étant le fruit de leurs amours, et la fit élever dans sa maison comme son enfant naturel.

Le comte avait un fils qui, chaque année, venait passer quelques mois auprès de son père. Le marquis y vit la jeune Frémain, et conçut un goût assez vif pour elle. La jeune fille passait alors pour n'avoir que treize ans, sa mère ayant été obligée de supprimer ses trois premières années pour rendre probable la paternité supposée du comte. Il n'était donc pas étonnant que les charmes de la jeune personne eussent acquis un développement peu extraordinaire à l'âge de seize ans.

Les attentions et les soins du marquis firent impression sur la jeune fille : tous deux, dans la fougue de l'âge et des passions, abandonnés à eux-mêmes, et loin d'un monde où ils auraient trouvé des surveillans, se livrèrent à toute l'impétuosité du sentiment qui les entraînait l'un vers l'autre.

La femme Frémain était trop clairvoyante pour ne pas s'apercevoir des liaisons qui existaient entre sa fille et le jeune marquis. Mais en laissant voir qu'elle en était instruite, elle n'eût pu les autoriser et approuver par là un inceste, qui n'existait, il est vrai, que dans ses suppositions, mais dont elle eût été forcée de porter des plaintes au comte. Elle préféra donc feindre de ne rien voir de répréhensible dans les rapports des jeunes gens, et elle conçut le projet de faire épouser sa fille au fils du comte.

Le marquis n'avait pu voir sans un extrême mécontentement son père maîtrisé par une femme intrigante. Il souffrait le joug de cette femme avec impatience, et n'était retenu que par la passion qu'il éprouvait pour sa fille; cependant, combattant tour à tour entre la haine que lui inspirait la mère et l'amour qu'il avait pour la fille, le sentiment le plus doux l'emporta dans son cœur, et il se livra tout entier aux douceurs d'un amour partagé.

La femme Frémain ne fut pas plus tôt certaine de la passion que le jeune marquis avait conçue pour sa fille, qu'elle eût l'audace de proposer au jeune homme de l'épouser, lui promettant d'obtenir le consentement de son père pour cette union. Cette proposition, en dessillant les yeux fascinés du marquis, le rappela aux sentimens qu'il avait d'abord éprouvés en trouvant son père entouré de deux personnes aussi peu estimables. Ne dissimulant pas l'indignation qu'il éprouvait du projet d'une union dont il rougissait qu'on l'eût crut capable de former, il répondit à la femme Frémain avec l'expression du plus profond mépris : « Qui? moi, « épouser votre fille! moi l'épouser! L'honneur « m'est trop cher; je suis incapable d'une pareille « bassesse. »

Une semblable réponse devait exciter la colère de la femme Frémain; cependant, trop adroite pour laisser pénétrer combien elle était sensible à l'humiliation qu'elle venait d'éprouver, elle ne changea rien aux attentions qu'elle avait pour le marquis; mais jurant, dès lors, la perte de celui qui l'avait outragée d'une manière aussi sensible, elle ourdît une trame secrète pour immoler sa victime.

L'amour du marquis avait trouvé un terme dans la possession de celle qui l'avait fait naître, et il avait déjà perdu le souvenir de cette liaison momentanée, lorsqu'il apprit que la jeune Frémain se disait enceinte de lui. Pour la dédommager, il lui fit, à Francfort, en 1781, une promesse écrite d'une pension viagère de 1,200 liv. et d'une rente d'une pareille somme, dont il se soumettait à payer, dans un temps prévu, le principal.

Depuis quelque temps la femme Frémain avait acquis un tel empire sur le comte, dont les organes étaient affaiblis par l'age et les malheurs, qu'elle l'avait habitué à ne voir, ne penser et n'agir que d'après elle. Sachant que sa présence était devenue indispensable à ce vieillard qui ne pouvait plus se passer d'elle, elle abúsa de ce pouvoir pour l'amener à l'épouser. Elle lui exprima les reproches qu'elle se faisait, chaque jour, de leur union clandestine. « Ce ne sont pas, lui dit-elle, les bruits « populaires que je redoute, parceque souvent ils « sont calomnieux, et que presque tout le monde « les méprise; ce n'est pas la considération dont je « désirerais jouir dans la société, et que j'appré« hende d'avoir perdue à cause de vous, qui m'a« nime: c'est le cri de ma conscience qui m'effraie. « Voila treize ans, ajouta-t-elle avec une profonde « tristesse, que je vis avec vous; je me suis perdue « aux yeux de la religion, aux yeux de Dieu à qui « rien n'est caché. J'ai donné le jour à un enfant, « et cet enfant est en droit de me reprocher son « existence, il est en droit, surtout, de me repro« cher de l'avoir privé d'un état honnête dans la « société, que nous pouvions lui procurer en légi-

« timant sa naissance. Monsieur le comte, conti-« nua-t-elle en répandant de feintes larmes, il n'est « qu'un seul moyen de me retenir davantage au-« près de vous. Si ce moyen est rejeté par vous, je « fuirai, je m'en irai dans quelque désert avec mon « enfant, que vous n'avez pas le droit de garder; « et là, toutes deux, nous pleurerons sur notre sort, « en accusant la dureté de votre cœur. »

Le comte resta stupéfait des discours de son ancienne femme de charge. Il balbutia faiblement, « quel est ce moyen? » tremblant de la réponse que l'on allait lui faire.

La femme Frémain n'avait pas prévu l'étonnement du comte ; cependant elle répondit avec assurance : « — c'est de nous unir par le mariage; « oui M. le comte, c'est de m'épouser ; il n'y en a « pas d'autre ».

« — Vous n'y pensez pas, reprit le comte, vous « ne pouvez parler sérieusement ? Que dirait-on « dans le monde ? Que diraient mes parens ? »

« — Langage ordinaire de ceux qui veulent re-« fuser, s'écria, avec véhémence, la résolue Fré-« main. Ai-je craint le monde, ai-je craint mes pa-« rens, lorsque je me suis livrée à vous ? Me suis-« je craint moi-même ? Ingrat, je n'ai vu, je n'ai « voulu voir que vous et voilà le prix que je reçois « de l'affection que je vous ai vouée, de l'abnéga-« tion totale de moi-même. »

Le comte voulut encore objecter quelques raisons ; la femme Frémain les écarta toutes avec adresse. — « Ce n'est pas votre fortune que j'ambi-

« tionne, lui dit-elle; pas même pour ma fille assez « riche de sa sagesse et de mon travail; m'oubliant « entièrement en ce moment, je ne vous parle que « pour votre enfant que vous sacrifiez à un préju-« gé ridicule ; je vous parle pour un être à qui « vous avez donné le jour, et qui, s'il vient à sa-« voir qu'il vous le doit, vous maudira, peut-être, « vous poursuivra partout en publiant votre « cruauté. J'éclate, je le vois bien, M. le comte, « s'écria-t-elle avec un désespoir affecté, je vous « affecte, pardonnez; mais je suis mère. Alors se « précipitant, avec transport, aux genoux du comte: « M. le comte, continua-t-elle, au nom de Dieu, « au nom de la religion, laissez-vous fléchir, ré-« parez toutes les fautes que vous m'avez fait com-« mettre, et accordez-moi le nom seul de votre « épouse ! »

Le comte ne fit aucune réponse, il se retira dans son appartement, où les plus tristes réflexions vinrent l'assaillir. Délaissé, de toute sa famille, depuis des années entières, la femme Frémain, par ses attentions, ses soins, lui avait tenu lieu de parens et d'amis. La société de cette femme lui était nécessaire, et son grand âge exigeant que quelqu'un le soignât et fût à la tête de sa maison, qui pouvait mieux remplir cet objet que la compagne de sa solitude, celle, dont il avait reçu tant de preuves d'attachement, et qui l'avait consolé dans ses malheurs.

La journée entière s'écoula sans que la femme Frémain se présentât devant le comte. Cet éloignement combiné aggrava la tristesse des pensées du vieillard qui, dès le lendemain, alla la trouver.

En le voyant, la femme Frémain se douta aisément de l'effet qu'avait produit la scène pathétique qu'elle avait jouée la veille; feignant cependant d'en ignorer le résultat, elle demanda au comte s'il avait réfléchi sur leur entretien de la veille. — « J'ai pensé, répondit le comte, que vous « étiez bien cruelle, et j'ai observé que vous m'aviez « laissé seul, vous occupant peu de l'état dans le- « quel m'avaient jeté vos discours. — Jai cru que « vous me chassiez, reprit humblement la femme « Frémain, et je me suis occupée des préparatifs « de mon départ.

Cette réponse jeta l'alarme dans l'ame craintive du comte; il se vit à l'instant seul, isolé, abandonné à des soins mercenaires, et il s'écria avec une expression pleine d'effroi, et qui n'échappa point à la clairvoyante femme de charge : — Serait-il vrai, grand Dieu! Lespignières, tu veux donc ma mort? Et que deviendrai-je, si tu m'abandonnes? — Et que deviendrai-je, si je reste plus long-temps, s'écria à son tour l'hypocrite Frémain? Que deviendra ma fille? Ingrat! vous ne pensez qu'à vous et ne comptez pour rien ma fille ni moi, et pourvu que vous soyez satisfait, il vous importe peu que nous vivions toutes deux de honte et de mépris.

Ce reproche, prononcé avec une douloureuse expression d'amertume, toucha le vieillard, et il tendit la main à la femme qui l'avait entièrement subjugué, en lui disant : — Non, vous n'y vivrez pas; je vous donne ma main et je légitime notre enfant.

Parvenue au comble de ses désirs, la femme Frémain ne laissa aucun repos au comte qu'il n'eût accompli sa promesse. Ce faible vieillard, ne pouvant résister à ses instances ni à la crainte qu'il éprouvait qu'elle ne s'éloignât de lui comme elle l'en avait menacé, mais sentant néanmoins qu'il devait s'abstenir de blesser ouvertement, par un mariage aussi mal assorti, les personnes de distinction dont il était allié, partit pour Francfort, où il épousa secrètement, le 16 mai 1781, sa femme de charge, et reconnut pour sa fille légitime Marie Frémain, à laquelle il donna son nom.

La femme Frémain, devenue comtesse, revint d'abord à Paris, ne parlant que de ses titres et de sa qualité. Une telle jactance ne pouvait manquer de dévoiler le secret que le comte eût désiré cacher, et le bruit de son mariage parvint bientôt jusqu'à ses frères, sa sœur et son fils. Persuadés que leur parent n'avait pu s'avilir au point d'épouser sa domestique, ils ne firent que rire d'une union qu'ils regardaient comme une invention de la femme Frémain. Cependant le marquis, dès ce moment, cessa de paraître dans la maison de son père.

La prétendue comtesse avait suspendu, pendant quelque temps, l'exécution des projets de vengeance qu'elle projetait contre le marquis, sans pour cela y avoir renoncé. L'abandon du marquis pour son père lui présenta le moyen de le mettre mal dans l'esprit du comte, en le lui représentant sans cesse comme un fils ingrat et cruel. Peu à peu de perfides insinuations firent pénétrer la haine dans le cœur du comte, qui maudit le marquis, lui jura une haine implacable, et s'écria à diverses reprises : « Il apprendra combien il est dangereux d'irriter « un homme de mon caractère. C'en est fait, plus « de paix entre nous. »

C'était là où l'attendait l'astucieuse Frémain. Peu de jours après, elle feignit d'être malade ; après avoir fait appeler le comte près d'elle, elle baigna ses mains de larmes, lui exprima avec toutes les angoisses de l'amour maternel les inquiétudes que le sort de sa fille lui faisait éprouver, sa fille qui, seule au monde, sans fortune, sans appui, n'avait pour opposer à la persécution que la tendresse d'un père.

« Je me sens trop affaiblie, ajouta d'une voix « éteinte la perfide Frémain, pour prolonger en« core long-temps une vie douloureuse. Je vou« drais me réconcilier avec mon Dieu, et lui de« mander grâce pour mes fautes. »

Trompé par les apparences, le comte s'empressa d'envoyer chercher à la hâte un prêtre et un notaire, et pendant que le ministre administrait à la fourbe le viatique, le notaire dressait l'acte par lequel le comte donnait à sa fille tout le bien dont il pouvait disposer.

Lorsque la Frémain fut assurée que la donation était faite, elle feignit peu à peu de reprendre ses forces. « Mon corps se rétablit, disait-elle au « comte, mais mon ame ne se guérit pas; le cha- « grin m'accable, je crains qu'il ne me tue. »

La Frémain ne s'expliquait nullement sur le chagrin qu'elle disait éprouver. Aux pressantes sollicitations du comte pour en connaître les motifs, elle objecta d'abord un refus formel de s'expliquer, puis les hésitations, un trouble mal dissimulé, une douleur contenue avec effort, enfin tout ce qui pouvait exciter au dernier point la curiosité du comte et son empressement. Pressée de nouveau, et vaincue, dit-elle, par les sollicitations d'un époux qu'elle chérit et révère, et auquel elle doit une entière soumission, elle lui avoue enfin que le marquis son fils a abusé de l'innocence de sa fille, et qu'il a même été assez criminel pour lui communiquer un mal destructeur et ruiner sa santé.

Après cette révélation que la femme Frémain ne semblait avouer qu'avec une peine extrême, elle pria le comte de renfermer dans son ame un secret aussi funeste, de contenir son indignation, et de se souvenir que c'était un fils qu'elle lui dénonçait.

Le comte fut anéanti à cette nouvelle foudroyante: il jura une haine implacable à son coupable fils, qu'il voulut faire venir près de lui pour l'accabler de reproches, et lui donner sa malédiction; la femme Frémain, tout en feignant de l'adoucir, excita au contraire son indignation et sa colère contre le marquis; enfin après avoir exigé du comte de ne pas maudire son fils, elle proposa que, pour unique punition, on exigeât de lui qu'il ratifiât à Paris les donations de rentes et pensions viagères, dont il n'avait souscrit que l'assurance en 1781, à Francfort.

Le marquis fut bientôt instruit de la colère de son père et de l'intention où était la femme Frémain de l'accuser devant les tribunaux et de l'y poursuivre, et pour sortir de cet embarras, le marquis consentit à ratifier l'assurance des rentes qu'il avait promises par une obligation en forme.

A peine le marquis avait passé cet acte qu'il apprit que l'audacieuse Frémain, lui intentait un procès criminel; qu'elle avait fait rendre à sa fille une plainte de viol et d'inceste contre lui, et que poussant l'effronterie au dernier point, elle elle avait forcé le comte à assister à cette plainte comme tuteur de sa fille.

Le marquis effrayé d'une nouvelle semblable eût désiré s'adresser à son père et lui dessiller les yeux. L'ascendant de sa persécutrice sur le faible comte le retint, et il eut recours à sa tante et à ses oncles. L'indignation dont ils furent tous saisis égala leur surprise. Ils n'avaient jamais ajouté foi au mariage du comte avec la femme Fremain, et en acquérant la certitude d'une union qui imprimait une tache à leur famille, ils jurèrent tous de réunir leurs efforts pour parvenir à l'effacer.

Ils se rendirent tous chez le comte, qui parut étonné, en voyant des parens dont il avait été abandonné depuis long-temps. Son étonnement redoubla encore lorsque sa sœur et ses frères lui reprochèrent le honteux mariage qu'il avait contracté, et la coupable faiblesse qui lui avait fait autoriser par son aveu et sa présence le procès odieux intenté à son fils. Ils proposèrent au comte de rompre avec une femme indigne de lui, de lui assurer une existence honnête ainsi qu'à sa fille, et de l'éloigner de lui promptement. La femme Frémain, que son effronterie avait engagée à rester présente à une scène si peu agréable pour elle, rejeta avec hauteur et arrogance les offres qui lui étaient faites, et soutint qu'elle saurait conserver, en dépit de tous, un titre qu'elle avait acquis légitimement. Tout ce que l'on put obtenir d'ellé fut que la plainte en viol et inceste n'aurait pas de suite.

Les frères et sœur du comte, forcés de renoncer au projet qu'ils avaient formé, d'amener le comte à répudier la femme Frémain, ne purent se soumettre à ce que cette servante méprisable prît le titre de leur belle-sœur. Le marquis à leur insinuation refusa de payer les rentes et pensions qu'il avait faites à la fille Frémain, et sur ce refus le comte poursuivit son fils, comme tuteur naturel de la jeune fille. Cette nouvelle poursuite devint le signal de la perte de la femme Frémain.

Les parens du marquis, indignés à juste titre de la conduite du comte, résolurent d'employer les armes de la justice pour expulser de leur famille celle qui s'y était introduite par une suite non interrompue d'intrigues et de crimes. Démarches, argent donné à profusion, rien ne fut négligé par eux, pour découvrir l'origine de cette femme, et suivre ses traces jusqu'au moment où elle était parvenue à épouser le comte. Le résultat de ces recherches fut la découverte de l'existence de Frémain, la certitude qu'il était le père de l'enfant que le comte avait eu la faiblesse de reconnaître pour le sien, et celle bien avérée que cet enfant était né plus de trois ans avant les liaisons criminelles qui avaient existé entre le comte et sa femme de charge avant leur mariage.

Assurés de la réalité de tous ces faits, les parens du comte les dénoncèrent au procureur du roi, qui se chargea de faire faire les instructions nécessaires. Après une longue instruction au Châtelet et au Parlement, où l'on entendit près de cent témoins, Louise-Antoinette Fontaine, femme Frémain, fut convaincue d'avoir pris de faux noms, et d'avoir signé des actes sous ces noms; d'avoir supposé un enfant; d'être bigame, et d'avoir abusé de l'empire qu'elle avait sur le comte pour devenir sa femme.

En conséquence, l'obligation souscrite par le marquis, au profit de Marie Frémain, sous le nom de Marie Noblai, fut déclarée nulle et contre les bonnes mœurs.

François Frémain, qui avait pris la fuite, fut convaincu d'être complice de la bigamie de sa femme;

Marie Frémain fut reconnue pour être la fille de Louise-Antoinette Fontaine et de François Frémain.

Et le comte fut soupçonné d'avoir participé à la bigamie de la femme Frémain.

Un arrêt du 25 avril 1788, condamna la femme Frémain à être attachée au carcan, ayant deux chapeaux et un écriteau portant le mot *bigame*, à être fouettée et marquée, et renfermée à perpétuité dans l'hôpital général de la Salpêtrière, François Frémain, contumace, fut condamné aux galères à perpétuité; le mariage contracté par le comte déclaré nul, et défense fut faite à la fille Frémain de porter le nom du comte.

FRILLET,

OU

LE MAGISTRAT PRÉVARICATEUR.

DANS l'ancienne Bresse (aujourd'hui département de l'Ain), vivait *Joseph Vallet*, chef d'une famille estimable, et maître d'une des tuileries le plus achalandées : on se fournissait chez lui de préférence à tout autre.

La prospérité toujours croissante de sa fabrique lui attira autant d'ennemis qu'il avait de rivaux, et qu'il y avait dans le canton de gens jaloux de sa fortune. Au nombre de ces derniers, se trouvait un procureur fiscal des seigneurs de Tressort et de Varambon. Cet homme, qui était en même temps procureur d'office, receveur des droits seigneuriaux, commissaire à terrier et notaire, se nommait *Jean Frillet*.

Sa méchanceté l'avait rendu l'effroi du pays.

Convoitant depuis long-temps la tuilerie de Joseph Vallet, il forma le projet de le fatiguer tellement par les persécutions qu'il lui susciterait, qu'il espérait le forcer à abandonner le canton. La première tentative qu'il fit pour atteindre ce but, fut d'engager les seigneurs de Tressort et de Varambon à lui intenter un procès sous le prétexte « qu'il avait l'audace de prendre des cailloux dans le lit et sur les rivages de la rivière de l'Ain, pour les faire cuire et réduire en chaux dure; que c'était un vol manifeste, attendu que ces cailloux appartenaient aux seigneurs, et que ce vol leur causait un dommage notable. »

Au grand regret de Frillet, et à son insu, ce procès se termina par une transaction passée devant notaire, le 23 novembre 1704. Quatre mois après, croyant avoir trouvé une nouvelle occasion de perdre Joseph Vallet, il la saisit avec empressement.

Le dimanche 15 mars 1705, ce dernier sortait d'entendre les vêpres à Priay. Il était accompagné des trois *frères Blondel*, et de *Claude Maurice*, dit *la Ruine*, tous paysans. Dans leur chemin, ils rencontrèrent *Antoine Duplex*, dans un état d'ivresse tel, qu'il avait de la peine à se soutenir. Joseph Vallet lui dit : « *Bon soir cousin, tu as bu un coup, à ce qu'il paraît? sois tranquille, je vais te reconduire chez toi.* Il allait effectivement lui rendre ce bon office, quand les nommés Mallet et Nicoleau, qui survinrent dans le moment, se chargèrent de l'accompagner chez lui; et l'un deux lui essuya le sang qui lui sortait par le nez, car Duplex avait fait une chute.

Joseph Vallet rentra dans son domicile et ne pensa plus à cette rencontre.

Le lendemain, Duplex, dont le sommeil avait

dissipé l'ivresse, travailla comme à son ordinaire; les jours suivans, il alla bêcher les vignes du curé de Priay. Un soir, comme il s'en retournait chez lui, et la nuit étant des plus obscures, il mit le pied dans une ornière pleine d'eau et de boue : il avait chaud; il sentit sur le champ un froid qui lui glaça le sang; il s'en plaignit à Mallet qui l'accompagnait et qui avait travaillé avec lui. A peine était-il arrivé chez lui, qu'il sentit son mal s'augmenter; il se coucha et ne se leva plus : il mourut d'une pleurésie le 25 mars.

Cet évènement n'avait rien que de très-ordinaire, et ne pouvait avoir aucun rapport à la rencontre du dimanche 15; mais Frillet, l'infâme Frillet, y découvrit un nouveau moyen de perdre Joseph Vallet; voici ce qu'il insinua à Ravet, procureur fiscal du Pont-d'Ain, sur le territoire duquel Duplex avait son domicile. « Joseph Vallet a attaqué, le 15 mars, Antoine Duplex sur la voie publique, il l'a frappé violemment, il l'a mis en sang; il lui a porté plusieurs coups mortels. Antoine Duplex est mort quelques jours après des suites de la violence de Joseph Vallet, donc, celui-ci est un assassin digne du dernier supplice. »

Ravet, sans autre examen, demanda permission au juge d'informer : elle lui fut accordée. Le juge se transporta, en conséquence, le lendemain, chez la veuve du défunt; il lui fit lecture de la plainte du procureur d'office, et l'interpella de déclarer si elle voulait aussi donner sa plainte, ou se rendre dénonciatrice.

La veuve répondit, conformément aux faits qui s'étaient passés : « Qu'elle ne pouvait prendre ce parti, sans intéresser sa conscience, parce que son mari ne s'était jamais plaint d'avoir été maltraité ni par les frères Blondel, ni par Joseph Vallet; qu'il était mort d'une pleurésie occasionée par le travail de trois journées employées chez le curé de Priay, à porter des terres dans ses vignes. Ainsi, qu'elle ne prenait aucune part à la plainte du procureur d'office sur ce sujet. »

Malgré cette déclaration authentique, on informa. Parmi les dépositions qui furent faites, il en est une importante et qui eut dans la suite une application bien remarquable, c'est celle de Claude Maurice dit la Ruine. Il déclara :

« Que le jour que l'on supposait que Duplex avait été maltraité, il était ivre; qu'il s'était laissé tomber, et que sa chute l'avait fait saigner par le nez; qu'il n'avait eu difficulté avec personne; qu'il n'avait pas vu qu'aucun l'eût maltraité. Que le lendemain, il lui avait demandé si on ne l'avait pas battu, qu'il avait répondu que non, et qu'il l'avait vu travailler, ensuite, quatre jours pour le curé de Priay. »

Le juge, malgré cette déposition, crut devoir, sur la réquisition du procureur fiscal, décréter les accusés d'ajournement personnel. La procédure étant achevée, le juge prononça l'absolution des accusés qui en furent quittes, selon l'usage établi alors en Bresse, pour payer tous les frais de ce procès révoltant.

Frillet ne fut pas plus heureux dans cette seconde tentative qu'il ne l'avait été dans la première.

Cependant, le procureur fiscal, Ravet, s'apercevant qu'il avait été la dupe d'un odieux complot, tramé pour perdre des hommes irréprochables, donna sa démission. Habile à profiter de tout, Frillet intrigua si bien qu'il parvint à lui succéder; à peine était-il installé dans ses nouvelles fonctions qu'il tourna tout son ressentiment contre celui qui avait si mal rempli ses vues. Il ne craignit pas de publier que Ravet avait été corrompu par Joseph Vallet et les frères Blondel, et que, pour prix de sa corruption, il avait fait entendre de faux témoins qui déchargeaient les accusés. Sur la plainte que rendit Frillet, et sur la procédure qui s'ensuivit, Ravet fut condamné, le 13 septembre 1726, aux galères perpétuelles, comme prévaricateur dans ses fonctions.

Ayant appelé de ce jugement, Ravet fut renvoyé, par le parlement de Dijon, par devant le juge de Saint-Lambert; il eut une absolution complète.

Frillet intejeta appel à *minima* au parlement, qui confirma la sentence des juges d'appel, et renvoya Ravet par devant le juge de Saint-Lambert, pour faire droit sur les dommages et intérêts; mais Ravet mourut avant le jugement de ce procès.

Il s'écoula plusieurs années pendant ces discussions, qui avaient eu toutes pour but de perdre Joseph Vallet dans l'opinion publique, en attendant qu'il y eût possibilité de le faire condamner.

Une troisième occasion se présenta. Ici le caractère atroce de Frillet va se montrer dans tout son jour.

Dans le courant du mois de mai 1722, Philippe, fils aîné de Joseph Vallet, fut attaqué sur un grand chemin par plusieurs bandits au nombre desquels était un nommé *Antoine Pin*. On lui vola son argent et ses habits. Il rendit plainte; mais les indices étant insuffisans, le juge ne put donner aucune suite à cette affaire. On n'en entendit plus parler; il ne faut pas cependant la perdre de vue, car elle exerça une grande influence sur les événemens subséquens.

Le samedi 19 Février 1724, vingt-deux mois après ce vol, *Joseph Sévos* dont il sera beaucoup question dans la suite, et *Antoine Pin*, l'un des accusés du vol fait à Philippe Vallet, passèrent la journée à boire. Le lendemain tous deux avaient disparu. On apprit par la suite qu'Antoine Pin s'était retiré dans la Dombes, voisine de la Bresse, et qu'il s'était engagé dans le régiment de la Sarre. Quant à Joseph Sevos, toutes les recherches que l'on fit pour connaître le lieu de sa retraite furent vaines; or, comme il était riche et qu'il n'avait point d'ennemis, on conclut qu'il avait été assassiné, et qu'Antoine Pin, dont la réputation était celle d'un scélérat, ne pouvait être que son meurtrier.

Cependant, il n'existait contre lui que des présomptions. Où était le corps du délit ? Si Sévos avait été assassiné, où était le cadavre ? Personne ne l'indiquait. Ne pouvait-il pas se faire qu'il eût subitement disparu, sans avoir été assassiné ?

Ces réflexions étaient justes; aussi le misérable Frillet, qui méditait dans l'ombre un grand crime, les insinuait-il avec adresse, afin de donner le change à l'opinion publique, de la détourner d'Antoine Pin, et de la diriger sur un autre prétendu coupable. Il fit circuler des bruits funestes à la réputation, à l'honneur et à la sûreté de Joseph Vallet. Tout à coup des gens dirent que le jour de l'assassinat, ils avaient aperçu sur le visage de la famille Vallet, un air de consternation et de trouble qui annonçait quelque chose d'extraordinaire. D'autres assurèrent qu'ils avaient entendu dire que les Vallet étaient coupables de l'assassinat; d'autres enfin en parlèrent comme témoins oculaires.

Ces bruits prirent une telle consistance que Frillet, crut que le moment était favorable pour exécuter son abominable dessein; en conséquence, le 19 août 1724, six mois après l'assassinat commis, il exposa que « Sévos, après avoir bu et mangé « chez Joseph Vallet, le samedi 19 février 1724, « avait disparu depuis ce temps là; qu'il avait ouï « dire qu'il avait été assassiné et enterré près « l'embouchure du four de la tuilerie de Vallet; et « qu'ensuite il avait été jeté dans le feu quelque « temps après, lors de la cuisson des premiers « matériaux. »

Sur son réquisitoire, le juge du Pont-d'Ain permit d'informer. Parmi les dépositions des témoins appostés par Frillet, la plus circonstanciée fut celle du nommé *Vaudan*, homme taré et capable de tout.

Cette déposition portait que, « passant au *Mas-*
« *falcon*, la nuit du 19 février, sur les trois ou
« quatre heures environ avant le jour, il entendit
« du bruit dans la maison des Vallet, et une per-
« sonne qui criait : *Au secours! miséricorde!*
» *confession! je vous demande pardon!* ce qu'il
« entendit répéter deux ou trois fois, et qu'il ouït
« en même temps la voix de Joseph Vallet qui di-
« sait : *Point de confession, il faut que tu partes!*
« ce qui l'effraya et l'obligea, lui Vaudan, de se
« cacher dans un buisson, d'où il entendait tou-
« jours frapper sur celui qui criait : et, quelque
« temps après, il vit Joseph Vallet, sa femme et
« ses enfans qui portaient un corps mort qu'ils
« mirent à l'embouchure de leur tuilerie, et le
« couvrirent ensuite de quantité de bois ; et que
« trois ou quatre jours après il s'en alla chez les
« Vallet sans faire semblant de rien, pour voir
« s'il reconnaîtrait l'endroit où on l'avait enterré, et
« qu'il s'aperçut que le corps n'y était plus ; mais
« qu'il a ouï-dire depuis que c'était celui de Jo-
« seph Sévos, et que les Vallet l'avaient brûlé le
« *vendredi-saint* dans leur tuilerie. »

Plusieurs autres témoins déposèrent, les uns que passant le vendredi-saint près de la tuilerie des Vallet, les autres, que labourant leurs terres, qui en étaient proches, ils avaient été saisis d'une odeur sortant du fourneau des Vallet; que cette odeur ne pouvait être que celle d'un corps que l'on ferait griller, que cela se sentait à plus d'un quart de lieue, et était si insupportable, qu'ils avaient été obligés de dételer leurs bœufs de la charrue, et de s'en détourner, tant l'odeur était forte.

Par suite de ces dépositions, le juge du Pont-d'Ain fit décréter de prise de corps Joseph Vallet, sa femme et ses deux fils.

Frillet fit mettre le décret à exécution avec l'appareil le plus imposant et toute la dureté qu'il put se permettre ; il envoya la brigade de la maréchaussée de Boury, avec les domestiques de Varambon. Joseph Vallet fut entraîné avec sa famille au Pont-d'Ain. Sa maison resta au pillage. Point d'inventaire, point de gardien.

Joseph Vallet venait à peine d'arriver à Pont-d'Ain, que l'infâme Frillet lui fit mettre les fers aux pieds et aux mains et jeter dans un cachot. On lui refusa l'eau qu'il demandait à grands cris pour étancher la soif que lui causait la fièvre dont il était dévoré ; et afin d'empêcher ses cris d'être entendus des passans, on fit boucher le soupirail du cachot, qui donnait sur la rue. Pour comble de tourmens, il fut assailli d'un essaim de fourmis rouges, dont le poids de ses fers l'empêchait de se débarrasser, et qui finirent par couvrir son corps d'une plaie universelle.

Philippe Vallet fut enchaîné comme son père, et plongé dans un cachot dont l'humidité lui fit perdre l'usage des bras et des jambes. Sa mère et son jeune frère, à peine âgé de quatorze ans, furent également chargés de fers. Enfin, par un raffinement de cruauté, on refusa l'entrée de la prison à un pieux ecclésiastique qui voulait donner des consolations spirituelles aux Vallet, et ceux de leurs parens ou de leurs amis, qui voulurent leur procurer quelques secours, éprouvèrent le même refus.

Frillet n'était pas encore satisfait. Craignant que sa victime ne parvînt à lui échapper, il fit revivre l'accusation concernant le meurtre d'Antoine Duplex. Le juge lui permit une audition d'information sur ce chef. *Maurice* dit *la Ruine*, qui dans sa première déposition en 1705, avait déchargé Vallet, tint un autre langage dans sa confrontation avec l'accusé.

Il déclara : « qu'il y avait environ dix-huit à « dix-neuf ans, qu'étant à boire dans un cabaret, « il entendit, à quelques pas de là, un homme « qu'on maltraitait dans le chemin, et qu'étant « accourus dans cet endroit, avec plusieurs autres, « il y arriva le premier, et qu'il trouva Joseph « Vallet qui tenait sous lui Antoine Duplex, et « que les frères Blondel y étaient présens, qui « lui disaient de le laisser, qu'il en avait bien « assez; mais qu'au contraire Joseph Vallet, qui « tenait Duplex sous lui, continua toujours de le « maltraiter, en disant : *non, il faut que je l'a- « chève;* et qu'il mourut quelques jours après des « coups qu'il avait reçus de Joseph Vallet. »

Dans son récolement, il avait déjà dit « que « Joseph Vallet et les frères Blondel, après que

« cette affaire leur fut arrivée, donnèrent de l'ar-
« gent à la veuve d'Antoine Duplex, pour l'em-
« pêcher de rendre sa plainte contre eux, et
« qu'ils en donnèrent aussi au sieur Ravet, pour
« lors procureur d'office, pour assoupir cette af-
« faire, au moyen de quoi Ravet ne fit pas entendre
« les témoins qui auraient pu déposer contre eux. »

Il est facile de voir que ce témoin avait été suborné.

Cependant, Frillet avait négligé de requérir qu'on fît l'inventaire des effets de Joseph Vallet, lorsqu'il fut arrêté, et d'y établir un gardien; il s'avisa, onze jours après, de demander que le juge se transportât dans la maison de cet accusé, afin d'y dresser l'inventaire de ses effets et de ses bestiaux; il demanda également que l'on fît perquisition des vêtemens de Joseph Sévos, qui devaient s'y trouver, et qui serviraient de pièce de conviction. L'inventaire eut lieu : on ne trouva point les effets de Sévos, et Frillet s'écria qu'on les avait fait disparaître; il savait que Françoise Vallet, sœur de l'infortuné qu'il voulait perdre, avait mis en sûreté ses habits, pour les préserver du pillage, et il lui attribua l'enlèvement de ceux de Sévos; Françoise Vallet fut en conséquence décrétée d'ajournement personnel, et condamnée le 26 mai 1725, à restituer les effets, à l'amende de douze livres et aux frais montant à trente neuf-livres.

Toutes ces procédures et les inductions qui en résultaient n'avaient pas étouffé les soupçons qui planaient sur Antoine Pin. L'assassinat de Sévos fit du bruit et parvint jusqu'à la cour. Le ministre, pensant que la présence de Pin jetterait un grand jour dans cette affaire, donna l'ordre de l'arrêter dans son régiment, et de le conduire dans la prison de Bourg. Après l'exécution de cet ordre, Pin fut transféré dans la prison de Pont-d'Ain. On l'interrogea, et dans sa confrontation avec les Vallet (stimulé sans cesse par le geôlier qui l'exhortait à les charger, parce que, lui avait-il dit, ils se disposaient eux-mêmes à ne pas le ménager), il déclara « que s'il n'avait pas dit la vérité dans son « premier interrogatoire, c'est parce que Joseph « Vallet l'avait souvent menacé que, si jamais il « levait la langue de la mort de Sévos, il lui en « ferait autant qu'à lui; qu'il l'avait souvent flatté « et fait boire pour n'en rien dire; que même il « lui avait donné de l'argent; mais qu'il allait ré- « véler la vérité, qui est que Sévos et lui, buvant « avec Joseph Vallet, chez lui, la nuit du 19 fé- « vrier 1724, environ deux heures après minuit, « Sévos, étant dans le vin, reprocha à Vallet qu'il « avait tué Antoine Duplex; que Vallet, s'étant « mis en colère, prit un pot d'étain qui était sur « la table, et en donna un si grand coup à la tête « de Sévos, qu'il en fut renversé sous la table, et « se mit à crier : *Miséricorde! confession! Prenez « mon argent, et me laissez la vie!* Mais que Val- « let répondit qu'il n'y avait point de confession « pour lui, et qu'en même temps la femme de « Vallet se saisit d'une grande pelle à feu, dont elle « se mit à frapper, aussi bien que Philippe Vallet

« leur fils, le malheureux Sévos, en telle sorte « qu'ils l'assommèrent ; que Pierre Vallet, leur « autre fils, faisait sentinelle à la porte de la mai- « son, pour savoir si personne ne passerait ; qu'a- « près que Sévos fut tué, Joseph Vallet voulut « l'obliger de donner un coup au mort, afin qu'il « ne pût pas servir de témoin, mais qu'il ne voulut « pas le faire ; qu'après cela, les Vallet prirent le « corps mort et l'emportèrent près de l'embou- « chure de leur four, où ils le couvrirent de quan- « tité de bois, et le laissèrent là jusqu'à la se- « maine-sainte, qu'il le retirèrent pour le jeter « dans leur fourneau pour le faire consumer ; ce « qu'il découvrit, parce que, se trouvant chez les « Vallet, le vendredi-saint, auprès de l'embou- « chure du four, il sentit une odeur insuppor- « table, et qu'il y vit des ossemens qui étaient ceux « de Sévos. »

Cette déposition, qui coïncidait avec celle de Vaudan, semblait répandre un grand jour sur cette affaire, et ne plus laisser aucun doute sur le crime des Vallet. Ceux-ci demandèrent à être reçus à la preuve de leurs faits justificatifs. Le juge n'entra point dans le détail de ces faits, et permit seulement aux Vallet de prouver qu'Antoine Pin avait tué Joseph Sévos.

L'enquête de Vallet étant achevée, l'implacable Frillet donna ses conclusions définitives, où il requit « que Joseph Vallet fût condamné à être « pendu, pour avoir, par des voies de fait, causé « la mort *d'Antoine Duplex* ; et que sa femme,

« ses fils et Antoine Pin, accusés comme lui de « l'assassinat de Joseph Sévos, fussent préalable- « ment appliqués à la question. »

Le juge, par sa sentence du 9 mai 1725 ordonna, qu'avant faire droit, Joseph Vallet, sa femme et leurs fils, seraient appliqués à la question ordinaire et extraordinaire, pour avoir, par leur bouche, plus ample preuve de l'assassinat de Sévos. Il ne fut pas question d'Antoine Pin.

Frillet interjeta appel *à minimâ* de cette sentence. Toute la procédure faite à la justice de Pont-d'Ain fut portée au gref du parlement de Dijon, les Vallet y furent transférés couverts d'opprobre par le préjugé que la sentence élevait contre eux. Le procureur-général, après l'examen de la procédure déclara qu'il se départait de l'appel *à minimâ* de son substitut; et demanda l'exécution de la sentence.

Ces conclusions ne furent point suivies par le parlement, il ordonna pour arrêt du 18 juin 1725, que les Vallet et Antoine Pin seraient interrogés séparément sur la sellette, et ensuite confrontés les uns aux autres.

Cet arrêt multiplia à tel point les indices contre Pin, que l'on crut qu'il fallait s'attacher principalement à lui. Seul il fut appliqué à la question. Mais il était d'une complexion robuste et supporta la question sans rien avouer. Loin de parler à la décharge des Vallet, il dit, au contraire qu'il avait reçu une pistole de Joseph Vallet, afin qu'il lui amenât Joseph Sévos; que lui, Vallet avait le dessein d'assassiner, ainsi, tout en voulant perdre Vallet, il se déclarait, néanmoins, complice de l'assassinat.

Après un tel aveu, qui complétait la preuve acquise contre les Vallet, ils n'avaient plus d'autre sort à attendre que l'échafaud.

Mais, grâce à une de ces révolutions opérées souvent par les remords de la conscience, la vérité commença enfin à se faire jour. A peine sorti de la question, Antoine Pin demanda que Gui de Vormes, rapporteur du procès se transportât dans la prison pour recevoir sa déclaration. Ce magistrat s'y rendit accompagné de son greffier; Antoine Pin rétracta alors tout ce qu'il avait dit contre la famille Vallet, et se déclara seul coupable de l'assassinat de Sévos.

Le lendemain, 3 juillet, il y eut arrêt qui condamna Antoine Pin à être rompu vif. Le même arrêt ordonna qu'il serait sursis au jugement de Vallet, de sa femme et de ses fils, jusqu'après le testament de mort d'Antoine Pin.

Voici ce que ce dernier déclara dans cet acte, sur les circonstances de la mort de Sévos. Il dit que le 19 février 1724, « étant allé chez Joseph « Vallet, il y trouva Joseph Sévos, et qu'il but « avec lui; que Sévos l'ayant quitté pour aller « chez la *Flory*, il alla l'y trouver, et qu'ils bu- « rent encore ensemble chez elle, jusqu'à neuf « heures du soir; de là, qu'ils allèrent chez *Claude* « *Dumoulin*, où ils burent encore jusqu'à minuit, « et où Sévos lui ayant fait voir environ quarante

« écus d'argent qu'il avait, il conçut le dessein de « l'assassiner ; et que pour y parvenir, il accom« pagna Sévos jusque chez lui, où étant entré, il « lui dit qu'il fallait manger ensemble une fricas« sée ; mais, comme ils n'avaient ni pain, ni « viande, il fut en chercher chez Michel Morel, « qui lui fit donner l'un et l'autre par sa ser« vante : que revenant de là, il passa près de la « maison de son père, et qu'étant entré dans « l'écurie, il y prit une serpe qu'il cacha sous son « habit, pour tuer Sévos ; qu'étant retourné join« dre Sévos qui l'attendait, au lieu de manger la « fricassée, il lui dit qu'il était temps de se cou« cher, et l'invita de coucher avec lui. Que Sévos « s'étant mis dans la disposition de se coucher, il « lui donna un coup de serpe sur la tête, dont il « tomba par terre en criant, *ah! mon Dieu, je* « *suis mort!* Que le sang avait rejailli sur une be« sace, sur le lit et à terre, et qu'ensuite il avait « pris du son pour le couvrir. Qu'il emporta en« suite le cadavre de Sévos dans l'écurie, où il le « coucha sous du fumier ; après quoi, il partit et « se rendit à Dombes. Qu'il revint incognito qua« tre ou cinq jours après, fit à son frère Pierre« Pin, l'aveu de son crime. Que ce frère l'aida à « porter le cadavre de Sévos dans un endroit « qu'on nomme le *Bistet* ou le *Bessier*, où ils l'en« terrèrent. »

Il ajouta que les Vallet étaient innocens, et qu'il ne les avait chargés qu'à l'instigation du geôlier. Il assura que Vaudan qui avait déposé contre eux, était un faux témoin qui avait reçu de l'argent pour faire cette déclaration, et que, s'il était pris, il en embarrasserait beaucoup d'autres.

Avant de marcher au supplice, il fit une réparation publique aux Vallet; il se jeta à leurs genoux, pleura, leur demanda pardon, et témoigna les plus vifs regrets de la conduite odieuse qu'il avait tenue. Attaché sur la roue, les os brisés et le visage tourné vers le ciel, il persista dans ces mêmes sentimens.

La cour députa un commissaire pour procéder à la recherche du cadavre de Joseph Sévos, dans le lieu indiqué par Antoine Pin. Ce commissaire fut autorisé à continuer l'information commencée par la justice du Pont-d'Ain. Pierre Pin et Antoine Vaudan furent décrétés de prise de corps; on les arrêta et on les conduisit à Ambournay. Vaudan reçut dans sa prison la visite de Maurice dit la *Ruine*, qui, à deux époques différentes, avait fait deux déclarations si contradictoires. Cet agent de Frillet l'engagea à ne pas se démentir, il lui donna de l'argent, et le prémunit contre la crainte qu'on chercherait à lui inspirer. Vaudan fut encore fortifié par les conseils de son oncle *Antoine Thorillon*; qui était domestique du sieur de Varambon, et créature de Frillet. Vaudan et Pierre Pin furent interrogés le même jour. Pin nia d'avoir eu la moindre part à l'assassinat de Joseph Sévos. Il ne chargea les Vallet, que par les ouï dire qui les avaient chargés dès les commencemens. A l'égard de Vaudan, il avait chargé extrêmement les Vallet dans sa déposition ; il y persista d'abord, puis sans être interrogé là-dessus, il déclara qu'il avait fait un vol domestique de trois bœufs, et d'un poulain au sieur Valencel, chez lequel il avait demeuré en qualité de domestique ; cet accusé, qui venait ainsi de se découvrir, pressé de dire la vérité relativement aux Vallet, convint « que ce qu'il « avait dit était faux ; qu'il avait bien passé la « nuit du 19 février 1724, devant leur tuilerie, « mais qu'il n'avait point entendu crier Sévos, « qu'il ne le leur avait point vu porter à l'embou- « chure de leur fourneau ; que s'il avait déposé ces « circonstances, c'est parce qu'on lui avait inspiré « cette déposition, contre Joseph Vallet et sa fa- « mille. »

Quant au cadavre de Joseph Sévos, les recherches que l'on fit pour le retrouver furent toutes infructueuses.

Le commissaire examina la procédure faite en la justice du Pont-d'Ain ; il y trouva des ratures et des renvois qui n'étaient point approuvés, des additions d'une autre main que celle du greffier et des actes de procédure non signés. Il chercha vainement le procès-verbal de la visite faite dans la maison de Joseph Sévos. Cette pièce avait été soustraite. On commença alors à soupçonner le procureur fiscal Frillet, et à croire qu'il pourrait bien avoir eu intérêt à la supprimer.

On sut qu'après la disparition de Joseph Sévos, plusieurs personnes étaient entrées dans la maison, et avaient trouvé du sang sur le chevet de son lit et à terre. La serpe ensanglantée, instrument du crime, était restée dans la maison de Sévos; elle fut reconnue pour appartenir à Antoine Pin, et envoyée au greffe de la cour.

Le commissaire, en prenant connaissance de la procédure relative à la mort d'Antoine Duplex, fut frappé de la première déposition de Maurice dit la *Ruine*, et qui était si différente de la seconde. Il le décréta de prise de corps et le fit conduire, ainsi que Vaudan, dans les prisons du parlement. Déchiré par ses remords et effrayé de faire périr quatre innocens, ce dernier se rétracta, il déclara que sa déposition était fausse; que les Vallet n'étaient nullement coupables, en un mot, il les déchargea pleinement et finit par leur demander pardon. Il déclara pareillement que le sergent qui l'avait assigné, lui dit, après sa déposition, d'aller la répéter à Frillet.

Atteint et convaincu de vol domestique et de faux témoignage, Vaudan, par arrêt du 5 octobre, fut condamné à être pendu, après avoir été préalablement appliqué à la question. Avant de mourir, il fit une satisfaction publique aux Vallet. Par un autre arrêt du 12 du même mois Claude Maurice, dit la *Ruine*, fut appliqué également à la question; il résulta de ses aveux : « Que le procureur fiscal « Frillet l'avait engagé à déposer contre les Vallet; « qu'Antoine Thorillon, oncle de Vaudan et *Jo-* « *seph Mallet* avaient trempé dans la subornation « des témoins. » Par arrêt du 13, il fut condamné à être pendu.

Le même arrêt renvoya Joseph Vallet et sa famille de l'accusation portée contre eux, tant au sujet de l'assassinat de Sévos que de l'homicide d'Antoine Duplex, et condamna Maurice à leur payer cinq cents livres de dommages et intérêts.

Les Vallet recouvrèrent enfin leur liberté après avoir été si long-temps victime de la plus cruelle persécution; mais ce singulier procès n'était pas encore terminé; il restait à connaître le ressort secret qui avait fait agir tant de personnages et les avait envoyés à l'échafaud.

Afin de dévoiler ce mystère d'iniquité, le parlement de Dijon ordonna que Jean Frillet, procureur fiscal, Joseph Mallet, garde bois des sieurs de Varambon, et Antoine Thorillon, leur domestique, fussent arrêtés et conduits dans les prisons de la cour. Ayant appris qu'ils étaient décrétés, tous trois cherchèrent leur salut dans la fuite et se réfugièrent en Savoie, où ils demeurèrent cachés dans un couvent de religieux.

Par une requête qu'il présenta à la cour, Vallet demanda qu'ils fussent condamnés solidairement même par corps, en dix mille livres de dommages et intérêts.

Ici, un personnage qu'on n'attend plus, un personnage qui a causé tant de maux à la famille Vallet, un personnage enfin tué et enterré par Antoine Pin, va reparaître en scène. C'est.... Joseph Sévos.

Pierre Vallet étant un jour à Bourg, rencontre un homme qui attire toute son attention. Il ne peut en croire ses yeux; il s'arrête, le regarde et s'approche de lui en donnant tous les signes de la surprise et de l'effroi; il ne peut parler, car sa langue se glace.. *C'est moi même*, lui dit cet homme, *je suis Joseph Sévos. Ne me perdez pas!*

Après la confession d'Antoine Pin, et tout ce qui avait précédé et accompagné son supplice, qui n'aurait pas cru que Sévos avait été tué? Pierre Vallet finit par se rendre à l'évidence et le reconnut; mais comme il avait le plus grand intérêt à ce que ce personnage mystérieux ne lui échappât point, et pour avoir le droit de le constituer prisonnier sans l'autorité du juge, il se constitua lui-même prisonnier après avoir fait connaître à sa famille cet événement extraordinaire.

Par suite de la requête présentée au parlement par Vallet père, et sur la réquisition du procureur général, il fut ordonné que le lieutenant criminel de Bourg procéderait pour constater l'existence de Joseph Sévos. On l'interrogea, ses réponses furent obscures et entortillées. On le transféra à la conciergerie où il fut interrogé de nouveau. Ses réponses ne furent ni plus franches, ni plus claires. On le décréta de prise de corps. Alors il accusa un inconnu de subordination. D'après le signalement qu'il en donna, le sieur Marnes, agent des seigneurs de Varambon, fut arrêté.

Interrogé sur la sellette, Sévos fit la déclaration suivante :

« Il passa la journée du samedi 19 février 1724 » avec Antoine Pin. Tout ce que ce dernier avait

« déclaré dans son testament de mort était de la « plus exacte vérité, à l'exception toutefois de l'en-« terrement du cadavre prétendu de Sévos, qui ne « pouvait avoir eu lieu, puisque Sévos était exis-« tant. A l'instant où Joseph Sévos avait reçu le « coup de serpe sur la tête, il avait en effet crié ! « *Ah! mon Dieu! je suis mort!* Il ne fit plus au-« cun mouvement, et eut le bonheur de faire croire « à son meurtrier qu'il était effectivement assas-« siné. Pin lui prit quarante écus qu'il avait dans sa « poche; et le croyant mort, il se retira. Lorsqu'il « fut parti, Sévos, dont la blessure n'était pas mor-« telle, alla fermer la porte. Ayant répandu beau-« coup de sang pendant la nuit, dès qu'il fit jour, « il étuva et pensa sa plaie. La crainte qu'il avait « de rencontrer son assassin, le détermina à rester « seul, enfermé chez lui, le dimanche et le lundi « suivans. Le mardi il alla à Varambon pour rendre « sa plainte à Frillet. Il raconta toutes les circon-« stances de l'assassinat, et n'oublia pas le vol qui « lui avait été fait. Frillet, après l'avoir écouté at-« tentivement, lui donna le conseil de ne pas faire « de poursuites. — Que feras-tu à Pin, lui dit-il? « c'est un misérable qui n'a rien; si tu le rencon-« tre quelque part, tu sais de quoi il est capable; « il te tuera. Va-t-en tant que terre te portera. »

Sévos suivit ce conseil, et nul doute, d'après le caractère de Frillet, que celui-ci ne lui ait fourni les moyens de s'expatrier.

A peine l'existence de Sévos fut constatée, que Frillet songea à en tirer parti pour nouer une intrigue nouvelle. Il fit présenter par Joseph Pin, frère d'Antoine Pin, qui avait subi le supplice de la roue, une requête au conseil d'état du roi, par laquelle il demandait que la mémoire de son frère fût réhabilitée.

Du moment où la procédure du Parlement de Dijon fut au greffe du conseil, Frillet fit imprimer et distribuer l'arrêt du 3 juillet 1725, dans l'intention de prévenir les esprits contre un jugement qui avait condamné à mourir sur la roue, un homme qui en avait tué un autre que l'on avait retrouvé plus tard plein de vie. Il présenta ensuite une requête en cassation de l'arrêt qui l'avait décrété de prise de corps; mais par arrêt du 30 mai 1732, le conseil le débouta de sa demande, et ordonna « qu'il serait transféré, sous bonne escorte, » aux prisons de la Conciergerie du Palais, pour » son procès lui être fait et parfait, suivant la ri» gueur des ordonnances, par la cour du Parle» ment de Dijon. »

Transféré dans les prisons de Dijon, Frillet subit plusieurs interrogatoires, et fut confronté aux témoins. Le commissaire de la Cour, qui était présent, décréta un sieur *Cothier*, châtelain de Varambon; *Fléchon*, métayer des seigneurs de cette terre; *Bardot-Bardolet*, leur domestique; celui-ci fut arrêté; mais les deux autres prirent la fuite. On arrêta le nommé *Seizeriat*, sergent, accusé de crime de faux.

Les Vallet firent valoir dans un grand mémoire

de puissantes inductions tirées des faits et de la procédure.

Le procès étant instruit contre Seizeriat, le parlement le condamna, par arrêt du 30 juin 1733, à faire amende honorable et ensuite à être pendu. Le même jour cet arrêt fut exécuté. En marchant au supplice, ce sergent s'écriait : « Hélas ! les faux exploits dont on m'accuse sont l'ouvrage de la suggestion de Frillet, et de la crainte qu'il m'inspira. Pouvais-je résister au crédit qu'il avait dans le pays? Il ne m'a pas payé des exploits. »

Joseph Mallet, condamné le 7 juillet suivant, comme suborneur de témoins, subit le supplice de la potence, après avoir été appliqué à la question.

La cour condamna Bardot, dit Bardolet, aux galères à perpétuité.

Justement effrayé par cette suite de supplices, Frillet fit un dernier effort pour y échapper lui-même. Il entreprit de répondre au mémoire des Vallet; mais la requête qu'il présenta, loin d'effacer les impressions qu'on avait prises contre lui, ne servirent qu'à les rendre plus vives.

Sévos tomba malade dans la prison, et mourut avant le jugement définitif. Il laissa par sa mort beaucoup d'éclaircissemens à désirer.

Enfin, le 7 août 1733 intervint un arrêt qui condamna Frillet, atteint et convaincu de prévarications et malversations dans ses fonctions de procureur d'office et de notaire, à être pendu et étranglé *jusqu'à ce que mort s'ensuivit*, et en outre en huit mille livres de dommages-intérêts envers la famille Vallet.

Frillet fut également condamné à quinze cents livres d'amende envers le roi.

Toute la ville, indignée de la scélératesse de ce misérable, attendait son supplice avec autant d'impatience qu'elle avait montré de joie en apprenant sa condamnation. Son attente à cet égard fut trompée. Il y eut sursis à l'exécution; et, plus tard, le roi commua la peine encourue par Frillet en un bannissement de dix ans hors de la province; mais il fut obligé de payer tous les dommages-intérêts, et mourut au moment où il se disposait à se mettre en route pour exécuter son ban.

On pendit Antoine Thorillon en effigie, et Louis Cothier, qui était également contumace, fut condamné aux galères pour cinq ans.

Telle fut l'issue de ce procès, si fécond en événemens, dont le plus singulier est, sans contredit, celui qui arracha au gibet la proie qu'il réclamait à plus d'un titre.

FULBERT

ET LES DEUX ASSASSINS D'ABAILARD.

Depuis la lettre de Colardeau, si pleine d'images, de sentiment et de poésie, l'histoire d'Abailard s'est tellement répandue, qu'on nous saurait mauvais gré de la reproduire ici.

En ramenant le souvenir de nos lecteurs sur cette grande infortune de l'amour et de la vengeance, notre seule intention est de rappeler le genre de peine infligée, au douzième siècle, aux auteurs du crime qui priva Héloïse d'un amant ou d'un mari, car les historiens ne sont pas d'accord sur la nature de leur union.

On sait qu'Abailard fut admis chez Fulbert pour donner des leçons à Héloïse, nièce de ce chanoine de Paris; que Fulbert, indigné de la séduction exercée par le professeur, ou craignant qu'il ne voulût forcer Héloïse à se faire religieuse, introduisit dans la chambre d'Abailard, la nuit, deux hommes qui le mutilèrent.

Ce qu'on ignore assez généralement, c'est qu'un jugement cité par Foulques dans une lettre qu'il écrivit à Abailard, condamna le chanoine à être dépouillé de tous ses biens, et les deux assassins à subir la mutilation dont ils s'étaient rendus coupables, puis à avoir les yeux crevés (1).

---

(1) La peine du *talion* avait lieu, anciennement, dans toute l'étendue du royaume ; elle ne cessa d'être en usage, hors le cas de faux témoignage, qu'au fur et à mesure que les provinces obtinrent des coutumes écrites.

Crever les yeux était une peine que les abbés du huitième siècle imposaient à leurs moines. Le concile de Francfort, présidé par Charlemagne, fut obligé de défendre cette sorte de châtiment, qui ne dura pas, croit-on, au-delà du douzième siècle pour les laïques.

GANGES (Marquise de).

La marquise de Ganges était fille unique du sieur de Rossan. Elle naquit à Avignon en 1636, et quoique sa naissance fût assez obscure, l'opulence de son aïeul maternel, nommé Joanis, sieur de Nochères, dont elle devait recueillir la succession, la mettait de niveau avec des gens de qualité.

Son père étant mort, de Nochères offrit chez lui un asile à la dame de Rossan sa fille, et à la jeune orpheline ; celle-ci prit alors le nom de mademoiselle de Châteaublanc, d'une des terres de son aïeul.

Sous le rapport de la beauté, de l'esprit et du caractère, il eut été difficile de trouver une jeune personne plus accomplie que mademoiselle de Châteaublanc. Elle comptait à peine treize ans lorsqu'elle épousa, en 1649, le marquis de Castellane, petit fils du duc de Villars, et qui ne le cédait à sa jeune épouse, ni en agrémens extérieurs, ni en qualités estimables. Il s'empressa de la présenter à la cour, où elle excita l'admiration générale. Louis XIV dansa avec elle dans un de ces ballets ou la galanterie et la magnificence étaient rasssemblées. On l'appelait plutôt la belle provençale que madame de Castellane.

La mort de son mari, qui périt dans la mer de Sicile, lors du naufrage des galères françaises, fut la source des infortunes de la belle provençale. Après une année de veuvage, elle épousa en seconde noces le marquis de Ganges, jeune homme de 20 ans, d'une famille distinguée dans le pays; il était baron du Languedoc, gouverneur de Saint-André, et assez bien partagé des dons de la fortune.

Ce mariage paraissait des mieux assortis ; il réunissait le plus beau couple du canton ; la marquise était âgée alors de vingt-deux ans. Deux enfans de sexe différent, furent le gage de cette union, dont les commencemens s'annoncèrent sous les plus heureux auspices. La marquise se croyait parvenue au comble de la félicité ; mais le prestige ne tarda point à se dissiper. Son époux devint froid, sérieux, il se lassa des soins assidus qu'il lui avait rendus ; il la négligea, se répandit dans le monde, et elle s'apperçut avec douleur qu'elle avait cessé d'être aimée. L'indifférence du marquis de Ganges n'était que le moindre des malheurs qui devaient empoisonner l'existence de celle dont nous retraçons ici la déplorable histoire.

Le marquis de Ganges avait trois frères; le comte, l'abbé et le chevalier. Le premier était colonel du régiment de dragons de Languedoc et jouissait d'une excellente réputation justement méritée. Le second était faux, dissimulé, violent et impérieux ; la débauche, l'impiété et la scélératesse formaient le fond de son caractère : il était d'autant plus dangereux qu'il savait couvrir tant de vices du masque de la vertu. Quant au chevalier, c'était un homme médiocre, fait pour être gouverné, et dont l'abbé disposait à son gré.

L'abbé et le chevalier vinrent demeurer avec le marquis leur frère. L'abbé insinua à celui-ci qu'il lui était entièrement dévoué et qu'il était propre à soutenir par ses bons avis l'éclat de sa maison. Il lui persuada qu'il pouvait régir ses biens avec économie et en employer les revenus avec utilité. Il lui laissa, en un mot, le nom de maître et en conserva toute l'autorité.

Il ne put voir madame de Ganges sans l'aimer, et espérant que l'autorité dont il s'était emparée le conduirait à son but, il mit tout en usage pour plaire à la marquise ; par ses soins, il y eut un rapprochement entre les deux époux, mais il ne laissa point ignorer à l'objet de ses feux que c'était à lui seul qu'il fallait en avoir l'obligation ; puis il osa déclarer sa passion : il fut écouté avec froideur et mépris.

Piqué au vif, l'abbé se douta, avec raison, que le chevalier était aussi sensible que lui aux charmes de la marquise. Loin d'avoir pour le chevalier la même anthipatie que pour l'abbé, madame de Ganges aimait sa conversation, non qu'elle ressentit pour lui de l'amour, mais elle lui trouvait les mœurs douces, et la comparaison qu'elle faisait de lui avec l'abbé lui rendait le chevalier agréable.

L'abbé dit au chevalier de tâcher de faire agréer

sa passion, et que s'il ne le pouvait pas, il verrait lui-même s'il serait plus heureux. Il ne prit ce parti que parce que n'ayant pu réussir il voulait éprouver si la vertu de la marquise résisterait à toutes les attaques. Charmé d'un pareil arrangement le chevalier rendit des soins empressés à sa belle-sœur; mais n'étant pas mieux traité que ne l'avait été l'abbé, il prit le parti de vaincre son amour; il en parla à l'abbé qui l'entretint dans ces sentimens, et finit, au moyen de ses insinuations perfides, par le ranger au nombre des ennemis de la marquise; puis il se remit sur les rangs, et comme il n'avait pu se faire aimer en cimentant le bonheur des deux époux, il changea de conduite et jeta dans l'esprit du marquis, de l'ombrage sur la sagesse de sa femme; une scène terrible eut lieu, madame de Ganges la soutint avec calme; elle ne chercha point à détromper le marquis sur la perfidie de l'abbé : il ne l'eût point écoutée.

Le misérable auteur de son infortune eut l'effronterie de dévoiler à ses yeux sa turpitude, et de s'applaudir du succès de ses impostures; il lui avoua que les maux qu'elle endurait étaient son ouvrage, qu'il les convertirait à son gré en plaisirs; que sa félicité dépendait entièrement de lui, et que pour la faire renaître, il ne demandait qu'un peu de complaisance. Pour toute réponse, la marquise lui tourna le dos. Alors l'amour outragé se changea en haine; l'abbé jura de se venger, et il tint parole. Quelques jours après, madame de Ganges ayant réuni chez elle quelques amis, fit servir un rafraîchissement à la crême; il s'y trouva de l'arsenic, mais en trop petite quantité sans doute pour que le lait ne détruisît pas l'effet du poison; elle en fut légèrement incommodée, ainsi que toutes les personnes qui goûtèrent de ce rafraîchissement.

Nul doute, d'après la conduite ultérieure de l'abbé, que ce ne fût lui qui eût mis de l'arsenic dans la crême.

Cette aventure fit d'abord beaucoup de bruit à Avignon; mais comme les résultats n'en furent point mortels, on ne fit aucune perquisition du crime.

Peu de temps après cette tentative d'empoisonnement, M. de Nochères, aïeul de la marquise, vint à mourir, et la laissa héritière de son immense fortune, dont elle pouvait jouir et disposer à son gré, ces biens se nommant *paraphernaux* (1).

Cet événement lui donna de la considération. L'abbé fit entendre au marquis qu'il fallait user de ménagemens avec une femme qui pouvait disposer de fonds et de revenus si considérables; mais madame de Ganges ne fut point dupe d'une résolution si subite; sachant à quoi s'en tenir à cet égard, elle observa toujours la même réserve avec son mari et ses deux beaux-frères.

On proposa d'aller passer l'automne à Ganges, petite ville à sept lieues de Montpellier, dont le

(1) Dans les pays régis par le droit romain, ces biens n'étaient point compris dans la dot de la femme; celle-ci en a la libre disposition.

marquis était seigneur, et où il avait un superbe château. Cette proposition jeta dans l'ame de la marquise un noir pressentiment : elle se ressouvint de l'aventure de la crême empoisonnée ; elle savait qu'elle avait deux ennemis implacables dans les frères de son mari, et cette idée la faisait frémir malgré elle. Elle prit la résolution, avant son départ, de faire son testament. Elle institua sa mère son héritière, à la charge d'appeler à sa succession, celui des deux enfans de la testatrice qu'elle jugerait à propos de préférer. Son fils était alors âgé de six ans, et sa fille venait d'atteindre sa cinquième année.

Cette précaution ne lui paraissant pas encore suffisante, elle convoqua les magistrats d'Avignon et plusieurs personnes dequalité devant lesquelles elle déclara authentiquement, que dans le cas où elle viendrait à mourir, et qu'elle ferait un testament postérieur à celui qu'elle venait de faire, elle le désavouait formellement, et voulait qu'on s'en tint au premier. Cette déclaration fut rédigée dans les termes les plus énergiques et accompagnée de toutes les formes qui pouvaient la mettre à l'abri de la chicane.

Le marquis et ses deux frères qui savaient qu'elle avait fait un testament, n'eurent point connaissance alors de cette déclaration.

L'esprit de madame de Ganges était tellement frappé, qu'avant son départ, elle distribua à plusieurs religieux diverses sommes pour lui dire des messes, au cas qu'elle vint à mourir, et quand elle les chargea d'acquitter cette œuvre pieuse, elle le fit avec tant d'instance, que l'on eût dit qu'elle touchait à son heure dernière.

Elle mit beaucoup d'affection et de tendresse dans les adieux qu'elle fit aux personnes de sa connaissance: son cœur était serré, et des larmes coulaient de ses yeux. C'était un adieu éternel. Elle partit.

Le marquis et ses deux frères la précédèrent à Ganges; elle y trouva aussi, en arrivant, sa belle-mère, femme d'un mérite rare, et qui faisait sa demeure à Montpellier. On lui fit une réception des plus agréables. L'abbé et le chevalier quittèrent le rôle d'amans, pour ne lui marquer que de l'amitié et de la considération. Le marquis la reçut à bras ouverts et la combla de caresses. Tous portaient un masque. La belle-mère seule se montra à visage découvert.

Madame de Ganges qui avait le cœur droit et plein de franchise donna dans le piége qu'on lui tendait. Au bout de quelques jours sa belle-mère retourna à Montpellier, le marquis se rendit à Avignon où l'appelaient ses affaires. Il fit les plus tendres adieux à sa femme; mais c'étaient les derniers, car il avait prononcé l'arrêt de sa mort.

La marquise resta seule avec ses deux beaux frères qui, continuant à dissimuler, parvinrent à se rétablir dans sa confiance. Quand ils virent que leurs manières insinuantes avaient réussi, l'abbé fit tomber adroitement la conversation sur le testament qu'avait fait la marquise; il lui donna à entendre que tant que cette pièce subsisterait, il n'y aurait jamais d'accord entre elle et son mari; ses paroles furent si douces, si persuasives, que la marquise de Ganges, dont la bonté était extrême, révoqua ce testament, en fit un autre en faveur du marquis. L'abbé ayant atteint son but prépara le dénouement de la tragédie qu'il allait jouer.

Le 17 du mois de mai 1667, la marquise témoigna le désir de se purger. Le médecin de la ville lui prépara une médecine pour ce jour-là; lorsqu'on la lui apporta, elle lui sembla si épaisse, si noire, que, se sentant de la répugnance à la prendre, elle aima mieux se purger avec des pilules qu'elle avait dans sa cassette.

L'abbé et le chevalier, ayant manqué leur coup, formèrent l'horrible projet de consommer le crime à quelque prix que ce fût.

La marquise était restée au lit et avait invité quelques dames de la ville à venir lui tenir compagnie après le dîner; elles se rendirent à son invitation. L'air contraint, préoccupé, de l'abbé et du chevalier, ne leur échappa point. On servit une collation; ni l'un ni l'autre n'y touchèrent; enfin, les dames se retirèrent; l'abbé les accompagna jusqu'à la porte; le chevalier resta seul avec la marquise, il était plongé dans une profonde rêverie dont elle chercha à deviner le sujet..... Elle ne tarda pas à le connaître.

Tout à coup, elle voit entrer dans sa chambre l'abbé, tenant d'une main un pistolet, et de l'autre un verre plein d'une liqueur noire, trouble, et extrêmement épaisse. La fureur était dans ses yeux, la rage sur tous ses traits. Il ferme la porte derrière lui, s'approche du lit de madame de Ganges, s'arrête et lance des regards terribles sur elle, comme pour la préparer à la scène terrible qui va se jouer.

Le chevalier, dont la figure devient en ce moment effroyable, met l'épée à la main.

Enfin, l'abbé prononce ces terribles paroles : « Madame, il faut mourir ; choisissez le feu, le fer, ou le poison. — Moi, mourir, s'écrie la marquise ! De quel grand crime suis-je donc coupable ? C'est vous qui ordonnez ma mort, et c'est vous qui l'exécutez. Ai-je mérité une haine aussi violente et que vous poussez à une si grande cruauté ?..... » Voyant qu'elle ne peut espérer aucune pitié de l'abbé, elle s'adresse au chevalier, et cherche en vain à l'attendrir ; elle aperçoit dans ses yeux que sa perte est jurée. « C'en est fait, madame, lui dit-il ; prenez votre parti : si vous ne le prenez pas, nous le prenons sur-le-champ pour vous. »

La marquise alors les regarde tous les deux avec indignation, et levant ses regards vers le ciel, comme pour le prendre à témoin de cette horrible violence, elle reçoit le verre de poison que lui présente l'abbé, tandis qu'il lui tient le pistolet sur la gorge, et que le chevalier lui met la pointe de son épée contre la poitrine. Elle avale le poison !

Le chevalier, s'étant aperçu qu'elle laissait au fond du verre le plus épais de ce breuvage, qui était composé d'arsénic et de sublimé détrempé dans de l'eau forte, rassembla ce reste avec un petit poinçon d'argent, et l'ayant mis au bord du verre, il dit à sa belle-sœur : « Allons, madame, il faut gober le goupillon. » La marquise prit ce reste, mais ne l'avala point ; elle se laissa aller sur son chevet, et poussant un cri comme si elle se sentait mourir, elle rejeta ce résidu dans ses draps, et dit à ces misérables : « Au nom de Dieu ! puisque vous voilà satisfaits en me ravissant la vie, ne poussez pas la barbarie jusqu'à vouloir perdre mon ame ; envoyez-moi un confesseur, afin que je meure en chrétienne, et non en désespérée.

L'abbé et le chevalier se retirèrent alors, et allèrent avertir le nommé Perrette, vicaire de Ganges, et domestique de la maison depuis plus de vingt-cinq ans, d'aller auprès de la marquise et de la voir mourir. Mais la marquise avait conservé toute sa présence d'esprit ; à peine fut-elle seule qu'elle chercha à s'évader. Elle passe à la hâte un jupon, gagne la fenêtre de sa chambre, qui regarde sur la basse-cour du château, et se jette de la hauteur de vingt-deux pieds. Elle se serait écrasé la tête, si Perrette, qui arriva alors, la retenant par le bord de son jupon, ne lui eût dressé le corps. Elle tomba droite sur ses pieds, dans un terrain dur, semé de pierres, où elle ne se fit d'autre mal que de s'égratigner les pieds qu'elle avait nus. Le poids de son corps déchira le jupon dont le vicaire tenait le bout, et dont il lui resta un lambeau entre les mains.

Dévoué aux deux frères, l'infâme Perrette fit alors tomber une grosse cruche remplie d'eau par une fenêtre joignant celle par où madame de Ganges avait passé. Il l'assommait, si la cruche l'eût atteinte.

Dès qu'elle se vit à terre, elle mit le bout de la tresse de ses cheveux fort avant dans le gosier; il s'en suivit un fort vomissement dont elle se trouva sur-le-champ soulagée; puis elle essaya de s'évader. La basse-cour étant fermée de tous les côtés, elle dirigea ses pas vers les écuries, et apercevant un palefrenier, elle lui dit : « Mon ami, sauve-moi la vie. Je suis empoisonnée : ouvre-moi tes écuries, afin que j'aille chercher du secours. » Cet homme la prit entre ses bras, la fit passer par ses écuries, et la confia à quelques femmes qu'il rencontra dans son chemin.

Pendant que ceci avait lieu, Perrette était allé avertir l'abbé et le chevalier de la fuite de la marquise : tous deux alors se mirent à sa poursuite en criant qu'elle était folle. Le chevalier l'atteignit auprès de la maison du sieur des Prats, peu éloignée du château; il l'y fit entrer par force, et s'y enferma avec elle. L'abbé se mit sur le seuil de la porte, tenant un pistolet à la main, et disant qu'il tuerait le premier qui s'approcherait, parce qu'il ne voulait pas que sa belle-sœur, dans sa folie, se donnât en spectacle à la populace. Son intention était d'empêcher qu'on ne lui apportât des secours, afin de laisser au poison le temps d'agir.

Le sieur des Prats n'était pas chez lui, mais il y

avait sa femme et plusieurs demoiselles. L'une d'elles remit secrètement à madame de Ganges une grande boîte d'orviétan, dont elle prit quelques morceaux pendant que le chevalier, qui se promenait en la gardant, avait le dos tourné. Une autre demoiselle lui donna un grand verre d'eau, afin de soulager le feu que le poison et l'orviétan avaient allumé dans sa poitrine ; mais le chevalier, qui s'en aperçut, s'opposa à ce qu'elle le bût, et lui cassa le verre entre les dents.

Cependant la marquise conçut le dessein de fléchir le chevalier, et elle pria ces demoiselles de la laisser seule avec lui ; elles passèrent dans la chambre voisine. Alors elle se jeta tout éplorée à ses genoux, mais elle trouva en lui un homme inflexible, et dont elle ne fit qu'irriter la cruauté ; car, prenant son épée, il s'en servit comme d'un poignard, et en donna deux coups dans le sein de sa belle-sœur. Elle cria alors au secours en fuyant vers la porte ; il lui donna encore par derrière cinq coups d'épée ; cette arme s'étant rompue, il lui en laissa le tronçon dans l'épaule.

Après tous ces excès, le chevalier alla rejoindre son frère qui gardait encore la porte ; et lui dit : Retirons-nous, abbé ; l'affaire est faite.

Cependant, toutes les demoiselles étaient rentrées en foule dans la chambre ; elles furent consternées en voyant Madame de Ganges étendue sur le carreau et nageant dans son sang. Elles s'aperçurent qu'elle pouvait encore être secourue ; elles demandèrent par la fenêtre qu'on appelât un chirurgien. A ce bruit, l'abbé, jugeant que la marquise respirait encore, vint pour lui porter le dernier coup. Il s'approcha d'elle avec de violens transports de fureur. Il lui appuya son pistolet sur la poitrine. Non seulement le pistolet fit long feu, mais une demoiselle le détourna en saisissant le bras de l'abbé, qui, voyant que son dessein allait échouer, donna un grand coup de poing à cette demoiselle à la tête, et jouant de son arme, comme d'une massue, il allait assommer la marquise; maistoutesces demoiselles tombèr ent sur lui, comme des lionnes, en l'accablant d'injures et de coups, et le jetèrent dehors de la maison, puis revenant auprès de madame de Ganges, elles retirèrent le tronçon de l'épée et étanchèrent le sang des plaies. Un chirurgien fut appelé; il mit le premier appareil et jugea que les blessures n'étaient pas mortelles.

L'abbé et le chevalier profitèrent des ombres de la nuit pour s'évader. Ils se retirèrent à Auberas, une terre du marquis située à une lieue de Ganges.

Les consuls de cette ville vinrent, accompagnés de la force armée, offrir leurs services à la marquise; ils posèrent une garde autour de la maison du sieur des Prats.

Cet horrible assassinat ne tarda pas à se répandre dans tout le bas Languedoc. Le baron du Tressan, grand-prévôt, se mit à la poursuite des meurtriers, mais ses recherches furent inutiles; il ne put suivre leurs traces.

Le marquis de Ganges qui ne pouvait pas être

étranger à ce crime, était à Avignon lorsqu'on lui apprit l'assassinat de sa femme. Il témoigna une horreur extrême, et jura que ses frères n'auraient point d'autre bourreau que lui; cependant il différa son départ pour Ganges jusqu'au lendemain après le diner; il vit quelques uns de ses amis à Avignon et ne leur parla nullement de cet accident funeste, ce qui parut assez singulier. Arrivé à Ganges, il fut reçu par la marquise avec toutes les démonstrations de tendresse qu'aurait pu attendre le meilleur des maris. Seulement, elle lui adressa quelques reproches sur ce qu'il paraissait l'avoir abandonnée.

Coupable, un pareil accueil était le plus grand supplice qu'il pouvait souffrir. Malgré quelques remords qui se faisaient sentir en lui, il osa se prévaloir de l'excès de tendresse que lui témoignait sa femme, pour lui demander qu'elle révoquât la déclaration qui confirmait son testament d'Avignon, alléguant pour motif que le vice légat avait refusé d'enregistrer le testament qu'elle avait fait à Ganges. Mais la marquise répondit, avec fermeté, qu'elle ne toucherait point à cette déclaration : cette demande venait de lui ouvrir les yeux.

Malgré ce refus, le marquis continua de rendre des soins à sa femme dans la maison du sieur des Prats où elle était restée. Elle voulait être transportée à Montpellier, mais son médecin lui dit que dans l'état où elle était, elle ne le pouvait point, sans un danger imminent pour ses jours.

Madame de Rossan, sa mère, se rendit auprès

d'elle, le lendemain du jour de l'arrivée du marquis; sa surprise fut grande de le trouver avec sa fille, et de les voir tous deux en bonne intelligence, en apparence du moins. Ne doutant point qu'il ne fût le chef du complot, elle frémit d'indignation, et malgré toutes les instances qui lui furent faites, elle ne resta que trois jours dans la maison du sieur des Prats.

Toujours bonne, miséricordieuse, madame de Ganges témoigna des sentimens édifians pour ses assassins; elle déclara qu'elle leur pardonnait de tout son cœur, et qu'elle immolait sa vengeance à la religion.

Elle voulut recevoir les sacremens, mais quelle fut son étonnement, lorsqu'elle reconnut dans le prêtre qui lui apportait le viatique, l'infâme Perrette. Elle demanda qu'il partageât l'hostie avec elle, craignant que sous le voile du saint mystère un poison mortel ne fût caché.

Le prêtre communia avec la moitié de l'hostie.

Le parlement de Toulouse nomma le conseiller de Catelan, commissaire pour interroger la marquise. Il n'oublia rien pour éclairer parfaitement sa religion sur le crime horrible que la justice se disposait à venger.

Le lendemain 7 juin, les souffrances de madame de Ganges redoublèrent, et le soir elle expira entourée d'amis qui ne purent retenir leurs larmes à ce triste spectacle.

L'ouverture du cadavre fit connaître que le

poison seul avait occasioné la mort. Elle était âgée alors de trente-neuf ans.

Madame de Rossan, sa mère, comme héritière instituée, se mit en possession de tous les biens de la marquise, et se porta accusatrice de ses assassins; elle comprit son gendre parmi ceux-ci, et déclara qu'elle allait le poursuivre jusqu'à ce que la mort de sa fille fût vengée. Elle fit publier un long mémoire qui contenait les motifs de l'accusation qu'elle avait intentée contre lui.

Le marquis fut décrété de prise de corps, arrêté dans son chateau et conduit ensuite dans les prisons de Montpellier. Lorsqu'il arriva dans cette ville, la populace l'accueillit par des huées et des imprécations. De là on le transféra à Toulouse où il fut mis en jugement; mais il échappa à la mort. Par arrêt du 21 août 1667, « l'abbé et le chevalier de Ganges furent condamnés à être rompus vifs; le marquis, leur frère, à un bannissement perpétuel, dégradé de noblesse, ses biens confisqués au profit du roi : le prêtre Perrette, après avoir été dégradé des ordres par la puissance ecclésiastique, condamné aux galères à perpétuité. »

Cet arrêt fit murmurer : on le trouva trop doux ou trop rigoureux. Si le marquis n'avait point trempé ses mains dans le sang de sa femme, il fallait l'absoudre; s'il était coupable de sa mort, il fallait l'envoyer à l'échafaud. Enfin, s'il n'y avait pas de preuves suffisantes, on pouvait faire un plus ample informé, et sous ce prétexte, retenir enfermé un homme soupçonné d'un tel crime.

Ce fut à l'occasion de ce singulier jugement que Louis XIV, auquel on demandait la grâce du comte *de la Douze*, accusé d'avoir empoisonné sa femme, dit : « Il n'a pas besoin de grâce puisqu'il est au parlement de Toulouse. Le marquis de Ganges s'en est bien passé. »

Le roi donna au comte de Ganges les biens confisqués sur le marquis, son frère; mais le comte les rendit à son neveu dès que celui-ci fut en âge d'en pouvoir jouir.

Le comte *de la Douze* fut condamné à une peine capitale, et les quatre assassins de la marquise de Ganges échappèrent au supplice. Le vicaire Perrette mourut en chemin, attaché à la chaîne. Le chevalier se retira à Venise, demanda du service à la république, qui était alors en guerre contre les Turcs, et fut tué peu de temps après d'un éclat de bombe, au siége de Candie.

Après son jugement, le marquis demeura caché pendant quelque temps. Puis trouvant le secret d'intéresser en sa faveur M. de Baville, intendant du Languedoc, en persécutant ou en dénonçant les Huguenots, il ne se gêna plus et vécut ouvertement dans le château de Ganges qui appartenait à son fils, en vertu de la donation que lui avait faite son oncle. Il y aurait passé sa vie, si fidèle à son système de scélératesse, après avoir été l'assassin de sa femme, il ne fût devenu le persécuteur de celle de son fils.

Le jeune marquis avait épousé la fille du baron de Moissac, et l'avait conduite à Ganges où il l'avait laissée pour rejoindre son régiment. Il était capitaine de dragons.

Sous le prétexte qu'elle était nouvelle catholique, le vieux marquis ôta d'abord à sa belle-fille, une jeune protestante qu'elle aimait beaucoup, et qui était depuis long-temps auprès d'elle. Ce ne fut pas le seul chagrin qu'elle éprouva ; qu'on juge de son étonnement, de sa terreur même, quand elle trouva dans son beau père, un amant passionné qui osa lui déclarer son amour. Elle instruisit son mari par une lettre des dangers qui la menaçaient, celui-ci, prit aussitôt la poste, et alla se jeter aux pieds du roi pour le supplier d'obliger son père à exécuter son arrêt.

Le monarque fut surpris, en apprenant que le marquis de Ganges avait rompu son ban, et il ordonna en conséquence, que, si on le trouvait dans le royaume, on lui fît de nouveau son procès.

Le comte de Ganges, qui était alors à la cour, ayant appris ce qui se passait, se rendit sur-le-champ près du marquis son frère; il le retira du château et le fit passer à Avignon, d'où il partit pour Lisle, petite ville du comtat-venaissin. On croit qu'il alla plus tard rejoindre son frère le chevalier à Venise, et qu'il périt avec lui au siége de Candie.

Quant à l'abbé de Ganges, il se retira à Viane, en Hollande, dont le comte de la Lippe était alors souverain. L'abbé avait pris le nom de la Martellière; il fut présenté au comte, comme un français réfugié et d'un mérite distingué. Le comte lui trouvant de l'esprit et beaucoup d'instruction, lui confia l'éducation de son fils âgé de dix ans.

Le faux la Martellière gagna si bien l'estime et la confiance du comte et de la comtesse, qu'on ne faisait rien dans la maison sans le consulter. Il était l'ame du gouvernement de ce petit état. Son crédit devint enfin si grand, qu'il crut pouvoir aspirer à la main d'une jeune et jolie parente de la comtesse, et qui avait pour lui les sentimens qu'elle lui avait inspirés; mais le mystère qu'il avait toujours fait de sa naissance, et le soin qu'il prenait d'éluder tout éclaircissement sur ce sujet, donnaient lieu de penser qu'elle n'était rien moins que distinguée; aussi la comtesse refusa-t-elle son consentement à une alliance qui, selon elle, devait ternir la gloire de sa maison.

L'abbé voyant que la naissance était le seul obstacle qui arrêtât madame de la Lippe, se détermina à déclarer son véritable nom, persuadé qu'il était, que la haute estime que l'on avait pour lui effacerait toute l'horreur que ce nom aurait pu inspirer, dans d'autres circonstances; mais il l'eut à peine prononcé que la comtesse s'écria : « Quoi ! vous êtes cet exécrable abbé de Ganges, dont le nom seul fait frémir ? Ciel ! quel monstre ai-je eu chez moi, et à quelles mains avions-nous confié l'éducation de notre fils? Je les vois encore baignées du sang de la malheureuse victime de votre atroce barbarie. »

Grâce à l'intercession du jeune comte, l'abbé de Ganges ne fut point arrêté, mais il reçut l'ordre de sortir sur-le-champ du territoire de Viane, avec défense de ne se trouver jamais, en quelque endroit que ce fût, en présence du comte et de la comtesse de la Lippe.

Il se retira à Amsterdam où il enseigna la langue française. Sa maîtresse ne tarda point à l'aller trouver, et un mariage secret les unit l'un à l'autre. Il fut admis au consistoire des protestans, et tant qu'il vécut, le jeune comte de la Lippe le mit à même, par l'argent qu'il lui faisait passer, de vivre d'une manière honorable.

GAUFRIDI.

Ainsi que la maréchale d'Ancre et tant d'autres personnes accusées d'avoir fait un pacte avec le diable, Gaufridi fut la victime de la facilité avec laquelle on recevait, au siècle où il vivait, les accusations de magie. Ces procès et les supplices fréquens, qui en étaient la conséquence, faisaient sur les esprits faibles une si forte impression, qu'un grand nombre d'individus, à force de s'entendre répéter qu'ils étaient magiciens ou sorciers, finissaient par se le persuader à eux-mêmes. Telle fut, en grande partie, la cause des aveux qui échappèrent à Gaufridi, dans les divers interrogatoires qu'on lui fit subir.

Louis Gaufridi reçut le jour, en 1580, à Beauveser, village situé en Provence, près des montagnes de Grasse. Son père était berger. Dès son enfance, Louis Gaufridi montra beaucoup de disposition à la sorcellerie. Dans le cours de son procès, on lui fit le reproche d'être tombé, à l'âge de sept ans, d'un lieu fort élevé sans se faire la plus légère blessure. Ce prodige n'avait pu arriver, disait-on, que parceque le diable, qui prenait à lui le plus vif intérêt, l'avait soutenu dans sa chute.

Gaufridi était un joli garçon ; il avait de l'esprit

et de l'enjouement dans le caractère, il possédait au suprême degré l'art de donner un tour plaisant aux choses les plus insignifiantes; mais il aimait outre mesure les plaisirs de la table et ceux de l'amour.

Son oncle, Christophe Gaufridi, curé de Pourrières, village voisin de Beauveser, reconnaissant en lui des talens capables de l'élever au-dessus de l'état de berger, parvint à le faire prêtre, et quoiqu'il n'eût jamais fait d'études en théologie, on le nomma néanmoins curé de la paroisse des Accoules de la ville de Marseille.

On raconte que Christophe Gaufridi possédait un grimoire dont il ignorait complètement l'usage, mais les figures bizarres des caractères qu'il renfermait lui donnèrent à penser que ce devait être une chose fort précieuse; cepèndant il n'était point en état d'en apprécier la valeur. Pensant que son neveu pourrait en découvrir le sens mystérieux, il lui en fit présent six mois avant de mourir, et lui recommanda de le conserver avec soin. Louis Gaufridi n'y fit pas d'abord grande attention, le hasard seul lui en fit connaître toute la valeur.

Cherchant un jour des épîtres de Cicéron qu'il voulait donner à un écolier auquel il portait une grande affection, le fatal grimoire lui tomba entre les mains. Il l'ouvre, et lit à haute voix les deux vers français qui étaient au bas de chaque page. Aussitôt le diable lui apparaît, non pas hideux tel qu'on nous le représente, mais sous les traits et les vêtemens d'un homme comme il faut. D'un ton affable et doux, et employant même des expressions choisies, il s'attache à dissiper la frayeur qui s'était emparée de Gaufridi à une apparition si étrange, si inattendue; puis il lui avoue qu'il est Lucifer en personne. « Tu m'as évoqué, dit enfin l'esprit des ténèbres, que me veux-tu? Je suis prêt à remplir tes désirs. Veux-tu de l'or? tu en auras; des femmes? tu n'en manqueras pas.... mais toi, que me donneras-tu? — Que veux-tu que je te donne? répond Gaufridi. — Je veux que ce soit à moi que tu rapportes toutes tes bonnes œuvres, réplique Satan. — D'accord : j'y consens à la réserve néanmoins des sacremens que j'administrerai parce que je perdrais trop d'ames. »

Bon diable, au fond, Lucifer consentit à l'amendement.

« Je veux, dit Gaufridi, posséder le don de séduction dans toute l'étendue du mot, de manière que fascinant tous les yeux, je puisse paraître, d'une part tellement vertueux, tellement recommandable à toutes les personnes distinguées par leur piété, leur crédit et leur probité, que l'on me regarde comme doué de la plus haute sagesse, et que d'autre part, je puisse captiver par un ascendant auquel rien ne résiste, l'affection de toutes les femmes qui me plairont. »

Cet accord fut conclu de bonne foi entre les parties contractantes. On fit un écrit double que Gaufridi signa de son sang. On ne sait si le diable le signa aussi du sien; car cette pièce vraiment curieuse, dont Gaufridi devait avoir un double, ne se retrouva pas lors de l'instruction du procès. Le grimoire ne se retrouva pas davantage.

Il est probable, que toujours malin, Lucifer fit en cette circonstance encore un tour de son métier, en escamotant ces deux pièces.

Nous avons oublié de dire qu'en vertu de son pacte avec le diable, Gaufridi n'avait besoin que de son souffle pour inspirer la passion la plus vive aux femmes et aux filles qu'il voudrait rendre amoureuses de lui. Il n'était pas nécessaire qu'il soufflât de trop près : il suffisait, comme il l'avoua plus tard en justice, qu'elles sentissent son souffle pour que leur vertu fût ébranlée; mais si le souffle était redoublé, on pouvait bien faire l'oraison funèbre de cette vertu.

Gaufridi, par la grande réputation de sagesse qu'il s'était acquise, était parvenu à avoir un libre accès dans la maison de Mandols de la Palud, gentilhomme qui habitait Marseille, et qui était père de trois filles d'une rare beauté : Madeleine, la plus jeune des trois, fut celle qui charma davantage Gaufridi. Choisi par elle pour être son confesseur, il lui donna un *Agnus Dei enchanté*. Elle tomba alors dans une grande mélancolie qui fit beaucoup craindre pour sa santé : les médecins lui ayant ordonné l'air de la campagne, elle partit avec sa mère pour une *bastide* peu éloignée de Marseille. Gaufridi alla la voir, et par suite d'un entretien secret qu'ils eurent ensemble, elle consentit à se donner au démon. Après avoir demeuré quelque temps à cette bastide, elle entra en qualité de pensionnaire dans un couvent des Ursulines de la ville d'Aix, et fit une espèce de noviciat. Elle y demeura trois ans pendant lesquels elle jouit d'une grande tranquillité d'esprit, excepté les mercredis et les vendredis, jours où elle était tourmentée d'une mélancolie si noire qu'elle était insupportable, non-seulement à ses compagnes, mais à elle-même.

Gaufridi alla la visiter plusieurs fois au couvent, et la détermina enfin à revenir à Marseille; mais pendant l'espace de trois mois elle ne lui témoigna que de la froideur et du mépris; alors il lui donna une pêche dont elle mangea la moitié et lui l'autre. C'était un *charme* qui inspira tant d'amour à la jeune fille pour Gaufridi, que sa fierté s'adoucit considérablement. Puis il lui donna une noix dont rien n'égalait la dureté : c'était un charme plus fort que le premier, sans doute, mais qui ne rendit pas encore le séducteur tout-à-fait heureux.

On voit que Gaufridi se mettait toujours en frais de nouveaux sortilèges, malgré la vertu de son souffle. Enfin, après avoir fait faire à Madeleine une cédule au diable, qu'elle signa de son sang, il parvint à assouvir sur elle sa brutale passion.

Trouvant souvent pour la satisfaire un obstacle dans la mère de Madeleine, il souffla sur elle; et d'un dragon de vertu qu'elle était pour sa fille, il en fit un vrai mouton; elle la lui amenait fréquemment dans sa chambre et la laissait seule avec lui.

Plus Gaufridi soufflait sur Madeleine, plus elle

était éprise d'un violent amour pour lui. Elle fut si bien infectée de ce souffle amoureux, qu'elle cherchait son amant en tous lieux : elle ne pouvait supporter son absence.

Une nuit, il la fit transporter au sabbat par un démon familier qu'il avait attaché à son service et qui la suivait partout sous la forme d'un écuyer. Elle y vit des gens de toutes les nations qui étaient assemblés. On y révérait Gaufridi comme prince des magiciens et lieutenant de Lucifer. Belzébut était assis à ses côtés.

Nous passons sous silence toutes les abominations qu'elle déclara avoir vu commettre au sabbat.

Gaufridi la fit marquer en plusieurs endroits du corps. « Quelquefois les marques s'effacent, surtout si l'on se convertit, mais elles reviennent plus tard; c'est un signe qui reste de la possession que le diable a eue des sorciers. »

Quoique Gaufridi eût le pouvoir, par son souffle merveilleux, de séduire toutes les femmes, il ne paraît pas cependant qu'il s'en soit beaucoup prévalu. Son plaisir était de souffler sur les prudes sauvages; mais quand il les avait apprivoisées, il abusait rarement de l'état où il les avait réduites. Si l'on excepte trois ou quatre femmes de Marseille, on ne voit point qu'il ait étendu bien loin son empire. Madeleine de Mandols était sa passion favorite, il la mettait au-dessus de toutes les autres femmes.

Pendant six ans que dura son règne de magicien, Gaufridi jouit des priviléges de sa magie, au gré de ses désirs; mais malgré toutes les précautions qu'il prenait, il fut enfin connu comme un insigne sorcier. Le démon qui lui avait promis de lui donner la réputation d'un homme de bien, se lassa, à ce qu'il paraît de lui tenir parole. Les extravagances de Madeleine et de plusieurs autres femmes éprises de son mérite, malgré elles, lui firent une réputation sinistre d'enchanteur.

Ces bruits éveillèrent la curiosité de la justice. Le procès-verbal du père Michaëlis, jacobin, inquisiteur, qui avait exorcisé solennellement Madeleine, ne permettait pas de douter de l'ensorcellement de celle-ci : ensorcellement qui était évidemment l'ouvrage de Gaufridi. Le parlement d'Aix voulut en prendre connaissance. Le procureur général requit qu'il en fût informé et Léquiran et Thoron furent nommés commissaires. On entendit plusieurs témoins. Gaufridi se constitua prisonnier de son propre mouvement.

Le notaire apostolique chargé de faire l'inventaire des papiers de l'accusé, déclara qu'il n'avait rien trouvé chez lui qui eût rapport à la magie, et que tous ses livres étaient ceux d'un bon chrétien; enfin, plusieurs témoins parlèrent à sa décharge.

Interrogée, le 22 février, par Thoron, Madeleine raconta toute l'histoire de la magie de Gaufridi, telle que nous venons de la mettre sous les yeux de nos lecteurs, et comment il l'avait ensorcelée. Elle déclara : « qu'elle avait cédé aux désirs criminels du curé des Accoules, non par l'effet d'une séduction ordinaire, à laquelle elle aurait résisté, mais par la force des enchantemens. » Elle chargea son récit de tant d'absurdités et de contradictions, que, de nos jours, sur son seul interrogatoire, on l'aurait condamnée comme calomniatrice, ou renfermée comme atteinte d'aliénation mentale.

Elle commença par jouer le rôle de possédée, disant que plusieurs diables, qui se suivaient à la file, entraient dans son corps et en sortaient successivement. Elle déclara que celui qui la tourmentait le plus était Asmodée.

Elle fit des efforts pour s'élever en l'air, sans pouvoir y réussir. Toutes ses grimaces et ses contorsions étaient accompagnées de postures indécentes.

Afin de mieux tromper sur cette prétendue obsession, elle chantait de temps à autre la palinodie, assurant que tout ce qu'elle avait dit était faux, et que Gaufridi méritait qu'on lui dressât des autels, attendu que c'était un homme de bien.

Le grand vicaire de l'archevêque d'Aix, qui était présent à cet interrogatoire, lui mit ses doigts sacrés dans la bouche. Madeleine ayant fait semblant de vouloir les mordre, il lui dit de le faire hardiment. Donnez-moi les autres, s'écria la possédée, vous verrez comme je les briserai et les broierai... Le grand vicaire ne jugea pas à propos d'en faire l'épreuve.

Elle rapporta que Belzébut avait exhorté Gaufridi à tenir bon en justice, et à parler aux juges en ces termes : « J'ai offensé Dieu en bien des façons ; à l'égard de la magie, je suis innocent, et je soutiendrai toujours ce langage-là, quand on devrait me faire mourir. — On croira, lui dit le démon, si tu parles de la sorte, que tu es mort innocent, et que tout ce que la demoiselle de Mandols a dit contre toi, n'est qu'une illusion. » Elle ajouta que si le diable avait le pouvoir de délivrer de prison, il s'en servirait, mais que Dieu s'y opposait. C'est ainsi qu'elle prévenait les aveux ou les dénégations que la vérité pourrait dicter à Gaufridi, et qu'elle préparait ses juges à ne les regarder que comme des instigations de Lucifer.

Elle soutint tout le reste de cet interrogatoire dans le même esprit. Ce ne furent que des mouvemens convulsifs suivis d'instans de tranquillité. Lorsqu'elle parut être tout à fait dans son bon sens, elle assura que Louis Gaufridi était prince des magiciens depuis quatorze ans, et qu'il faisait tenir tous les jours le sabbat, tandis qu'avant lui, cette assemblée n'avait lieu qu'une seule fois par semaine.

Sur la demande qui lui en fut faite, elle montra les marques qu'elle avait aux deux pieds. Elles étaient d'une couleur bleuâtre. Thoron enfonça une épingle fort avant dans la marque du pied gauche, sans que Madeleine en ressentît de douleur et sans qu'il en sortît une seule goutte de sang.

Le 24 février elle fut interrogée de nouveau, en présence de Coriolis, président du parlement, de quatre conseillers de la chambre des comptes et cour des Aides, et de deux commissaires de la cour. « Notre seigneur m'a fait de grandes grâces, dit-elle ; il m'a mise dans une situation d'esprit où j'ai pu me confesser au père Michaëlis : j'ai tout avoué à M. du Vair, premier président, et à vous, monsieur, qui m'avez interrogée. J'espère que la cour sera touchée de ma jeunesse, et qu'elle considérera que j'ai été séduite et abusée par un magicien, et qu'elle me dérobera à la peine de mes crimes. »

On lui donna l'assurance qu'elle aurait sa grâce; se trouvant alors consolée elle remercia les juges qui étaient présens.

On s'étonna que cette hypocrite eût pu arracher une pareille promesse. Les juges étaient donc persuadés que Gaufridi était un magicien, et que Madeleine n'avait point donné son consentement aux crimes qu'ils avaient commis ensemble? Quelle preuve avaient-ils déjà de la magie du curé des Accoules? Ils n'en trouvaient aucune trace ailleurs que dans l'absurde procès-verbal dressé par le père Michaëlis, lors de l'exorcision de Madeleine, ainsi que dans les grimaces et les fables de cette fille.

Quoi qu'il en soit, quand elle eut l'espoir d'être pardonnée, elle confessa que son séducteur l'avait marquée à la tête, aux reins et dans plusieurs autres parties de son corps. Après cette confession elle fut saisie de violentes convulsions, et le démon cria par sa bouche : *Je brûle! je brûle!*

On est étonné que de graves magistrats aient pu être les dupes de pareilles jongleries.

Les pères capucins qui, le 25 février, assistaient,

Madeleine, attestèrent fort sérieusement que Gaufridi avait prié Belzébut d'effacer toutes les marques qu'elle avait sur elle : les juges ordonnèrent alors qu'elle serait visitée par trois médecins et deux chirurgiens.

Cette visite eut lieu ; aucune marque n'avait disparu : il en fut dressé procès-verbal dont nous ne donnons ici qu'un extrait, cette pièce étant trop longue pour que nous la rapportions en entier :

« Ils passent ensuite à l'examen de l'état de la « virginité de la demoiselle de Mandols. Ils en- « trent dans tous les détails des indices qui ap- « puient leur jugement, et décident qu'elle a été « déshonorée plusieurs fois. Ils ajoutent que la « demoiselle criait que *tout cela n'était que des* « *imaginations : et lors, l'un de ceux qui l'avaient* « *visitée répondit par moquerie : cela est vrai.* « *Et dessus ce dire, elle repartit : Si vous au-* « *tres êtes pour nous, nous sommes trop forts.* » Ce procès-verbal fut clos le 3 mars 1611.

On confronta Gaufridi avec Madeleine ; pour y déterminer celle-ci, Thoron lui fit entendre que lorsqu'elle aurait eu la force de soutenir au curé des Accoules ce qu'elle avait déposé, elle résisterait aux tentations du diable.

On demanda à Gaufridi s'il voulait s'en tenir à ce que son accusatrice avait déposé contre lui, il répondit que non, parce qu'elle était possédée et que le malin esprit lui avait inspiré toutes ses dépositions pour le perdre. Lorsqu'on lui eut lu les points principaux de ces dépositions, il dit : « qu'à l'égard des privautés qu'elle lui reprochait d'avoir eues avec elle, il les avouait ; mais que tout le reste était faux, et que jamais il n'avait eu d'elle les dernières faveurs. » Il exhorta ensuite Madeleine à penser au salut de son ame et à dire la vérité. » Il ajouta que « puisque suivant elle-même elle avait été en relation avec le diable, il lui avait fait illusion et lui avait fait croire qu'ils avaient consommé le crime ensemble. »

Madeleine lui dit alors, avec beaucoup de fermeté, qu'elle était certaine que ce n'était point une illusion : « Vous convenez, ajouta-t-elle des grandes privautés que vous avez eues avec moi, et des conversations vives et fréquentes que nous avons eues ensemble : la perte de mon honneur a été la suite de toutes ces familiarités. N'est-ce pas vous qui m'avez marquée ou fait marquer en plusieurs endroits ? N'êtes-vous pas la cause que je suis possédée du démon ? Vous n'ignorez pas que je n'ai jamais fréquenté d'autre homme que vous. » Et comme Gaufridi lui dit : » Je ne vous charge pas, pourquoi me chargez vous ? « elle lui répliqua que la force de la vérité la faisait parler. Elle ajouta : « J'ai confessé au public mon crime ; je serais bien malheureuse si je vous accusais aux dépens de la vérité ; je prie Dieu qu'il vous inspire un amer repentir de votre péché, et qu'il vous le fasse confesser ».

Gaufridi persista toujours à dire que le démon lui inspirait toutes ses réponses. Le 9 mars on le confronta aux témoins. Il s'en tint à la déposition de quelques-uns, et récusa les autres. Mais pressé enfin d'avouer la vérité, il avoua : « qu'il était sorcier; qu'au moyen de son souffle et de plusieurs autres enchantemens il avait corrompu la vertu de la demoiselle de Mandols et de quelques autres femmes qu'il nomma ; qu'il avait pris la résolution dès le premier jour de la septuagésime, de renoncer entièrement au diable, mais que le malin esprit l'avait menacé des plus grands malheurs s'il se convertissait. Il parla ensuite du sabbat dont il fit une histoire fort longue et très-peu amusante. Il termina enfin, en débitant cent rêveries sur les affaires d'état.

Ayant été visité par des médecins, on lui trouva sur le corps plusieurs marques insensibles aux piqûres.

Le 12 avril, il subit un nouvel interrogatoire, dans lequel il se retrancha sur la négative, aux diverses questions qu'on lui adressa, relativement à quelques femmes dont on l'accusait d'avoir eu les faveurs. Rien ne lui échappa qui pût donner le moindre indice à cet égard. Tantôt il niait tout simplement, tantôt il s'excusait sur le défaut de sa mémoire. On continua de l'interroger vers le soir; il suivit encore la même conduite; il avoua seulement la chute qu'il avait faite à l'âge de sept ans, sans se faire aucun mal, mais il ne dit pas, comme il l'avait dit auparavant, que le démon l'eût soutenu en l'air et posé ensuite doucement à terre.

Le 18 du même mois, dans un autre interrogatoire qui dura toute la journée, il fit une seconde et longue histoire du sabbat et de sa magie, avec tous les embellissemens qu'il avait mis dans la première. Depuis, il prit le parti de se dédire encore alléguant qu'il n'avait fait toutes ces confessions que par la crainte de la mort, et qu'il avait espéré qu'en les faisant, on lui accorderait sa grâce à cause de sa sincérité.

Tel était Gaufridi. Son esprit s'ouvrait à toutes sortes d'impressions qui se succédaient tour à tour. C'est dans cet état qu'il parut devant ses juges.

Voici quelles furent les conclusions données dans ce procès par le procureur-général, le 18 avril 1611. Elles nous ont paru d'une espèce trop curieuse pour que nous les passions sous silence.

« Vu le procès criminel des procédures faites « par autorité de la cour, à notre requête, contre « messire Louis Gaufridi, prêtre bénéficié de « l'église des Accoules de la ville de Marseille, « querellé de crime de magie, sorcellerie, idolâtrie, « de lubricité abominable, prisonnier ès-prisons « du palais; même le procès-verbal fait par le père « *Michaëlis*, les interrogatoires et réponses de « Madeleine de Mandols, religieuse de Sainte-Ur- « sule, possédée du malin esprit par la séduction « et subornation dudit Gaufridi, le procès extra- « traordinaire, les réponses de confessions en « dernier lieu faites par ledit Gaufridi, du 14 de « ce mois d'avril; rapport des médecins et chirur-

« giens, fait sur la visite desdits Madeleine de « Mandols et Gaufridi.

« Attendu que ledit Gaufridi se trouve suffi- « samment convaincu, tant par le rapport des « médecins, comme aussi des chirurgiens, que « par l'audition des témoins à lui confrontés, et « non objectés, d'être marqué en plusieurs en- « droits de son corps de diverses marques, sans « avoir eu aucun sentiment ni rendu aucune hu- « meur ou sang lorsqu'il a été piqué par les mé- « decins et chirurgiens avec une longue aiguille ès « susdits endroits; ce qui ne peut être arrivé que « par l'entremise et par l'opération du malin esprit, « et par les qualités de la magie, de sortilége, « ainsi que ceux qui en font profession se trouvent « ordinairement marqués de plusieurs marques « insensibles; et que d'ailleurs ledit Gaufridi se « trouve aussi suffisamment convaincu d'une « longue, grande et extraordinaire privauté et « conversation avec ladite Madeleine de Mandols, « tant en l'église, qu'en la maison d'icelle, et en « la bastide du sieur de Greouls, son grand-père, « tant de jour que de nuit, et par lettres où il y « avait des caractères amoureux invisibles à tous « autres qu'à ladite Madeleine, comme elle a dit « et soutenu audit sieur Gaufridi; et d'avoir icelle « tellement subornée, séduite et charmée, qu'il « dit qu'il en aurait joui charnellement plusieurs « et diverses fois; étant justifié par le rapport des- « dits médecins et chirurgiens, qu'elle a été déflo- « rée et connue charnellement diverses fois; ré-

« sultant aucunement desdits procès, que ladite « Madeleine n'avait eu conversation avec autre « homme que ledit Gaufridi; lequel, sous prétexte « de son caractère de prêtre et de confesseur, de « père spirituel, l'aurait, comme elle l'a dit et « soutenu, ainsi charmée et subornée, et induite « de renoncer à Dieu et à son Église et à toutes « saintes inspirations, et de donner son ame, son « corps et tous ses membres au malin esprit *Bel-* « *zébut*, et l'aurait fait marquer en plusieurs en- « droits de sa personne de pareilles marques in- « sensibles, ainsi qu'il est justifié par le rapport « des médecins et chirurgiens : se trouvant aussi « elle possédée dudit malin esprit, comme il en « résulte suffisamment par les procès-verbaux, et « attestations, tant du défunt messire *Garaudeau*, « vicaire-général de l'archevêché, que du père « Michaëlis et autres pères qui l'ont exorcisée; et « du résultat aussi des informations et autres pro- « cédures judiciaires, qui rendent ledit sieur Gau- « fridi plus que suffisamment convaincu d'être « sorcier et magicien, et d'avoir fait pacte et con- « vention avec ledit malin esprit, comme il l'a « enfin avoué et confessé, tant de vive voix aux « pères capucins qui l'assistent ordinairement, et « de nuit aux Crottons, qu'en la présence de M. le « premier président, comme on le voit en deux « cahiers de commissaire; et vu depuis encore par « ses interrogatoires et réponses indirectement « faites, et par lui signés le quatorzième de ce « mois et autres jours suivans, et lesquelles con-

« fessions il avait auparavant fait écrire auxdits « pères capucins durant plusieurs des derniers « jours; résultant d'icelles : qu'il a tenu un livre « de magie à lui envoyé depuis longues années par « défunt messire *Christophe Gaufridi*, son oncle, « secondaire de Pourrières, réputé et diffamé pu- « bliquement pour un magicien, et qu'il s'est servi « dudit livre après cinq ou six ans, ayant invoqué « et conjuré le malin esprit, et fait pacte et con- « vention avec icelui, pour avoir moyen de jouir « de ladite Madeleine, et pour attirer à son amour « toutes autres filles et femmes qu'il désirerait; lui « ayant ledit malin esprit donné le pouvoir de ce « faire, par le moyen d'un soufflement et charme « en leur visage, comme il a dit et confessé s'être « servi dudit charme et soufflement, tant à l'en- « droit de ladite Madeleine qu'à la femme de « *François Perrin, la Pintade*, et autres femmes « particulièrement énoncées en sesdites réponses; « ayant en contre échange, ledit Gaufridi, fait « donation audit malin esprit de toutes ses bonnes « œuvres et opérations, et fait plusieurs cédules « réciproques, tant par lui que par ladite Made- « leine, envers le malin esprit, et d'avoir été par « icelui marqué par l'attouchement du petit doigt « en l'endroit du cœur et autres endroits qu'il a « désignés, conformément audit rapport; ayant « confessé d'avoir charmé et ensorcelé ladite Ma- « deleine, l'avoir fait marquer audit malin esprit, « et lui avoir fait faire plusieurs cédules de la te- « neur contenue en ses réponses; avoir joui d'icelle

« charnellement, et encore été ensemble avec elle « en la synagogue et sabbat des démons, plusieurs « diverses fois, ès-lieux et endroits exprimés par- « ticulièrement en sesdites réponses, et y avoir « fait et vu faire une infinité de choses et actions « scandaleuses, impies et abominables, contre « l'honneur de Dieu et sa gloire, même d'avoir « adoré et idolâtré le malin esprit; étant ainsi « convaincu, ledit sieur Gaufridi, par sa propre « confession, d'avoir charmé et ensorcelé la femme « dudit *Perrin*, et d'avoir usé de plusieurs attou- « chemens sales et impudiques relativement en « leurs personnes, par la même force du charme;

« Pour ces causes et considérations et autres « résultant dudit procès, et sans s'arrêter aux pré- « tendues rétractations et négations que ledit Gau- « fridi a depuis voulu faire pour couvrir sa honte « et son péché abominable, qui le convainquent « d'autant plus de son obstination diabolique;

« Nous requérons que ledit Gaufridi soit dé- « claré atteint convaincu des cas à lui imputés; « et, pour réparation d'iceux, qu'il soit préala- « blement dégradé des ordres sacrés par le sieur « évêque de Marseille, son diocésain, et après « condamné à faire amende honorable un jour « d'audience, tête et pieds nus, la hart au cou, « tenant un flambeau ardent entre ses mains, de- « mander pardon à Dieu, au roi et à la justice; « mené, conduit et tenaillé en tous lieux et carre- « fours de cette ville d'Aix, avec des tenailles ar- « dentes, en tous les endroits de son corps, et être

« après, à la place des Jacobins, brûlé tout vif « sur un feu de bûches qui y sera, à ses frais, « dressé ; et, après la consommation de son corps « et ossemens, ses cendres jetées au vent, et en « telle amende que la cour arbitrera ; et, auparavant « que d'être exécuté, qu'il soit mis et appli- « qué à la question de torture ordinaire et extra- « ordinaire, et à la plus griève gêne qui se pourra « excogiter, afin de tirer de sa bouche le reste des « complices, etc.

Signé : Rabusse. »

Jamais réquisitoire fut-il moins réfléchi! Ce fut sur des faits absurdes en eux-mêmes, et sur l'accusation d'une fille sans pudeur, sur des aveux aussitôt rétractés que faits, par la crainte enfin de la mort, que Gaufridi fut déclaré atteint et convaincu du crime de magie.

Le 28 avril, on l'interrogea sur la sellette, il nia d'abord tout ce qu'il avait avoué; il se dédit ensuite, et recommença toute l'histoire de sa magie, de ses *charmes*, et de la séduction de Madeleine.

Il paraissait tellement effrayé, que ses juges en eurent compassion. Afin de le rassurer un peu, on lui dit, à la fin de l'interrogatoire, qu'il se consolât avec les capucins, et que la cour lui parlerait encore. Enfin on procéda à la rédaction de l'arrêt. Il fut rendu conformément aux conclusions du procureur-général. Il est du 30 avril 1611.

Quoiqu'appliqué à la question ordinaire et extraordinaire avec une extrême rigueur, Gaufridi ne désigna aucun complice; il fut enfin conduit au supplice chargé de l'exécration du public. Deux capucins l'exhortaient à la mort; mais il montra plus de frayeur que de repentir.

Il avait annoncé que son supplice serait accompagné de grands malheurs. Il arriva, en effet, par un de ces hasards fâcheux, que, pendant l'exécution, un gentilhomme nommé Desprade, qui était fiancé avec la fille du président de Braile, fut poignardé par le chevalier de Montoroux. On ne put arrêter l'assassin qui blessa même une jeune personne en se sauvant. On fit aussi la remarque qu'un enfant était tombé du haut d'un arbre, et s'était tué.

On conclut, de ces deux évènemens, que Gaufridi était réellement un sorcier et qu'il avait mérité son sort.

Comme suborneur d'une jeune fille, Gaufridi, sans doute, devait être puni, puisqu'il avait abusé surtout, pour la corrompre, de l'ascendant que lui donnait sur elle la qualité de confesseur et de directeur; mais le brûler comme sorcier, n'était-ce pas le comble de l'ignorance?

Madeleine eut sa grâce. Quarante-deux ans après, elle fut poursuivie elle-même comme sorcière. On l'accusa d'avoir ensorcelé la nommée Madeleine Hourdoul. Exorcisée, celle-ci chargea l'accusée du crime de magie. Un arrêt moins cruel que celui qui avait envoyé Gaufridi à la mort, condamna Madeleine Maudols de la Palud à une prison perpétuelle. Elle était âgée alors de soixante-deux ans.

GRANDIER (Urbain).

Voici encore un procès d'un soi-disant sorcier qui périt sur un bûcher victime de l'ignorance de son siècle, de la barbarie de ses juges et de la vengeance du cardinal de Richelieu.

Nous voulons parler d'Urbain Grandier.

Il était fils d'un notaire de Sablé, dans le bas Maine (aujourd'hui département de la Sarthe). Il naquit à Rouères, qui est près de Sablé, et fit ses études à Bordeaux, sous les jésuites, auxquels ses talens inspirèrent beaucoup d'estime et une vive amitié. Ils le pourvurent de la cure de Saint-Pierre du marché de Loudun, dont ils étaient les patrons. Peu de temps après ils le firent nommer chanoine de l'église de Sainte-Croix, dans la même ville.

Tant de faveurs réunies sur la tête d'un homme qui n'était pas de la province, ne pouvaient manquer d'exciter l'envie des autres ecclésiastiques : aussi disait-il lui-même, dans le cours des persécutions de toute espèce qu'il eut à endurer, que c'était à ses bénéfices bien plus qu'à sa personne que ses ennemis en voulaient.

Aux talens de l'esprit, Urbain Grandier réunissait les agrémens du corps. Il avait une belle figure, une taille avantageuse, et était d'une extrême propreté. Sa conversation était facile, élégante même, et toujours soutenue par une érudition profonde. A tous ces avantages il joignait celui de bon prédicateur. Ses succès dans ce genre lui firent un grand nombre d'ennemis parmi les moines mendians, qui avaient eu jusqu'alors la palme de la prédication dans la ville de Loudun.

Non content de leur enlever cette gloire, il chercha à rendre ces religieux à leur état primitif, en prêchant contre les confréries et annonçant que l'office paroissial est le seul auquel les fidèles doivent assister. Il prêcha aussi contre les autels priviligiés possédés par ces religieux : par là, il se fit autant d'ennemis qu'il y avait de moines dans la ville et dans les pays environnans.

Grandier, malgré tout l'éclat de son talent, donnait malheureusement prise sur lui par son caractère et par ses mœurs. D'un commerce doux et agréable avec ses amis, il était excessivement fier et hautain avec ses ennemis; inébranlable dans ses résolutions, jaloux de son rang et surtout fort intraitable sur ses intérêts.

Parmi ceux qui le haïssaient le plus, étaient des rivaux, des pères irrités, et des maris furieux : il leur avait déplu à tous par ses entreprises amoureuses, car il est bien certain qu'à son caractère altier, Grandier joignait un goût décidé pour la galanterie.

On lui reproche une grande inconstance dans

ses amours ; cependant il paraît qu'il eut une maîtresse qu'il préféra à toutes les autres ; on croit qu'il avait contracté avec elle un mariage secret et de conscience, et que ce fut pour calmer les scrupules de cette femme qu'il avait composé un *traité contre le célibat des prêtres ;* manuscrit que l'on trouva dans ses papiers.

On pense que cette femme était Madeleine de Brou, que l'on connaissait pour son intime amie ; mais il ne l'a jamais nommée, et il eut une pareille discrétion à l'égard de toutes les filles et de toutes les femmes avec lesquelles il eut des liaisons, soit que ces liaisons aient été honnêtes soit qu'elles aient été répréhensibles.

Ayant gagné un procès qu'il avait contre le chapitre de Sainte-Croix relativement à une maison que ce chapitre lui disputait, Grandier insulta, avec beaucoup de fierté, l'abbé Mignon, solliciteur de ce procès, et alluma dans le cœur de ce chanoine un vif désir de vengeance.

Il s'attira le ressentiment de toute la famille de Barot, président des élus, et oncle de l'abbé Mignon, parce que dans un différend qu'ils avaient eu ensemble, il avait traité ce président avec beaucoup de hauteur.

Mais le plus acharné de ses ennemis était le procureur du roi de Loudun. Il s'appelait Trinquant et était père d'une fort jolie fille dont Grandier avait eu les bonnes grâces. Cette fille tomba dans un état de langueur tel, qu'elle fut forcée de garder la chambre pendant long-temps. Sa garde-malade, nommée Marthe Pelletier, accoucha : on ne manqua pas de dire que la mère de l'enfant était la demoiselle Trinquant, et le père Urbain Grandier.

Il n'y avait peut-être dans tous ces bruits rien de réel; mais ils vinrent aux oreilles du procureur du roi de Loudun, qui dès ce moment ne respira que vengeance contre l'homme qu'il regardait comme la cause des mauvaises plaisanteries que l'on faisait dans la ville, tant sur lui que sur sa fille.

Il était presqu'impossible qu'un nombre si considérable d'ennemis ne fissent pas cause commune, pour perdre un homme qui n'avait d'autre appui, dans le pays, que ses talens, èt d'autre crédit que celui que peut donner la considération attachée aux places qu'il occupait dans l'ordre ecclésiastique.

On s'assembla donc un jour chez Barot. L'avocat du roi Menuau, ami intime du chanoine Mignon, se trouva à ce conciliabule. A l'intérêt de l'amitié, ce Menuau joignait un violent amour pour une femme qui ne pouvait pas le souffrir et qui, dit-on, était la maîtresse de Grandier. On convint de perdre l'ennemi commun, ou du moins de l'expulser de Loudun. On choisit deux hommes de la lie du peuple pour être les dénonciateurs. Ces deux malheureux accusèrent Grandier d'avoir débauché des femmes et des filles, d'être un impie, de ne pas dire son bréviaire, et d'avoir même abusé d'une femme dans l'église dont il était curé. Le promoteur rendit plainte de ces faits devant l'official, qui commit Louis Chauvet, lieutenant civil, et l'archiprêtre de Saint-Marcel, pour informer des faits imputés à Grandier.

Cépendant, un sieur Duthibaut, homme fort riche et attaché à la conjuration formée contre ce dernier, avait tenu quelques propos indécens sur lui. Grandier en fut instruit, et un jour qu'il était en surplis et qu'il allait entrer dans l'église de Sainte-Croix pour y assister à l'office, il rencontra Duthibaut et lui fit avec hauteur des reproches violens sur ses mauvais discours; mais Duthibaut accoutumé à croire qu'il pouvait tout dire et tout faire impunément, frappa Grandier d'une canne qu'il tenait à la main, sans égard pour les habits sacerdotaux dont il était revêtu.

Grandier se rendit aussitôt à Paris pour demander réparation de cette injure, persuadé qu'il était qu'il n'obtiendrait pas justice à Loudun, quoique le respect dû au culte religieux fût compromis dans son affaire.

Il alla se jeter aux pieds du roi: le monarque l'écouta avec bonté et renvoya l'affaire au parlement pour que le procès fût fait à Duthibaut.

Tandis que Grandier était occupé à ces démarches, l'information se poursuivait contre lui à Loudun; lorsqu'elle fut terminée, on l'envoya à l'évêque de Poitiers, qu'on avait pris soin d'indisposer contre lui. L'évêque ordonna que l'accusé serait amené dans les prisons de cette ville.

Grandier était à Paris, lorsque ce décret fut prononcé contre lui; il se hâta de revenir à Loudun, de là il se rendit à Poitiers, dans l'intention de se constituer lui-même prisonnier; mais il fut prévenu et arrêté par un huissier le 15 novembre 1629.

La prison dans laquelle on le mit était sombre et humide : on l'y retint pendant plus de deux mois, et sans lui donner aucun secours contre les rigueurs de la saison. Enfin, par sentence du 3 janvier 1630, il fut condamné à jeûner au pain et à l'eau, tous les vendredis, pendant trois mois, interdit de la messe, et de toutes les fonctions ecclésiastiques, dans la diocèse de Poitiers pendant cinq ans, et dans la ville de Loudun pour toujours.

Grandier appela de cette sentence à l'archevêque de Bordeaux, métropolitain de Poitiers. On recommença les informations, on provoqua des déclarations en publiant un monitoire. Le résultat de la procédure n'offrit que des *on dit*. Personne ne se plaignait. Les témoins qui avaient été entendus dans la première information se contredirent dans la seconde; un des délateurs se désista; il dit qu'il n'avait agi que par l'impulsion de Trinquant; enfin deux prêtres nommés Meschin et Bouliau se plaignirent qu'on avait inséré dans leur déposition des déclarations qu'ils n'avaient pas faites, et ils donnèrent désaveu par écrit. Celui du prêtre Meschin nous a paru assez curieux, pour être mis sous les yeux de nos lecteurs.

« Je, Gervais Meschin, prêtre, vicaire de l'é-
« glise de Saint-Pierre du marché de Loudun,
« certifie par la présente, écrite et signée de ma

« main, pour la décharge de ma conscience, sur « certain bruit qu'on fait courir, qu'en l'infor- « mation faite par Gilles Robert, archiprêtre, « contre Urbain Grandier, prêtre, curé de Saint- « Pierre, en laquelle information, ledit Robert « me sollicita de déposer, que j'avais dit que j'a- « vais trouvé ledit Grandier couché avec des « femmes et des filles tout de leur long, dans « l'église de Saint-Pierre, les portes étant fermées: « *item*, que plusieurs diverses fois, à heures in- « dues de jour et de nuit, j'avais vu des filles et « des femmes venir trouver ledit Grandier en sa « chambre, et que quelques-unes des dites fem- « mes y demeuraient depuis une heure après « midi, jusqu'à deux ou trois heures après minuit, « et y faisaient apporter leur souper par leurs « servantes, qui se retiraient incontinent: *item*, « que j'ai vu ledit Grandier dans l'église, les por- « tes ouvertes, et quelques femmes y étant en- « trées, il les fermait. Ne désirant que tels bruits « continuent davantage, je déclare, par ces pré- « sentes, que je n'ai jamais vu, ni trouvé ledit « Grandier avec des femmes et des filles dans l'é- « glise, les portes étant fermées, ni seul avec seu- « les; ainsi, lorsqu'il a parlé à elles, elles étaient « en compagnie, les portes toutes ouvertes; et, « pour ce qui est de la posture, je pense l'avoir « assez éclaircie par ma confrontation, que le- « dit Grandier était assis, et les femmes assez éloi- « gnées les unes des autres : comme aussi, je n'ai « jamais vu autres femmes ni filles dans la cham-

« bre dudit Grandier, de jour ni de nuit; bien « est vrai que j'ai entendu aller et venir du monde « au soir bien tard; mais je ne puis dire qui c'est; « aussi qu'il couchait toujours un frère dudit « Grandier, proche de sa chambre, et n'ai con- « naissance que ni femmes, ni filles, y aient fait « porter leur souper. Je n'ai non plus déposé ne « lui avoir jamais vu dire son bréviaire, parce « que ce serait contre vérité, d'autant, que di- « verses fois il m'a demandé le mien, lequel il « prenait, et disait ses heures. Et semblablement, « déclare ne lui avoir jamais vu fermer les portes « de l'église, et qu'en tous les devis que je lui ai « vu avoir avec des femmes, je n'ai jamais vu au- « cune chose de deshonnête; non pas même qu'il « leur touchât en aucune façon, mais seulement « parlaient ensemble: et que s'il se trouve en une « déposition quelque chose contraire à ce que « dessus, c'est contre ma conscience, et ne m'en « a été fait lecture, pour ce que je ne l'eusse signé. « Ce que j'ai dit pour rendre témoignage à la vé- « rité. Fait le dernier jour d'octobre 1630.

« *Signé*, MESCHIN. »

Par sentence du présidial de Poitiers, en date du 25 mai 1631, Grandier fut renvoyé absous de l'accusation; mais il fallait qu'il comparût encore devant l'archevêque de Bordeaux. Il y eut le même succès. Une autre sentence du 22 novembre de la même année leva son interdiction, et il eut la liberté de se pourvoir, pour les dommages-intérêts et restitutions des fruits de ses bénéfices, *ainsi et comme il verrait bon être.*

L'archevêque de Bordeaux, après cette dernière sentence, conseilla à Grandier de s'éloigner d'un lieu où il avait des ennemis si acharnés à le perdre; mais au lieu de suivre ce conseil, Grandier voulut narguer ceux qui l'avaient si fort outragé; en conséquence, il entra en triomphe dans la ville de Loudun, tenant une palme à la main. Cette conduite, où perçait un orgueil excessif, scandalisa les honnêtes gens; ses amis la blâmèrent et elle porta la rage dans l'âme de ses persécuteurs. Il ne s'en tint pas là; il poursuivit ses délateurs et fit condamner Duthibaut, celui qui l'avait frappé, à être blâmé nu-tête, et à diverses amendes et réparations.

Alors la haine de ses ennemis ne connut plus de bornes. Voici les moyens qu'ils mirent en usage pour se défaire entièrement de lui. Depuis que ce curé était à Loudun, il s'était établi dans cette ville (en 1626) un couvent d'Ursulines, composé de filles tant nobles que roturières, mais peu favorisées des dons de la fortune; aussi s'étaient-elles vues obligées d'aliéner leur monastère, et de louer une petite maison pour exercer la vie commune. Cet établissement ne se soutenait que par le secours des pensionnaires que les religieuses se chargeaient d'instruire.

Le directeur des Ursulines étant mort, le chanoine Mignon fut choisi pour le remplacer. Cet homme, le premier mobile de la perte de Grandier, avait les passions vives ; il était vindicatif et ambitieux. Il voulait acquérir la réputation d'une haute piété, et se faire regarder comme un saint. Une circonstance, simple et peu importante, lui parut un moyen assuré pour faire parler de lui. Les Ursulines de Loudun se figuraient, on ne sait trop pourquoi, que dans la maison qu'elles habitaient, il revenait des esprits. Quelques jeunes religieuses, profitant de ce préjugé, conçurent l'idée, de concert avec des pensionnaires, de se divertir en faisant accroire que leur directeur défunt était un revenant. A cet effet, elles se levaient la nuit, et faisaient un vacarme affreux. Les vieilles, toutes tremblantes, se livraient aux prières, mais les *esprits* n'en continuaient pas moins leur tintamarre nocturne.

Quand le chanoine Mignon fut nommé directeur des Ursulines, les vieilles religieuses lui parlèrent des revenans, et les jeunes le mirent dans le secret de leurs amusemens. Il ne détrompa point les unes, et laissa faire les autres ; car il vit dès-lors tout le parti qu'il pouvait tirer de cette circonstance. Par ses soins, la crainte des esprits fit place à celle des démons. A celles de ces religieuses qui étaient affligées de vapeurs, il persuada que ce mal, purement physique, était le symptôme d'une *possession*. Quand il leur eut bien monté l'imagination, il fit quelques exorcismes en secret : ces nones prévenues que cette cérémonie tourmentait infailliblement le diable, qu'elles croyaient avoir dans le corps, firent de bonne foi des contorsions dont leur imagination seule était tourmentée.

Le bruit ne tarda pas à se répandre que plusieurs Ursulines étaient possédées du démon. Jeanne de Belfiel, fille du marquis de Cose, et supérieure du couvent, fut toute alarmée des discours que l'on tenait à ce sujet dans la ville; elle s'en plaignit à Mignon, qui fit entendre à cette fille, d'abord crédule, et depuis bien criminelle, « que cet événement, loin d'être fâcheux pour sa communauté, ne pouvait que la tirer de l'état de détresse où elle était réduite; qu'il était impossible que les âmes pieuses et charitables, touchées du malheur qui affligeait ces pauvres filles, ne répandissent sur elles des charités abondantes, et ne donnassent d'ailleurs à la communauté, une célébrité qui ne pouvait que lui être fort avantageuse. »

La supérieure étant persuadée et son imagination bien échauffée par de si flatteuses espérances, elle fit entrer facilement dans ses vues deux religieuses pour jouer la pièce qu'elle avait concertée avec le chanoine Mignon; mais celui-ci se garda bien de leur apprendre le dénouement tragique qu'il méditait. Après leur avoir fait répéter mainte et mainte fois le rôle qu'elles devaient remplir, pour faire croire qu'elles étaient possédées, ce misérable leur dit à toutes trois que le diable n'entrait jamais dans un corps humain, s'il n'y était envoyé par un magicien, en vertu d'un pacte fait entre lui et l'esprit malin. Le curé Urbain Grandier, ajouta-t-il, est un scélérat couvert de crimes; c'est lui qu'il faut désigner. Les trois religieuses y consentirent. Il se garda bien de leur laisser entrevoir, que le feu était le supplice qui attendait la victime qu'il les engageait à dénoncer. Il leur dit seulement que ce moyen délivrerait Loudun d'un prêtre qui déshonorait la religion. Mais quand elles apprirent que Grandier serait condamné à être brulé et qu'elles en seraient la cause, elles voulurent revenir sur leurs pas, Mignon les en empêcha en leur déclarant que si elles avouaient avoir fait une feinte *possession*, elles seraient condamnées à la même peine qu'elles voulaient faire subir à ce mauvais prêtre. Cette observation fit frémir les trois nones, et elles prêtèrent serment sur l'évangile de ne rien dire.

Toutes les choses étant préparées, Mignon se détermina à donner aux habitans de Loudun le spectacle d'une *possession*. Parmi les possédées, qu'il mit en scène, quelques unes croyaient de bonne foi être la proie du démon, mais les autres n'ignoraient pas qu'elles se prêtaient à une feinte. Mignon abandonna les premières aux effets de leur imagination, mais pour les autres, il fallut les instruire dans les tours de souplesse qu'exigeait la représentation qui se préparait.

Dans la crainte de quelque bévue, Mignon s'adjoignit un nommé Barré, curé de Chinon, aussi hypocrite que lui, et dont l'unique ambition était d'acquérir une réputation de sainteté.

Par les soins des ennemis de Grandier, le bruit de la *possession* prit une grande consistance dans Loudun, et quand les actrices furent parfaitement exercées, en secret, aux rôles d'énergumènes qu'elles devaient jouer en public, Mignon et Barré chargèrent le curé de Venier d'avertir les magistrats de l'état déplorable, qui affligeait quelques unes des religieuses du couvent des Ursulines.

Le 11 octobre 1632, Guillaume de Ciserai de la Guerinière, bailli du Loudunois et Louis Chauvet, lieutenant civil, se rendirent au couvent pour assister aux exorcismes et les autoriser, s'ils croyaient les *possessions* réelles. Mignon alla les recevoir à la porte revêtu de ses habits sacerdotaux. Ils montèrent tous les trois dans une chambre haute garnie de sept lits, dont un était occupé par la supérieure, et un autre par la sœur-laie. La première était entourée d'un chirurgien, de quelques carmes et d'un père chanoine de Sainte-Croix.

A peine les deux magistrats furent-ils entrés dans la chambre, que la supérieure eut à point nommé d'horribles convulsions. Mignon adressa au malin esprit plusieurs questions en latin, auxquelles il répondit dans la même langue. Il déclara qu'il était entré dans le corps de la supérieure par principe d'animosité, par le moyen de fleurs que le curé Urbain Grandier lui avait envoyées.

Quant à la sœur-laie, lorsqu'on l'interrogea, elle répondit par deux fois, *à l'autre, à l'autre*. Il paraît qu'elle n'était pas aussi bien instruite que la supérieure. Les juges se retirèrent après avoir dressé procès-verbal de ce qu'ils avaient vu.

Grandier avait d'abord regardé ces exorcismes

comme une comédie ridicule, qui devait tourner à la honte de ceux qui l'avaient composée et qui en représentaient les rôles ; mais il ne tarda pas à comprendre, non pourtant dans toute son étendue, le danger que ces farces diaboliques pouvaient lui faire courir : il présenta requête contre Mignon, le 12 du même mois, au bailli, et demanda que la faculté d'exorciser lui fût interdite. Le lendemain 13, les magistrats réunis se présentèrent pour assister aux exorcismes; on les écarta; mais Barré leur fit entendre que le diable était en fuite, et qu'il se passait des choses extraordinaires au couvent.

Grandier sentit enfin que l'orage qui se formait contre lui, devenait chaque jour plus redoutable; il songea à le conjurer ; il demanda à se placer sous la protection du roi et à faire informer contre Mignon et ses complices, jusqu'à ce que le parlement pût être saisi de cette affaire. De son côté, Mignon présenta un acte contraire, par lequel il disait que pour prouver qu'il ne fuyait point les lumières de la justice, il était prêt à se rendre dans les prisons de l'officialité, et sommait Grandier de s'y rendre pareillement. Dans cette requête, Mignon se tint seulement sur la défensive et ne taxa pas de calomnie l'accusation intentée contre lui.

Il s'était écoulé plus d'un mois, depuis que Barré avait déclaré qu'on était parvenu à expulser le démon, et l'on n'entendait plus parler de la *possession*. Grandier, cependant, se doutait bien qu'on n'en resterait pas là et que ce temps était employé à des répétitions, qui devaient mettre les religieuses en état de jouer leur rôle de possédées dans la perfection. Grandier ne se trompait pas.

Le 22 novembre, tous les magistrats, les médecins et les chirurgiens furent convoqués au couvent des Ursulines, pour assister aux exorcismes. Deux religieuses nouvellement *possédées* furent interrogées avec tant d'artifice, tant d'indécence, que le lendemain le bailli de Loudun rendit une ordonnance qui défendait à Barré de continuer à interroger les possédées. On opposa à cette sage décision de l'autorité civile celle de l'autorité ecclésiastique, qui prévalut; les exorcismes commencèrent de nouveau, et cette fois ils se montrèrent entourés de plus de prestiges et sur un théâtre plus imposant: ce fut dans l'église même, à la face des autels, en présence de la divinité et en l'attestant, que la supérieure des Ursulines et quelques religieuses, prononcèrent de nouveau le nom d'Urbain Grandier.

Les artisans de la *possession* allaient poursuivre leur ouvrage sans être troublés, lorsque d'Escoubleau de Sourdier, archevêque de Bordeaux, métropolitain de l'évêque de Poitiers, vint à son abbaye de Saint-Jouïn, auprès de Loudun. Son arrivée changea la face des choses. Il voulut prendre connaissance de cette affaire. La justesse de son esprit, et surtout la bonté de son cœur, eurent bientôt démêlé la vérité. Afin de la manifester publiquement, ce prélat nomma deux religieux, le père l'Escaye, jésuite, et le père Gau, de l'Oratoire de Tours, afin d'examiner, conjointement avec Barré, si la *possession* était véritable. A la publication de son ordonnance, les diables prirent la fuite, Barré se retira à Chinon, et les *possédées* restèrent tranquilles. Les ennemis de Grandier parurent déconcertés, et cet ecclésiastique commença à goûter quelque repos. Il ne fut pas de longue durée.

Le ministère avait ordonné la démolition des citadelles extérieures; celle de Loudun en faisait partie. Laubardemont, maître des requêtes, l'instrument des vengeances du cardinal de Richelieu, (le même qui fut commissaire dans le procès des malheureux Cinq-Mars et de De Thou), eut la direction des travaux qui devaient se faire à ce sujet. Il vint donc à Loudun, et fut en grand commerce d'amitié avec Mémin de Silli, gentilhomme du Loudenois, et créature du cardinal. Alors la cabale se ranima : les principaux ennemis de Grandier furent présentés à Laubardemont, qui les reçut avec bienveillance, et entra dans leur dessein. On avait persuadé au cardinal-ministre qu'un libelle, publié anciennement contre lui, sous le titre de la *belle Cordonnière de Loudun*, était sorti de la plume d'Urbain Grandier (1), et Richelieu, chez qui

(1) Ce libelle était l'ouvrage, à ce que l'on croit, d'une femme nommée Hamon, qui était alors auprès de la reine. Il renfermait quelques particularités injurieuses à la naissance et à la personne du cardinal. On lui attribuait une passion qui le rendait esclave d'une belle cordonnière de Loudun.

la vengeance était la passion dominante, en ordonnant à Laubardemont d'examiner la possession, avait laissé entrevoir qu'il ne serait nullement fâché que Grandier fût coupable. Il se rappelait d'ailleurs que, dans une circonstance remarquable, l'altier curé lui avait disputé le pas, et le ministre ne laissa pas échapper l'occasion de venger l'insulte qui lui avait été faite autrefois, lorsqu'il n'était encore que prieur de Coussai.

L'ame basse et féroce de Laubardemont était digne de servir d'instrument à cette œuvre d'iniquité!

Laubardemont revint à Paris. Il fit au cardinal la relation de *la possession* des religieuses dont il avait été le spectateur à Loudun, et lui dit que Grandier était effectivement magicien. Richelieu alors lui confia le soin de sa haine; il lui fit donner une commission qui l'autorisait à faire le procès à Grandier et à ses complices.

Armé de ce pouvoir redoutable, Laubardemont revint à Loudun *incognito*, dans la nuit du 6 décembre 1633, et le 7 il donna l'ordre d'arrêter Urbain Grandier, qui, à la suite de nombreuses vexations préparatoires, fut transféré au château d'Angers. Là commença, le 2 février 1634, un long et bizarre interrogatoire qui dura sept jours, au bout desquels on fut obligé de suspendre contre le prévenu une décision que rien n'aurait pu motiver. Laubardemont retourna alors à Paris, d'où il revint bientôt après armé de pouvoirs beaucoup plus étendus, et auxquels ne purent plus échapper ni l'esprit ni l'innocence de Grandier.

Au commencement du mois d'avril, on procéda aux confrontations et aux récollemens. Le 15, on recommença les exorcismes. Le 26, la supérieure des Ursulines déclara que le démon dont elle était possédée avait fait sur le corps de Grandier plusieurs marques. Aussitôt on donna l'ordre de visiter le curé. Un misérable chirurgien, nommé Manouri, le sonda avec une noire cruauté, et portant dans les chairs une pointe acérée, il arracha au patient des cris involontaires. Pendant ce temps, le frère de Grandier, conseiller au bailliage, qui sollicitait pour lui, fut arrêté. Il ne sortit de prison qu'après la mort de Grandier. La terreur commença à environner les opérations de Laubardemont et celles des exorcistes : on commençait à démêler dans cette trame d'iniquités l'intention bien formelle de perdre Grandier sans retour. Il fallait donc opposer l'épouvante aux réflexions des hommes raisonnables; il fallait faire taire ceux qu'on ne pouvait persuader.

Dans les premiers jours du mois de mai, un des démons promit d'enlever la supérieure à quelques pieds de terre (cette faculté est un des signes de la possession); mais tous les efforts du diable furent vains. Un autre signe est le don des langues; les démons, dont la supérieure et ses compagnes étaient obsédées, n'avaient qu'une mince provision de latin, qu'ils mélangeaient d'énormes solécismes et de grossiers barbarismes. Ils refusèrent de répondre à des interpellations que Grandier voulait leur adresser en grec, et se montrèrent d'une grande ignorance dans la langue des Hébreux.

Les religieuses possédées étaient aussi peu sorcières que leur supérieure. L'une d'elles dit que les livres de magie de Grandier étaient déposés chez une demoiselle qu'elle nomma. On y fit les recherches les plus scrupuleuses; on ne trouva aucun livre. Une autre promit d'enlever de dessus la tête de Laubardemont sa calotte, et de la tenir suspendue en l'air pendant l'espace d'un *miserere;* mais un observateur malin fit échouer cette momerie, en devançant sur la voûte de l'église le compère qui, au moyen d'un crin au bout duquel était attaché un hameçon, devait accrocher cette calotte et l'enlever.

Tous ces miracles avortés commençaient à mettre la *possession* en discrédit dans l'esprit même de ceux qui étaient le plus portés à y croire, surtout lorsque le démon ayant promis de sortir du corps de la supérieure par trois plaies qu'il lui ferait, il n'en résulta que trois blessures opérées maladroitement sur elle-même et par elle-même.

La religion s'unissait à la critique pour couvrir ces affreuses simagrées d'opprobre et de ridicule; mais le despotisme effrayait par des menaces, et arrêtait toutes les observations de la critique, toutes les pieuses tentatives de la religion, par des mesures arbitraires.

Du 13 juin au 2 juillet, ce ne fut qu'une suite de scènes scandaleuses et lugubres, durant lesquelles le saint sacrement fut exposé dans diverses églises de Loudun. Au milieu des blasphêmes que le diable semblait inspirer aux religieuses *possédées*, on mit en leur présence Urbain Grandier, dont le sang-froid faisait avec les contorsions et les emportemens de ces femmes un contraste admirable. Elles finirent par se jeter sur lui et cherchèrent à l'étrangler.

Cependant, tant d'horreur et de scandale excitèrent l'indignation publique ; on murmurait hautement, lorsque Laubardemont voulant fermer la bouche à tout ce qui ne voyait dans cette prétendue *possession*, que la persécution que l'on faisait souffrir à un homme dont la perte était jurée, fit afficher, le 2 juillet, une ordonnance portant : « Défenses à toutes personnes, de quel-« que qualité et condition qu'elles soient, de « médire, ni autrement entreprendre de parler « contre les religieuses, et autres personnes de « Loudun, affligées des malins esprits, leurs « exorcistes, ni ceux qui les assistent, soit aux « lieux où elles sont exorcisées, ou ailleurs, en « quelque façon ou manière que ce soit, à peine « de dix mille livres d'amende, et autre plus « grande somme et punition exemplaire, si le cas « y échet. »

Peu de jours après, il arriva un événement qui devait faire échouer la conspiration, si elle n'avait pas eu pour appui le despotisme le plus tyrannique. La sœur Claire, à l'instant où l'on se préparait à l'exorciser, déclara hautement et enprésence du peuple assemblé, que tout ce qu'elle avait dit et fait depuis quinze jours n'était qu'imposture et mensonge. Engagée à se rétracter, elle persista et réitéra sa déclaration. Une autre religieuse, la sœur Agnès, enhardie par cet exemple, parla dans le même sens et avec autant d'énergie. Ces deux religieuses, voyant qu'elles n'avaient point de secours à espérer, dirent qu'elles s'attendaient bien à être maltraitées dans leur couvent, pour avoir révélé un secret aussi important, mais qu'elles y avaient été poussée par leur conscience et leurs remords. Plus tard, une femme séculière, appelée Nogaret, déclara aussi qu'elle avait accusé un innocent et qu'elle en demandait pardon à Dieu.

La *possession* recevait journellement, comme on voit, quelque nouvel échec. Les conjurés sentirent qu'il était temps de porter les derniers coups. Les rétractations, surtout, pouvaient se multiplier et mettre à nu le jeu des acteurs. On songea enfin à former la commission pour juger Grandier. Laubardemont nomma les juges qui devaient composer cette commission dont il s'institua le président.

Voici les noms de ces juges : *Rouatin*, *Richard*, *Chevalier*, conseillers au présidial de Poitiers; *Houmain*, lieutenant-criminel au présidial d'Orléans; *Cottereau*, président; *Péguineau*, lieutenant-particulier; *Burges*, conseiller au présidial de Tours; *Texier*, lieutenant-général au siége royal de Saint-Maixant; *Dreux*, lieutenant-général; *la Barre*, lieutenant-particulier au siége royal de Chatellerault; et *Riverain*, lieutenant-général au siége royal de Beaufort.

Les fonctions d'avocat du roi furent confiées au sieur Constant, juge à Poitiers; mais connaissant l'esprit qui animait les juges, il eut le courage de ne point accepter. Denican, conseiller à La Flèche, fut nommé procureur du roi.

Leur compétence à tous était de faire le procès à Grandier jusqu'à sentence définitive, avec pouvoir de la faire exécuter, nonobstant appel.

Ces magistrats s'assemblèrent enfin le 27 juillet au couvent des Carmes, lieu fixé pour leurs séances. Ils nommèrent pour rapporteurs *Houmain* et *Texier*. Leurs discours et leurs démarches ne laissèrent plus lieu de douter que la perte de Grandier ne fût pas l'unique but qu'ils se proposaient d'atteindre, car ils établirent en principe « *que le diable dûment exorcisé, est contraint de* « *dire la vérité.* »

Effrayés des conséquences qu'on pouvait tirer de cette doctrine abominable, les habitans de Loudun se réunirent le 8 août au son de la cloche de l'hôtel-de-ville, et rédigèrent un mémoire qu'ils voulaient faire parvenir au roi. A cette nouvelle, Laubardemont se mit en fureur, mais n'osant pas sévir contre des gens qui s'étaient placés sous la sauvegarde du monarque, il se borna à rendre une nouvelle ordonnance par laquelle on cassa l'assemblée comme injurieuse à la commission et tendant à une sédition populaire. Ordre fut donné au bailli et aux échevins de ne plus convoquer à l'avenir aucune assemblée, sous peine de vingt mille livres d'amende, et plus.

Deux jours après la publication de cet arrêt, Grandier présenta une requête à ses juges pour demander une seconde visite, mais par des médecins et des chirurgiens intelligens et d'une probité reconnue. Cette requête resta sans réponse.

Tant de procédure irrégulière et de dénis de justice, ainsi que le refus persévérant de lui communiquer les pièces employées contre lui, lui donnèrent la triste conviction que sa perte était inévitable, et même que les circonstances la rendaient pour ainsi dire nécessaire ; car il fallait ou le condamner comme magicien, ou exposer un couvent de religieuses, ainsi que plusieurs ecclésiastiques, aux peines que méritait la plus noire de toutes les machinations. Et d'ailleurs, il voyait qu'il avait pour parties Laubardemont, l'évêque de Poitiers et surtout le cardinal de Richelieu. Il crut devoir cependant faire un dernier effort pour rappeler les juges aux sentimens d'équité; en conséquence, il leur adressa un discours ayant pour titre *fins et conclusions absolutoires*, dans lequel il paraphrasa, avec beaucoup d'énergie, un psaume sur le devoir des juges : il eut pour toute réponse une sentence de l'évêque de Poitiers, datée de la maison de Dissai, le 10 août, qui déclarait les Ursulines de Loudun valablement *possédées*.

De ce moment les juges se disposèrent à prononcer leur arrêt : ils se préparèrent pendant plusieurs jours, chacun en particulier, par tous les actes extérieurs de la religion; on y ajouta des processions publiques, et des messes solennelles : on n'oublia rien enfin de ce qui pouvait persuader le peuple que l'intérêt de Dieu et de la justice était leur unique mobile.

Enfin, le 18 août 1634 fut prononcée la sentence qui déclarait : « Urbain Grandier atteint et con-
« vaincu de magie, maléfice et possessions arri-
« vées par son fait ès personnes d'aucunes reli-
« gieuses de la ville de Loudun; pour réparation
« desquels ledit Grandier fut condamné, après
« amende honorable préalable, à être atta-
« ché à un poteau sur un bûcher dressé sur la
« place publique de Sainte-Croix de Loudun,
« pour y être son corps brûlé vif avec les pactes
« et caractères magiques, ensemble le livre ma-
« nuscrit par lui composé contre le célibat des
« prêtres, et ses cendres jetées au vent. »

Ce jugement rédigé et signé, Manouri se transporta à la prison pour y attendre les ordres de Laubardemont; mais celui-ci ne crut pas devoir dans cette circonstance employer son ministère; ce fut un autre chirugien nommé Fourneau qu'il fit conduire dans la prison de Grandier, et qu'il chargea des préliminaires du supplice; on entendit que ce curé dit à Manouri : « cruel bourreau, es-tu venu pour m'achever? Tu sais, inhumain, les cruautés que tu as exercées sur mon corps; tiens, continue, achève de me tuer. »

Un exempt du grand-prévôt de l'hôtel ordonna à Fourneau de raser Grandier, de lui ôter tout le poil qu'il avait à la tête, au visage et sur toutes les parties de son corps. Fourneau se disposait à exécuter cet ordre, lorsqu'un des juges ajouta qu'il fallait lui enlever aussi les ongles et les sourcils, Grandier dit qu'il était résigné, mais le chirurgien déclara que rien ne pourrait le forcer à commettre cet acte de barbarie, et pria le patient de lui pardonner s'il mettait les mains sur lui. » Je crois, dit Grandier, que vous êtes le seul qui ait pitié de moi. »— Monsieur, repliqua Fourneau, vous ne voyez pas tout le monde.

On ne trouva sur le corps du curé que deux taches naturelles : l'une dans l'aîne, et très-plate et l'autre plus élevée au dos; toutes deux étaient fort sensibles. Après cette opération aussi dérisoire qu'humiliante, on substitua de mauvais vêtemens à ceux dont on l'avait dépouillé.

Du couvent des Carmes, où le jugement avait été prononcé, Grandier fut conduit dans un carosse fermé au palais où la justice se rendait ordinairement. Plusieurs dames, ayant à leur tête la femme de Laubardemont, occupaient les siéges des juges; Laubardemont était à la place du greffier, et le greffier de la commission était debout devant lui. Des gardes avaient été posés par l'ordre de Mémin de Silli, à toutes les issues du palais : lui-même était à côté du procureur du roi de la commission.

On introduisit le patient dans l'enceinte occupée

par les juges. Il se mit à genoux, mais ne pouvant ôter son chapeau parce qu'il avait les mains liées, le greffier le lui ôta brusquement et le jeta aux pieds du président; l'exempt en fit autant de sa calotte. Le père Lactance et un autre récollet qui avaient accompagné Grandier depuis sa prison jusqu'au palais, s'étaient empressés, avant qu'il n'entrât dans la salle d'audience, d'exorciser l'air, la terre et Grandier lui-même.

Le patient étant à genoux, comme nous venons de le dire, le greffier lui cria : Malheureux ! Adore le crucifix qui est sur le siège du juge ! ce qu'il fit avec respect; puis levant les yeux vers le ciel il entendit la lecture de son arrêt avec calme. Il prit ensuite la parole. « Messeigneurs, dit-il d'une voix émue et d'un ton persuadé, j'atteste Dieu le père, le Fils et le Saint-Esprit, et la Vierge, mon unique avocate, que je n'ai jamais été magicien, que je n'ai jamais commis sacrilège, que je ne connais point d'autre magie que celle de notre Mère sainte Église catholique, apostolique et romaine, je renonce au diable et à ses pompes; j'avoue mon sauveur, et je le prie que le sang de sa croix me soit méritoire; et vous, messeigneurs, modérez, je vous supplie la rigueur de mon supplice, et ne mettez pas mon âme en danger de désespoir. »

Quand il eut fini de parler, Laubardemont fit retirer les femmes et tous les spectateurs inutiles. Il eut une longue conversation secrète avec Grandier. Celui-ci demanda du papier, qui lui fut refusé. Laubardemont, prenant la parole, dit d'un ton haut et sévère, que s'il voulait qu'on tempérât la rigueur du jugement, il fallait qu'il nommât ses complices. Grandier répondit avec fermeté qu'il était innocent et qu'il n'avait point de complices. Houmain, l'un des rapporteurs, lui parla aussi en particulier, mais ses efforts n'eurent pas plus de succès que ceux du commissaire Laubardemont.

On se prépara à lui donner la question ordinaire et extraordinaire; l'innocent curé ne laissa échapper dans le fort des douleurs les plus aiguës, aucun murmure, aucune plainte, et pendant les tortures il eut encore assez de force pour adresser à Dieu une prière dont la ferveur toucha si fort un de ses juges, qu'il l'écrivit. Laubardemont s'en aperçut et défendit à ce juge de la faire voir à personne. Grandier soutint constamment qu'il n'était ni magicien, ni sacrilège. Sorti de la question il s'évanouit plusieurs fois.

On le porta dans la chambre du conseil et on l'étendit sur de la paille auprès du feu. Il demanda pour confesseur un religieux Augustin qui était présent : on le lui refusa. Il demanda ensuite le père Grillau, cordelier, on le lui refusa également. On le remit, malgré lui entre les mains des pères Tranquille et Claude, capucins, lesquels avaient été des plus ardens exorcistes. Il aima mieux se confesser à Dieu que de donner sa confiance à ses plus cruels ennemis. Pendant le temps qu'il demeura dans la chambre du conseil, Laubardemont le sollicita de signer un écrit qu'il lui présenta. Grandier refusa constamment.

Le soir, à cinq heures, les bourreaux le mirent sur une civière pour l'emporter jusqu'au tombereau qui devait le conduire devant l'église de Saint-Pierre du marché. En sortant, il déclara au lieutenant criminel qu'il avait tout dit et qu'il n'avait plus rien sur la conscience. Ne voulez-vous pas, lui dit ce magistrat, que je fasse prier Dieu pour vous? — «Vous m'obligerez de le faire, et je vous en supplie, répondit Grandier.» On lui avait mis dans la main une torche qu'il baisa en sortant du palais. Arrivé devant l'église, on le fit descendre du tombereau afin qu'il entendît, de nouveau et à genoux, lecture de son arrêt; mais il ne put se tenir sur ses jambes qui avaient été broyées par la *question extraordinaire*, et il tomba rudement sur le ventre. Il attendit avec patience qu'on vînt le relever. Le père Grillau, qu'il avait demandé pour confesseur et qu'on lui avait refusé, s'approcha de lui, l'embrassa, et lui dit en versant quelques larmes: «Monsieur, souvenez-vous que Notre-Seigneur Jésus-Christ a monté à Dieu, son père, par les tourmens et par la croix. Vous êtes habile homme, ne vous perdez pas. Je vous apporte la bénédiction de votre mère; elle et moi prions Dieu qu'il vous fasse miséricorde et qu'il vous reçoive en son paradis.» Ces paroles de consolation semblèrent ranimer son courage; elles répandirent un rayon de joie sur ses traits flétris par les souffrances et le malheur. «Servez de fils à ma mère, lui répondit-il, priez Dieu pour moi, recommandez-moi aux prières de vos religieux. Je m'en vais avec la consolation de mourir innocent;

j'espère que Dieu me fera miséricorde et me recevra dans son paradis. »

Cette conversation fut interrompue par les bourrades des archers, qui, de l'ordre des supérieurs et des confesseurs, poussèrent le cordelier dans l'église.

De là, Grandier fut conduit devant l'église des Ursulines, et enfin sur le lieu de son supplice. Pendant le chemin, il rencontra plusieurs personnes de sa connaissance auxquelles il dit qu'il mourait leur serviteur. Lorsqu'il fut arrivé auprès du bûcher, le lieutenant du prévôt voulut lui demander pardon; « vous ne m'avez point offensé, lui dit-il, vous n'avez fait que ce que votre charge vous obligeait de faire. » Réné Bernier, curé du bourg de Troismoutiers, qui avait été au nombre de ses ennemis, le pria également de lui pardonner; Grandier se recommanda à ses prières.

La place était tellement remplie de monde, que malgré tous leurs efforts, les archers eurent une peine infinie à faire laisser un espace libre aux personnes dont le ministère était nécessaire au supplice.

Après avoir placé Grandier de manière qu'il tournât le dos à l'église Sainte-Croix, le bourreau le mit sur un cercle de fer attaché à un poteau. Les religieux exorcisèrent l'air et le bois du bûcher, et demandèrent au patient s'il ne voulait pas se reconnaître. « Je n'ai plus rien à dire, répondit-il, et j'espère être en ce jour avec mon Dieu. » Le greffier lui lut son arrêt pour la quatrième fois, et lui demanda s'il persistait dans ce qu'il avait dit à la question : « J'y persiste, reprit-il, je n'ai plus rien à dire ; tout ce que j'ai dit est véritable. » Un des moines fit taire le greffier ; il lui dit qu'il faisait trop parler le patient.

Deux choses avaient été promises à Grandier, par le lieutenant du prévôt ; l'une, qu'il parlerait au peuple ; l'autre, qu'il serait étranglé avant qu'on ne mît le feu au bûcher. Mais les exorcistes, impitoyables jusqu'au dernier moment, trouvèrent moyen d'éluder la dernière de ces promesses, car, lorsqu'il se disposait à parler, ils lui jetèrent une si grande quantité d'eau bénite au visage, qu'ils lui étouffèrent la parole. Quand il ouvrit la bouche une seconde fois, un des religieux alla l'embrasser, et il le serra si fort, qu'il lui ôta la faculté de prononcer un seul mot. Grandier reconnut l'artifice et balbutia : *Voici un baiser de Judas.* Ces paroles irritèrent si fort les moines, qu'ils lui frappèrent le visage avec une croix de fer, sous prétexte de la lui faire baiser. Jugeant bien alors qu'il s'efforcerait inutilement de parler, il se contenta de demander un *Salve Regina* et un *Ave Maria*, et levant les yeux au ciel, il se recommanda à Dieu.

Afin d'empêcher l'effet de la seconde promesse, on avait fait une si grande quantité de nœuds à la corde qui devait l'étrangler, qu'elle se trouva trop courte pour cet usage. Le bourreau se vit donc obligé de mettre le feu au bûcher, sans avoir pu faire mourir auparavant le patient. « Est-ce là ce qu'on m'avait promis, s'écria par trois fois ce malheureux. « En prononçant ces mots, il prit lui-même la corde, et chercha à s'étrangler, mais le père Lactance se saisit aussitôt d'une torche de paille allumée, et la porta au visage de Grandier, en lui disant : « Ne veux-tu pas te reconnaître, malheureux, et renoncer au diable? Il est temps, et tu n'as plus qu'un moment à vivre! — Je ne connais point le diable, répondit Grandier, j'y renonce et à toutes ses pompes, et je prie Dieu qu'il me fasse miséricorde. » Alors, et sans attendre l'ordre du lieutenant du prévôt, ce moine fit publiquement l'office de bourreau en mettant le feu au bûcher.

Grandier, qui ne perdit pas un seul instant son sang-froid, lui dit : « Ah! père Lactance, père Lactance, où est la charité? Ce n'est pas là ce qu'on m'avait promis. Il y a un Dieu au ciel, qui sera ton juge et le mien. Je t'assigne à comparaître devant lui dans le mois... « Puis, s'adressant à Dieu, il prononça ces paroles : *Deus meus, ad te vigilo, miserere meî, Deus.*

Les exorcistes lui jetèrent au visage tout ce qu'il leur restait d'eau bénite. Puis on cria au bourreau de l'étrangler, mais il ne put y parvenir, la corde ne pouvant plus servir. Il fut arrêté d'ailleurs par la flamme qui gagnait... Grandier y tomba et fut brûlé tout vif.

Telle fut la fin du curé de Loudun!

La justice humaine, interprète de l'équité divine, ne tarda pas à réagir contre les criminels auteurs de cette sanglante machination. Le père

Tranquille mourut dans de vives douleurs; la possession tomba dans le discrédit, les possédés dans le mépris, et la plupart des juges devinrent l'opprobre de leurs concitoyens; mais ce qui répandit une terreur inexplicable, c'est que le père Lactance, ce bourreau exorciste, mourut précisément un mois après le supplice d'Urbain Grandier, et comme pour obéir à l'ajournement prophétique que cet infortnné lui avait donné.

GRENIER.

Les auteurs des *Annales du crime*, publiées en 1813, ont consigné, dans leur 16e cahier, une cause qu'il est toujours utile de rappeler aux souvenirs des magistrats chargés de rendre la justice au nom du pays.

Bourdallès, marchand de blé, se rend, le 16 avril 1768, à un marché avec trois chevaux chargés.

Après avoir reçu un à-compte de cent quatre livres sur la vente de son blé, il s'amuse à boire avec le nommé *Grenier*, demeurant à Beauville, village du département de Lot-et-Garonne, lieu par lequel il devait passer pour se rendre à son habitation située à une demi-lieue plus loin.

Il part enfin à l'approche de la nuit; mais dans un état voisin de l'ivresse, et accompagné de ce même Grenier.

Étant arrivé à Beauville, Grenier engage Bourdallès à ne pas aller plus loin, et à coucher chez lui, *attendu son état et la nuit*. Bourdallès se refuse à ses instances. Il veut regagner son domicile.

Grenier lui propose de le faire accompagner par son fils. Nouveau refus.

Ne pouvant vaincre la résistance de Bourdallès,

Grenier attache sur l'un des trois chevaux l'habit de cet entêté et le sac qui contient son argent.

Bourdallès s'achemine vers sa demeure. Il est aperçu en route par quelques individus. Cependant il ne va pas jusqu'à sa maison. Il disparaît; on perd absolument sa trace. Qu'est-il devenu? A-t-il été assassiné?

On voit, le lendemain, les trois chevaux paissant dans un champ. Celui que Bourdallès montait la veille a à la selle deux morceaux de corde qui paraissent avoir été coupés avec un couteau. A quelques pas, on trouve son fouet avec deux morceaux de corde semblables à ceux attachés à la selle.

Les chevaux sont là; l'homme et son argent ont disparu.

Cet homme avait-il quelque raison de s'absenter, d'abandonner sa femme, ses enfans, son commerce, sa fortune? non.

S'il avait eu le dessein d'entreprendre un voyage, il ne l'eût point fait à pied, ayant trois chevaux à sa disposition.

Évidemment le sac d'argent a été volé; les cordes coupées l'annoncent assez.

Point de doute, Bourdallès a été assassiné.

Quel est l'auteur du crime? On n'en saurait douter non plus, puisque Grenier ne l'a pas quitté la veille : il l'a accompagné jusqu'à Beauville, il l'a fait boire, il l'a enivré, il a retardé son retour chez lui jusqu'à la nuit, afin de profiter des ténèbres pour l'assassiner avec plus de sûreté, et s'emparer de son argent.

La clameur publique nomme Grenier comme coupable de l'assassinat de Bourdallès. Grenier est arrêté et quatre autres individus avec lui, car il doit avoir des complices.

Plainte est rendue, par le procureur du roi, contre les auteurs, en général, de la mort de Bourdallès; et un jugement de compétence déclare le crime prévôtal.

Comme la clameur publique ne donne lieu qu'à des présomptions contre Grenier, on lance des monitoires; des déclarations sont faites : la conviction se forme.

Un grand nombre de témoins déposent qu'un particulier, mort depuis l'instruction, leur a dit *avoir vu étrangler Bourdallès par deux hommes qui tiraient la corde l'un d'un côté l'autre de l'autre.*

Une fille de Grenier, âgée de sept ans, rapporte que, le soir même de l'assassinat, son père s'était retiré *fort tard;* qu'il avait apporté de l'*argent dans un sac,* et beaucoup de viande dans un autre, *parmi laquelle était une tête;* que Grenier, ayant dit à sa femme de l'aider à faire passer ce sac par un trou, et elle s'y étant refusée, *il l'avait battue.* Cette petite fille n'est point interrogée, il est vrai; mais elle a déclaré ces faits à de nombreux témoins qui en déposent. D'ailleurs, il est prouvé par la procédure qu'effectivement Grenier a battu sa femme, *parce qu'elle refusait de lui aider à faire passer par un trou le sac en question.*

Des témoins déposent tenir d'un procureur

consulté par la femme Grenier, que celle-ci s'est écriée, en parlant de son mari : *s'il est pendu, il ne sera pas le seul, il y en aura bien d'autres.*

Un individu a vu passer Grenier et ses quatre co-accusés, à l'entrée de la nuit, marchant à grands pas à la suite de Bourdallès. Cet homme est mort depuis, mais quatre témoins déposent de ses révélations.

Trois témoins déclarent, affirment et soutiennent, dans les récolemens et confrontations, avoir entendu la voix d'un homme qu'on étranglait, venant du côté où les témoins disaient que Bourdallès avait été tué.

L'un des accusés avait dit à son oncle, qu'il était bien malheureux d'avoir été compris dans cette affaire ; que c'était *Soignès*, l'un des autres accusés, qui avait apporté le couteau employé à mettre en morceaux le cadavre de Bourdallès : des témoins déposaient du fait comme le tenant de cet accusé ; mais l'oncle n'avait point été appelé à déposer.

Enfin, la procédure composée de quatre-vingt treize témoignages et de deux lettres anonymes adressées au procureur du roi, qui lui indiquaient le lieu où l'on avait mis le cadavre et les noms des cinq assassins, faisait naître de violens soupçons que le cadavre de Bourdallès avait été brûlé ou jeté dans un gouffre, ou avait été enseveli dans un cimetière, sous un autre cadavre.

Les magistrats employèrent un an à parfaire la procédure. Le procureur du roi donna enfin ses conclusions d'après lesquelles le *crime était reconnu constant.*

Les juges partagèrent les convictions du procureur du roi, à l'égard du crime et quant à la culpabilité des accusés, et ils fixèrent au 24 avril 1769, le jour destiné au prononcé du jugement de condamnation.

Vingt-quatre heures encore, et les accusés auront expié leur crime, et la société aura été vengée.

Mais ne voilà-t-il pas que la veille du jour fatal, le 23 avril, Bourdallès reparait!

Il reparait et déclare :

« Qu'étant près de sa maison, il avait réfléchi « que son ivresse actuelle lui attirerait de nou- « veaux reproches de sa femme; que, rempli de « cette idée, il était descendu de cheval; qu'il « avait coupé avec son couteau, les cordes qui at- « tachaient le sac où était son argent; qu'il l'avait « mis sur son cou ; et que laissant là ses chevaux « il avait marché toute la nuit jusqu'au lieu de « Saint-Julien, où il ne fut vu que par un homme « de sa connaissance, *qui était mort avant la pu- « blication du monitoire*; que le lendemain il s'a- « chemina vers Cahors, *où il n'était connu* de « personne; de là à Rodez; qu'ensuite il s'en re- « tourna à Clérac; de là, à Bordeaux, où il se « proposait de s'embarquer pour la Martinique; « mais que le vaisseau n'ayant pu partir, il était « revenu voir sa famille, et qu'enfin il arrivait « heureusement la veille du jugement qui devait

« être rendu contre ceux qui étaient accusés de l'a-
« voir assassiné. »

Et la mort avait plané sur la tête de cinq innocens !

Les magistrats chargés d'une instruction criminelle ne sauraient trop se défendre des présomptions qu'elle présente quelquefois.

LALLY DE TOLENDAL

(LE COMTE).

La maison de Lally est très-ancienne; une branche de cette maison posséda long-temps le château de Tolendal, en Irlande. Lord Kelli, vice-roi de cette île, sous la reine Élisabeth, était du nom de Lally, mais d'une autre branche.

Sir Gérard Lally de Tolendal, père de Thomas-Arthur de Tolendal, dont nous allons retracer ici la fin tragique, avait suivi la fortune du roi détrôné Jacques II, proscrit, dépouillé de ses possessions, poursuivi même particulièrement jusqu'au sein de la France, par l'animosité des Anglais; les premiers sentimens qu'il versa dans le cœur de son fils, furent ceux d'une fidélité inviolable pour le sang des anciens rois, et d'une haine éternelle pour les rebelles qui avaient dépouillé son père. Attaché au service de France, comblé des bontés du régent, il ne s'appliqua pas moins à lui inspirer la reconnaissance et le zèle dus à la nouvelle patrie qui les adoptait.

Thomas-Arthur Lally de Tolendal, connu depuis sous le nom de comte de Lally, naquit en Irlande en 1698 et fut fait soldat presque en naissant. Elevé au milieu des camps, il y acquit cet amour de son métier, cette franchise inaltérable et cette austérité de principes qui peuvent être comptés au rang des vertus, mais qu'il poussa quelquefois à l'excès.

Quoiqu'il en soit, Lally ne tarda pas à montrer ce qu'on devait attendre de son zèle pour la France et de la haine implacable qu'il portait aux ennemis de celle-ci. Il servit aux siéges de Kehl et de Philisbourg, de Menin, d'Ypres et de Furnes; enfin, il se montra partout avec tant de distinction que les généraux se disputèrent à qui l'aurait sous ses ordres. Mais ce fut principalement à la bataille de Fontenoi qu'il se fit remarquer. On connaît cette harangue qu'il fit à ses soldats (1) : « Songez que ce n'est pas seulement contre les ennemis de la France, que c'est contre vos propres ennemis que vous allez combattre, et ne tirez pas un coup de fusil, que vous n'ayez la pointe de vos bayonnettes sur leur ventre. »

A la suite de cette bataille mémorable, le comte Lally fut fait brigadier des armées du roi.

Un mois après la reddition de la ville de Tournai, dans le temps où le petit-fils de Jacques II abordait en Ecosse, et tentait de remonter sur le trône de ses ancêtres, Lally conçut le projet d'envoyer une armée de 10,000 Français à son secours. L'exécution en fut arrêtée entre lui, le ministre de la guerre et celui des affaires étrangères.

---

(1) Au mois d'octobre de l'année 1744, on avait créé pour lui un régiment de son nom.

On fixa l'embarquement au mois de janvier 1746. On connaît aujourd'hui les causes secrètes qui firent échouer, tout-à-coup, cette entreprise dont le succès était infaillible.

Enfin, après quarante ans de service, après une suite de combats, dans plusieurs desquels il avait versé son sang et participé à la victoire; après dix-huit siéges, dont il en avait commandé trois en personne, après une multitude de voyages entrepris, de projets formés, de périls affrontés, pour satisfaire sa haine contre les Anglais, il proposa à de Séchelles, une expédition qui devait ruiner leur puissance et assurer la nôtre à jamais dans l'Inde. Il démontra l'impossibilité d'y avoir jamais une paix solide avec les Anglais, et par conséquent d'y faire un commerce utile tant qu'ils y existeraient.

A peine ce projet eut été vu du ministère, qu'il fut agréé. Bientôt, de Moras, successeur de de Séchelles, offrit à Lally le commandement de l'expédition qu'il avait combinée; Lally accepta avec transport, et il fut nommé successivement lieutenant-général, inspecteur-général, commandeur, et grand-croix de l'ordre de Saint-Louis.

Mais on ne voulait pas qu'il se bornât à détruire les établissemens anglais, on le chargea de rétablir l'ordre dans l'administration française, de réformer les abus dont on lui indiqua la source, de réprimer les malversations dont on lui nomma les auteurs. En conséquence, on le créa aussi syndic de la compagnie, commandant-général de toutes les Indes-Orientales et commissaire pour le roi. Jamais pouvoirs n'avaient été plus étendus. Il devait enfin tenir la place du souverain lui-même. On mit une seule restriction à son autorité, celle de ne pas se mêler des finances.

La flotte qui devait mettre à la voile en février, ne partit qu'au mois de mai. On employa près d'un an à une traversée qui ne demandait que la moitié d'un pareil laps de temps. Les Anglais, partis trois mois après l'escadre française, étaient à la tête de l'Inde six semaines avant elle. Ils prévenaient au lieu d'être prévenus.

Le Bengale était pris, parce que le conseil de Pondichéri avait voulu le laisser prendre. Débarqué dans l'Inde huit mois avant le comte Lally, le chevalier de Soupire à la tête de deux mille hommes, contre un ennemi qui n'en avait pas quatre cents à mettre en campagne, n'avait rien tenté ni contre Madras, encore ouvert lors de son arrivée en plusieurs endroits, ni contre Goudelour et Saint-David, gardés l'un par dix invalides, l'autre par soixante. Il ne s'était pas même opposé aux travaux des ennemis pour construire ou réparer les fortifications de toutes ces places. La prise inutile d'une bicoque nommée Chetoupet, des disputes ridicules et interminables de rang et de prérogatives, avaient rempli le temps le plus précieux, et dont la perte devenait irréparable. L'argent qu'il avait apporté d'Europe était consommé sans qu'on en eût fait le plus léger préparatif, sans qu'on eût songé à former un seul magasin, à construire une seule fortification.

Quant à Pondichéri, cette capitale des établissemens français dans l'Inde présentait au dehors une place ouverte et sans défense; la division, la discorde, la haine, mille petites factions jalouses de porter les derniers coups à la colonie expirante et se disputant leur proie avec acharnement, voilà ce qu'offrait l'intérieur. Le pays qui l'environnait ne formait pas un spectacle plus consolant. Des ennemis de tous côtés; peu d'alliés; ceux que l'on avait, retenus uniquement par la crainte, et impatiens de secouer le joug.

Le comptoir de Pondichéri devait quatorze millions; il n'avait pas le crédit d'en trouver un à emprunter; il venait d'écrire à l'administration générale, que, *sans un envoi de dix, tout secours d'hommes et de vaisseaux serait en pure perte*. On ne lui en envoyait que deux, et ils arrivaient avec peu d'hommes et des vaisseaux dénués de tout.

Le premier salut fait à ces vaisseaux, par la ville de Pondichéri, avait été de tirer sur eux à boulets. Cinq canons avaient été envoyés. Trois avaient percé de part en part le bâtiment qui apportait le comte Lally; lui-même avait manqué d'être atteint d'un boulet. A son arrivée, il se plaint d'un accueil si singulier; on lui répond que ce n'est qu'une méprise. Il témoigne son étonnement sur l'état où il trouve la place; on lui réplique qu'il n'y a point d'argent. Il demande des plans des établissemens ennemis, on lui dit qu'il n'y en a pas. Des guides, qu'on lui donne pour conduire des troupes à quatre lieues de Pondichéri, les égarent; dès la première marche, elles manquent de nourriture. Des soldats tombent de chaleur et d'inanition.

Les bornes que nous nous sommes prescrites ne nous permettent point de suivre pas à pas le comte Lally de Tolendal dans toutes ses opérations militaires, depuis son débarquement à Pondichéri; nous ne citerons que les principales dont nous empruntons quelques-unes à l'auteur du siècle de Louis XV, lequel paraît avoir jugé avec impartialité le malheureux Lally.

« Le lieutenant-général Lally s'était figuré qu'Arcate était encore le pays de la richesse; que Pondichéri était bien pourvu de tout, qu'il serait parfaitement secondé de la compagnie et des troupes, et surtout de son ancien régiment Irlandais qu'il menait avec lui. Il fut trompé dans toutes ses espérances. Point d'argent dans les caisses, peu de munitions de toute espèce; des noirs et des cipayes pour armée, des particuliers riches et la colonie pauvre; nulle subordination. Ces objets l'irritèrent, et allumèrent en lui cette mauvaise humeur qui sied si mal à un chef, et qui nuit toujours aux affaires. S'il avait ménagé le conseil, s'il avait caressé les principaux officiers, il eût pu se procurer des secours d'argent, établir l'union et mettre en sûreté Pondichéri.

« Malgré le triste aspect sous lequel il envisageait tous les objets, il eut d'abord des succès heureux : il prit aux Anglais le fort de Goudelour. Le 2 juin 1758 il leur enleva le fort Saint-David à quatre lieues de Pondichéri, et on rasa les murs. Le 4 du même mois il s'empara de celui de Divicottey. »

Nous croyons voir la source de la catastrophe de Lally dans la lettre qu'il écrivit devant Saint-David à de Leynit, gouverneur de Pondichéri pour la compagnie des Indes, et sous ce rapport elle est digne d'être mise sous les yeux de nos lecteurs.

« Cette lettre, monsieur, disait-il, sera un secret éternel entre vous et moi, si vous me fournissez les moyens de terminer mon entreprise. Je vous ai laissé cent mille livres de mon argent pour vous aider à subvenir aux frais qu'elle exige. Je n'ai pas trouvé, en arrivant, la ressource de cent sous dans votre bourse, ni dans celle de tout votre conseil. Je vous crois, cependant, tous plus redevables à la compagnie que moi, qui n'ai malheureusement l'honneur de la connaître que pour y avoir perdu la moitié de mon bien en 1720. Si vous continuez à me laisser manquer de tout, et exposé à faire face à un mécontentement général, non-seulement j'instruirai le roi et la compagnie du beau zèle que ses employés témoignent ici pour leur service; mais je prendrai des mesures efficaces pour ne pas dépendre, dans le court séjour que je désire faire dans ce pays, de l'esprit de parti et des motifs personnels, dont je vois que chaque membre paraît occupé au risque total de la compagnie. »

Ce n'était pas avec une telle lettre que Lally pouvait espérer de se faire des amis ni d'avoir de l'argent. Certes, loin de nous la pensée qu'il fût concussionnaire; mais il montra tant d'envie contre tous ceux qui s'étaient enrichis, que la haine publique s'en augmenta contre lui. Toutes les opérations militaires en souffrirent.

Dans les premiers mois de l'année 1759. Le comte Lally mit le siège devant Madras et s'empara d'abord de toute la ville noire, mais il ne put réussir devant la ville haute qui est le fort Saint-Georges. Le 11 février, il écrivait de son camp, devant le fort :

« Si nous manquons Madras, comme je le crois, la principale raison à laquelle il faudra l'attribuer, est le pillage de quinze millions au moins, tant de dévasté que de répandu dans le soldat, et, j'ai honte de le dire, dans l'officier qui n'a pas craint de se servir de mon non en s'emparant des cipayes chelingues, et autres, pour faire passer à Pondichéri un butin que vous auriez dû faire arrêter, vu son énorme quantité. »

En effet, on lit dans le journal d'un officier général qui n'était nullement le partisan de Lally, la note suivante :

« Le pillage immense que les troupes avaient fait dans la ville noire, avait mis parmi elles l'abondance. De grands magasins de liqueurs fortes y entretenaient l'ivrognerie et les vices dont elle est le germe. C'est une situation qu'il faut avoir vue. Les travaux, les gardes de la tranchée étaient faits par des homme sivres. Le régiment de Lorraine fut seul exempt de la contagion; mais les autres corps s'y distinguèrent. Le régiment de Lally le surpassa. De là, les scènes les plus honteuses et les plus destructives de la subordination et de la discipline. On a vu des officiers se colleter avec des soldats, et mille autres actions infâmes, dont le détail renfermé dans les bornes de la vérité la plus exacte, paraîtrait une exagération montrueuse. »

Le désespoir s'était emparé du comte Lally de Tolendal; on en trouve la preuve dans cette lettre fameuse :

« L'enfer m'a vomi dans ce pays d'iniquités, et j'attends, comme Jonas, la baleine qui me recevra dans son ventre. »

Le désordre s'était mis dans l'armée, rien ne pouvait réussir; on fut forcé de lever le siége de Madras, après avoir perdu beaucoup de monde.

Les autres entreprises tant sur terre que sur mer qui suivirent celle-là, furent encore plus malheureuses. Les troupes se révoltèrent, on ne parvint à les apaiser qu'avec une peine infinie. Deux fois Lally les mena au combat dans l'île de Vandavachi où il s'était retiré. Dans le second combat il fut entièrement défait. Le maréchal de camp Bussi, l'homme le plus nécessaire dans l'Inde tant pour la guerre que pour les négociations, fut fait prisonnier. Les Marattes remportèrent une victoire complète, et le comte Lally resta seul pendant quelque temps sur le champ de bataille, abandonné de toutes les troupes.

Cette perte fut suivie de beaucoup d'autres; force fut enfin de se retirer dans Pondichéri. Une escadre de seize vaisseaux anglais obligea l'escadre française, envoyée au secours de la colonie de quitter la rade de Pondichéri, à la suite d'un combat indécis, afin de se radouber dans l'île de Bourbon.

Il y avait dans la ville six cents familles européennes, et soixante mille habitans noirs. Les vivres étant en très-petite quantité, Lally proposa d'abord de faire sortir les noirs qui affamaient Pondichéri; mais chasser soixante mille hommes n'était pas chose facile à faire. Le conseil n'osa pas le tenter.

Ayant résolu de soutenir le siége jusqu'à la dernière extrémité, et ayant publié un ban par lequel défense était faite, sous peine de mort, de parler de se rendre, Lally se vit forcé d'ordonner une recherche rigoureuse des provisions dans toute la ville. On la fit sans ménagemens, chez tous les membres du conseil, chez les principaux officiers et jusque chez l'intendant. Les esprits étaient déjà aliénés, cette démarche acheva de les irriter. On savait avec quel mépris et quelle dureté il avait traité le conseil. Il avait dit publiquement dans une de ses expéditions : « Je ne veux pas attendre plus long-temps l'arrivée des munitions qu'on m'a promises. J'y attelerai, s'il le faut, le gouverneur Leyrit et tous les conseillers. »

Ce même gouverneur avait soin de montrer aux officiers une lettre que lui avait adressée naguère le comte Lally, dans laquelle on lisait les phrases suivantes : « J'irai plutôt commander les Cafres que de rester dans cette Sodôme qu'il n'est pas possible que le feu des Anglais ne détruise tôt ou tard, à défaut de celui du Ciel. »

On rendait à Lally outrage pour outrage, car par ses plaintes et ses emportemens, ce général s'était fait autant d'ennemis qu'il y avait d'officiers et d'habitans dans Pondichéri. Peu de jours se passaient sans qu'on n'affichât à sa porte des placards d'une insolence extrême. Il en fut tellement outré que pendant quelque temps sa raison en parut dérangée.

Cependant les Anglais bloquaient Pondichéri par terre et par mer. Lally n'avait d'autre ressource que de traiter avec les Marattes qui l'avaient battu. Ils lui promirent un secours de dix-huit mille hommes; mais devinant qu'on n'avait point d'argent à leur donner, aucun Maratte ne parut.

Lally fut sommé par le conseil de Pondichéri de se rendre; il assembla alors un conseil de guerre. Les officiers de ce conseil décidèrent qu'il fallait se rendre prisonniers de guerre suivant les cartels établis en pareil cas; mais le général Coote, commandant les forces anglaises, voulut avoir la ville à discrétion : on périssait de faim, elle fut livrée le 16 janvier 1761 aux vainqueurs, qui ne tardèrent pas à en raser les fortifications, les murailles, les magasins, ainsi que les principaux logemens.

Tandis que les Anglais entraient dans Pondichéri, les vaincus s'accablaient réciproquement de reproches et d'injures. Les jours de Lally furent plus d'une fois menacés. Le général Coote se vit forcé de lui donner une garde. On le transporta malade sur un palanquin, menaçant les séditieux de deux pistolets qu'il tenait à la main.

Le comte Lally fut transporté en Angleterre, avec plus de deux mille prisonniers. Dans ce long et pénible voyage, tous les vaincus s'accusaient encore les uns les autres de leurs communs malheurs.

Arrivé à Londres, Lally employa le premier instant que lui laissait une santé délabrée à solliciter sa liberté. Il obtint non sans peine de l'amirauté d'Angleterre, la permission de repasser en France, sur sa parole; beaucoup de ses ennemis revinrent en même temps que lui : ils étaient précédés de toutes les plaintes, de toutes les accusations formées de part et d'autre, et d'une foule d'écrits dont Paris était inondé. Lally avait peu de partisans, et ses adversaires étaient nombreux. Au nombre de ceux-ci, on doit citer le jésuite Lavaur, supérieur des missionnaires de l'Orient. Avant son départ de l'Inde, on l'avait encore excité dans sa haine : un officier lui avait écrit que le général Lally avait formé le projet de perdre toute la société de Jésus : et Lavaur n'était pas homme à pardonner une telle offense, vraie ou fausse.

Enfin le cri de ses ennemis ayant prévalu, le

conseil et le gouverneur de Pondichéri se portèrent pour ses accusateurs. Ils le dénoncèrent au roi, par une requête en France, dans laquelle ils s'établissaient ses adversaires, demandaient à le poursuivre, et suppliaient le monarque de *leur indiquer un tribunal*. Ils le dénoncèrent au ministre, par un mémoire, dans lequel ils articulaient neuf chefs capitaux d'accusation. Le ministre des finances ne paraissait pas favorable à la cabale dont il avait paré les manœuvres; on s'adressa à de Choiseul, ministre de la guerre, qui annonça qu'il ne s'occuperait de la partie militaire, que quand la partie de l'administration aurait été éclaircie; mais changeant tout-à-coup de résolution, il s'empara de l'affaire, et sa première opération fut d'expédier une lettre de cachet. Lally sut que l'ordre était signé pour l'arrêter; le ministre lui-même lui fit donner l'avis de s'enfuir, mais, courant au-devant de ses fers, il arriva à Fontainebleau, et écrivit au ministre: « J'apporte ici mon innocence et ma tête. Le roi est maître de ma liberté, mais mon honneur est sous la sauvegarde des lois. » On l'arrêta le 3 novembre; il offrit son épée, on la refusa. Il demanda s'il fallait partir sur-le-champ; on lui répondit qu'il était encore maître de lui pendant douze heures. Il se rendit à un repas où était toute la cour chez la marquise de Rochechouart, ne dit rien de l'ordre qui lui avait été signifié, et à l'instant où on allait se séparer, il annonça avec beaucoup de calme, qu'il partait pour la Bastille.... A ces mots, on s'effraie, on l'entoure, on le presse de s'échapper : *J'en sortirai triomphant*, s'écrie-t-il ; et aussitôt, il va rejoindre le porteur de l'ordre fatal, part avec lui pour Paris, voit apposer le scellé sur la partie de ses papiers qu'il n'avait pas encore pu mettre à couvert, dine avec son conducteur, prend quelques heures de sommeil, et va s'enfermer à la Bastille, précisément dans la même chambre où avait été La Bourdonnais, et n'en sortit pas de même.

A peine Lally fut-il enfermé, que sa famille sollicita un conseil de guerre pour le juger. On revint alors au système de n'examiner la conduite militaire qu'après qu'il aurait été statué sur la conduite civile.

« Un conseil de guerre semblait le tribunal le plus convenable; mais on lui imputait des malversations, des concussions, des crimes de péculat, dont les maréchaux de France ne sont pas juges. Le comte de Lally avait d'abord formé ses plaintes ; ainsi ses adversaires ne firent en quelque sorte que récriminer. Ce procès était si compliqué, il fallait faire venir tant de témoins, que le prisonnier resta quinze mois à la Bastille sans être interrogé, et sans savoir devant quel tribunal il devait répondre. C'est là, disaient quelques jurisconsultes, le triste destin des citoyens d'un royaume célèbre par les armes et par les arts, mais qui manque encore de bonnes lois, ou plutôt chez qui les sages lois anciennes, sont quelquefois oubliées.

« Le jésuite Lavaur était alors à Paris : il demandait au gouvernement une modique pension de quatre cents francs, pour aller prier Dieu le reste de ses jours, au fond du Périgord, où il était né. Il mourut, et on lui trouva douze cents cinquante mille livres dans sa cassette, en or, en diamans, en lettres de change. Cette aventure d'un supérieur des missions de l'Orient, et la banqueroute de trois millions que fit en ce temps-là le supérieur des missions de l'Occident, nommé Lavalette, excitèrent dans toute la France une indignation égale à celle qu'on inspirait contre Lally, et fut une des causes qui produisirent enfin l'abolition des jésuites. Mais en même temps la cassette de Lavaur prépara la perte de Lally. On trouva dans ce coffre deux mémoires, l'un en faveur du comte, l'autre qui le chargeait de tous les crimes. Il devait faire usage de l'un ou de l'autre de ces écrits, selon que les affaires tourneraient. De ce couteau tranchant à double lame, on porta au procureur-général celle qui blessait l'accusé. Cet homme du roi fit sa plainte au parlement, contre le comte, de vexations, de concussions, de trahisons, de crimes de lèse-majesté. Le parlement renvoya l'affaire au Châtelet, en première instance, et bientôt après des lettres patentes du roi renvoyèrent à la grand'chambre et à la tournelle assemblées, la connaissance de tous les délits commis dans l'Inde, pour être le procès fait et parfait aux auteurs des dits délits, selon la rigueur des ordonnances. Le mot de justice conviendrait mieux peut-être que celui de rigueur.

« Comme le procureur-général avait inséré dans sa plainte les termes de crimes de haute-trahison, de lèse-majesté, on refusa un conseil à l'accusé. Il n'eut pour sa défense d'autres secours que lui-même. On lui permit d'écrire : il se servit de cette permission pour son malheur. Ses écrits irritèrent encore ses adversaires et lui en firent de nouveaux. Il reprochait au comte d'Arché d'avoir été cause de la perte de l'Inde, en ne restant pas devant Pondichéri. Mais ce chef d'escadre avait préféré défendre les îles Bourbon et de France contre une invasion dont sans doute il les croyait menacées. Il avait combattu trois fois contre la flotte anglaise et avait été blessé dans ces trois batailles. M. de Lally faisait des reproches sanglans au chevalier de Soupire, qui lui répondit, et qui déposa contre lui avec une modération aussi estimable qu'elle est rare.

« Enfin, se rendant à lui-même le témoignage qu'il avait toujours fait rigoureusement son devoir, il se livra avec la plume aux mêmes emportemens qu'il avait eus quelquefois dans ses discours.

« .... Les membres du conseil marchand de Pondichéri, les actionnaires de Paris, les directeurs de la compagnie des Indes, les employés, les commis, leurs femmes, leurs parens, criaient aux juges et aux amis des juges contre le commandant d'une armée qui consistait à peine en mille soldats. Les actions étaient tombées parce que le général était un traître, et que l'amiral s'était allé radouber au lieu de livrer un quatrième combat naval. On répétait les noms de Trichenapoli, de Vandevachi, de Chétoupet. Les conseillers de la grand'-chambre achetaient de mauvaises cartes de l'Inde où ces places ne se trouvaient pas.

« On faisait un crime à Lally de ne s'être pas emparé de ce poste nommé Chétoupet, avant d'aller à Madras. Tous les maréchaux de France assemblés auraient eu bien de la peine à décider de si loin si on devait assiéger Chétoupet ou non; et on portait cette question à la grand'-chambre! Les accusations étaient si multipliées, qu'il n'était pas possible que parmi tant de noms indiens, un juge de Paris ne prît souvent une ville pour un homme, un homme pour une ville.

« Le général de terre accusait le général de mer d'être la première cause de la chute des actions, tandis que lui-même était accusé par tout le conseil de Pondichéri d'être l'unique principe de tous les malheurs.

« Le chef d'escadre fut assigné pour être ouï. On l'interrogeait, après serment de dire la vérité, pourquoi il avait mis le cap au sud, au lieu de s'être embossé au nord-ouest, entre Alamparvé et Goudelour? noms qu'aucun Parisien n'avait entendu prononcer auparavant. Heureusement il n'avait point de cabale formée contre lui.

« A l'égard du général Lally, on le chargeait d'avoir assiégé Goudelour au lieu d'assiéger d'abord Saint-David; de n'avoir pas marché aussitôt à Madras; d'avoir évacué le poste de Chermyau; de n'avoir pas envoyé trois cents hommes de renfort noirs ou blancs, à Mazulipatan; d'avoir capitulé à Pondichéri.....

« A ces chefs d'accusation, que nous avons entre les mains, en succédaient d'autres sur sa conduite privée. On lui reprochait de s'être mis en colère contre un conseiller de Pondichéri, et d'avoir dit à ce conseiller qui se vantait de donner son sang pour la compagnie : « Avez-vous assez de sang pour fournir du boudin aux troupes du roi qui manquent de pain? »

« On l'accusait d'avoir dit des sottises à un autre conseiller.

« D'avoir condamné un perruquier qui avait brûlé l'épaule d'une négresse, à recevoir un coup du même fer sur l'épaule.

« De s'être enivré quelquefois.

« D'avoir fait chanter un capucin dans la rue.

« D'avoir dit que Pondichéri ressemblait à un b....., où les uns caressaient les filles, et où les autres les voulaient jeter par les fenêtres.

« D'avoir rendu quelques visites à madame Pujot qui s'était échappée de chez son mari.

« D'avoir fait donner du riz à ses chevaux, dans le temps qu'il n'avait point de chevaux.

« D'avoir donné une fois aux soldats du punch fait avec du coco.

« De s'être fait traiter d'un abcès au foie sans que cet abcès eût crevé, et si cet abcès eût crevé il en serait heureusement mort.

« Ces griefs étaient mêlés d'accusations plus importantes. La plus forte était d'avoir vendu Pondichéri aux Anglais; et la preuve en était que, pendant le blocus, il avait fait tirer des fusées sans qu'on en sût la raison, et qu'il avait fait la ronde la nuit, tambour battant.

« On voit assez que ces accusations étaient intentées par des gens fâchés et mauvais raisonneurs; leur énorme extravagance semblait devoir décréditer les autres imputations. Nous ne parlerons point ici de cent petites affaires d'argent, qui forment un chaos plus aisé à débrouiller par un marchand que par un historien. Ses défenses nous ont paru très-plausibles, et nous renvoyons le lecteur à l'arrêt même, qui ne le déclara pas concussionnaire.

« Il y eut cent soixante chefs d'accusation contre lui; les cris du peuple en augmentaient encore le nombre et le poids : ce procès devenait très-périlleux malgré son extrême ridicule; on approchait de la catastrophe.

« ...... Le rapporteur passait pour un homme dur, préoccupé et sanguinaire.... Il se vantait d'aimer la justice, mais il la voulait toujours rigoureuse.

« ...... Quelques autres juges, et lui, étaient persuadés de la nécessité du supplice dans les affaires les plus graciables, on eût dit que c'était un plaisir pour eux.

« ...... Un avocat général ayant lu toutes les pièces avec une attention infatigable, fut pleinement convaincu que l'accusé devait être absous. C'était M. Séguier, de la même famille que ce chancelier qui se fit un nom dans l'aurore des belles-lettres, cultivées trop tard en France ainsi que tous les arts; homme d'ailleurs de beaucoup plus d'esprit, et plus éloquent encore que le rapporteur, dans un goût différend. Il était si persuadé de l'innocence du comte, qu'il s'en expliquait hautement devant les juges et dans tout Paris: M. Pellot, ancien conseiller de la grand'chambre, le juge peut-être le plus appliqué et du plus grand sens, fut entièrement de l'avis de M. Séguier.

« Le vice-roi de l'Inde française fut, après plus de cinquante ans de service, condamné à la mort, à l'âge de soixante-huit ans (1).

L'arrêt, qui est du 6 mai 1766, le condamna à être décapité, comme dûment atteint et convaincu d'avoir trahi les intérêts du roi, de l'état et de la compagnie des Indes, d'abus d'autorité, vexations et exactions.

Ramené à la Bastille avant le prononcé de cet arrêt, le comte Lally se doutait du sort qui l'attendait, il en avait informé ses compagnons d'infortune. Du haut de sa tour, il avait exprimé aux uns par un geste terrible que sa tête allait tomber sous la hache du bourreau, passant auprès des

(1) Siècle de Louis XV.

autres, environné de gardes, il avait feint de répéter une chanson anglaise pour leur annoncer son sort. Cependant, par une facilité commune à tous les infortunés que l'espoir n'abandonne jamais, et d'après le délai même qu'on avait mis à l'exécution de l'arrêt, il s'était laissé persuader qu'un nouvel incident était survenu et qu'il avait encore un interrogatoire à subir. Le jeudi 8 mai, à onze heures du soir, on le transféra de la Bastille à la Conciergerie; on le mit dans un cachot d'où l'on fit sortir le chevalier de la Bare, victime dévouée au même glaive que lui. A peine arrivé, on l'entoure; on lui enlève ses boucles, son col; en un instant il se voit dépouillé. Il attend le coup fatal avec courage. Le lendemain, après avoir pris une faible nourriture, on lui annonça qu'il fallait descendre à la chapelle. Comme il allait partir un geôlier s'aperçut qu'il avait encore sa montre, cet homme s'approcha de lui, la lui enleva et la remit à un de ses camarades qui s'écria d'un ton insolent : Monsieur le comte, c'est moi qui l'ai, et je vous la garde.

Arrivé à la chapelle, il voit des hommes armés, des greffiers, un confesseur, sept bourreaux. On lui ordonna de se mettre à genoux. — *A genoux, mon arrêt et un confesseur!* Il ne prononce que ces trois mots et obéit. On lui lit son arrêt; il l'écoute avec tranquillité; mais à peine a-t-il entendu ces mots, *trahir les intérêts du roi*, « cela n'est pas vrai, s'écrie-t-il en levant la main au ciel, je n'ai jamais trahi les intérêts du roi! » Après cette lecture, ses yeux rencontrent encore celui qui devait l'exécuter. Son cœur se soulève à cet aspect : « Moi mourir de la main du bourreau ! » En achevant ces paroles il se plonge entier dans le sein la pointe d'un compas dont il s'était servi dans sa prison pour faire des cartes de la côte de Coromandel. Le coup n'atteignit pas le cœur, la pointe du compas, quoiqu'enfoncée de quatre pouces, avait été émoussée sur une côte. On retira le fer de la plaie; on le remit entre les mains du confesseur qui prodigua des soins de toute espèce au malheureux Lally. Un mouvement de fièvre avait suivi le coup que celui-ci s'était donné. On obtint de lui qu'il se jetât sur un lit. Son confesseur se dépouilla d'une partie de ses vêtemens pour le couvrir. Étendu sur ce lit de douleur, il s'entretint avec ce vénérable ministre, qui parvint à faire passer dans son âme le calme et la résignation.

Le chapelain de la prison vint, suivant l'usage, dire le *salut*. Le comte se prosterna et entonna les prières : sa voix seule était assurée parmi toutes celles qui se faisaient entendre.

Le bourreau entra!

« Me voulez-vous quelque chose, dit Lally à cet homme qui tournait autour de lui les yeux baissés et n'osant lui parler? » Le bourreau, les larmes aux yeux, lui présente un bâillon....? « Mais on ne veut donc pas que je puisse parler même à mon confesseur? » s'écria le comte... Allons, faites ce qui vous est ordonné. Je suis innocent devant les hommes, mais je suis trop coupable devant Dieu. J'ai voulu attenter à mes jours ; il faut que j'expie ce scandale. Je vous en demande pardon à tous. » Le bourreau lui répondit en sanglotant : M. le comte, j'ai eu des ordres réitérés, et je ne puis qu'obéir : on vous l'ôtera quand vous sortirez....

On ne l'ôta pas.

Une soif ardente dévorait Lally : il demanda un verre d'eau, on le lui refusa.

Son confesseur lui avait promis de la part des magistrats qu'il partirait le soir pour le lieu de son supplice, et qu'un carrosse l'y conduirait. A quatre heures on vint lui annoncer qu'il fallait partir, et partir dans un tombereau ! On venait d'arrêter un voiturier qui passait par hasard devant la prison ; on l'avait forcé de prêter son tombereau à cet infâme ministère. On avait, sur la place même, charpenté une planche pour servir de banc. A cette vue Lally fut justement indigné ; puis portant ses yeux vers le ciel, il dit : « Allons, il faut boire le calice jusqu'à la lie ; » et il entra dans ce tombereau réservé aux assassins.

Parvenu sur la place de Grève, on voulut le conduire à l'Hôtel-de-Ville, il refusa d'y aller. Le ciel, dit-il, me fait la grâce de leur pardonner : si je les voyais une fois de plus, je n'en aurais pas le courage.

Lorsqu'il fut arrivé au pied de l'échafaud, on lui lut encore son arrêt. A ces mêmes mots, *d'a-*

voir trahi les intérêts du roi, il repoussa le greffier avec indignation et marcha à la mort sans vouloir entendre le reste. Il était déjà sur le second échelon; il descendit tout à coup, et s'adressant au seul ami qui lui restât alors dans le monde : — Eh quoi, monsieur, est-ce que vous allez m'abandonner? Et mon corps.... Moi, vous abandonner, s'écria le confesseur! Ah! monsieur, je ne vous quitterai qu'après vous avoir fait rendre les honneurs de la sépulture, et je vous réponds qu'ils vous seront rendus. — Pardon, monsieur, mon doute était un crime; je n'ai pas dû moins attendre de vous. »

Tous deux montèrent sur l'échafaud. Lally en fit le tour, promena ses regards sur l'assemblée, les reporta vers le ciel, ses yeux disaient au peuple ce que sa voix enchaînée murmurait avec peine à ceux qui l'environnaient : je meurs innocent. Qu'on m'ôte ces liens, dit-il à l'exécuteur. — Monsieur le comte, ils doivent servir à vous attacher les mains derrière le dos. — On peut me couper la tête sans me lier les mains; j'ai vu plus d'une fois la mort d'aussi près. — Monsieur le comte, c'est l'usage. — Si c'est l'usage, faites... Il se mit à genoux, demanda la posture la plus commode pour l'exécution et s'y plaça... On attacha ses mains, on découvrit sa tête blanchie au milieu des travaux et des périls de la guerre; on couvrit ses yeux du bandeau fatal... On ne frappait pas. — « Qu'attend-on encore, dit-il à l'exécuteur? — M. le comte, il n'est pas temps d'exécuter l'arrêt. » Son confesseur l'avertit qu'il était encore des vœux qu'il fallait offrir au ciel à haute voix. On lui ôta enfin cet affreux bâillon. « En ce cas, dit-il au bourreau, attends que j'aie fini, et surtout ne frappe pas que je te le dise. » Il commença d'une voix ferme une prière qu'on ne lui laissa pas achever... On le frappe, le coup porte à faux, il tombe sur le visage, un bourreau saisit sa tête, un autre son corps, un troisième le hache!....

Les nombreux spectateurs qui assistaient à ce supplice, poussent des cris d'horreur, et du milieu d'un groupe des ennemis du comte, qui étaient venus jouir de leur triomphe, on entend sortir ces mots : « Plût à Dieu qu'on l'eût manqué vingt fois ! »

L'arrêt qui condamnait Lally à la peine de mort confisquait ses biens en prélevant une somme de cent mille écus pour les pauvres de Pondichéri. On ne put trouver cette somme : et voilà l'homme que l'on accusa d'avoir vendu cette ville aux Anglais et d'avoir trahi les intérêts du roi et de l'État.

Si le comte eût été d'intelligence avec les Anglais, il serait resté parmi eux. Quant à l'accusation de péculat, il ne pouvait pas y en avoir, puisque Lally ne fut jamais chargé ni de l'argent du roi ni de celui de la compagnie des Indes.

On peut lui reprocher, sans doute, des abus de pouvoir, des oppressions; mais tout cela méritait-il la mort?... Et quelle mort !!

Le 25 mai 1778, le conseil d'état cassa l'arrêt du parlement de Paris. Le procès fut alors porté devant le parlement de Rouen qui confirma le premier arrêt. Le conseil du roi cassa ce nouvel arrêt et renvoya le jugement au parlement de Dijon qui, le 25 août 1783, confirma aussi celui de Paris et même avec plus de dureté.

Ainsi tous les efforts de la famille du malheureux comte Lally de Tolendal pour réhabiliter juridiquement sa mémoire, furent vains; mais depuis long-temps Lally était réhabilité dans l'opinion publique, et cette opinion vaut bien celle de juges ignorans ou barbares.

LANGEY (LE MARQUIS DE),

OU

LE CONGRÈS.

Jamais la biche en rut n'a pour fait d'impuissance
Traîné du fond des bois un cerf à l'audience;
Et jamais juge entre eux, ordonnant le congrès,
De ce burlesque mot n'a sali ses arrêts.

CES vers de Boileau n'ont pas été sans influence sur l'abolition d'une coutume que la morale condamnait.

La première nuit des noces d'une jolie roturière appartenait à *monseigneur* (1). Des abbés, des évêques, et entre autres les chanoines-comtes de Lyon, s'attribuèrent cette prérogative féodale en qualité de *hauts-barons* et *seigneurs temporels;* il

---

(1) « CULAGE, CULLAGE ou CULIAGE, CUISSAGE, JAMBAGE. C'était le nom très-malhonnête de cet infâme droit, en vertu duquel les seigneurs prétendaient avoir la première nuit des filles qu'on mariait. On trouve des excès de cet abus exécrable de l'autorité despotique dans presque toutes les parties de la France, et dans d'autres états. La féodalité s'attachait à la source même des générations pour les abâtardir et les dépraver. » DICTION. DE LA PÉNALITÉ, par ST-EDME; 1825, t. III, p. 316 - 317.

n'est pas jusqu'aux simples curés qui ne prétendissent au droit de *prélibation*, dont la raison populaire fit justice enfin.

Mais ce qui est digne de remarque, c'est qu'au moment où l'on proscrivait ces usages révoltans, l'épreuve du *congrès* s'établissait dans des tribunaux ecclésiastiques, et que des arrêts de cours souveraines en autorisaient l'exercice (1).

Pendant plus d'un siècle que dura cette coutume indécente, des gens sages ne cessèrent d'en demander l'abolition; il fallait le procès dont nous allons rendre compte pour y mettre fin.

Le 2 avril 1653, René de Cordouan, chevalier, marquis de Langey, âgé de vingt-cinq ans, épousa Marie de Saint-Simon de Courtomer, âgée d'environ quatorze ans.

Après quatre années d'une intelligence parfaite, l'ardeur conjugale de la marquise s'éteignit tout à

(1) « CONGRÈS. C'était un genre d'épreuve qui servait à constater la virilité ou l'impuissance, dans les questions de validité de mariage. Elle avait lieu à l'audience pardevant messieurs les juges, assistés de gens de l'art appelés à juger *de visu*. Les auteurs font remonter l'établissement du *congrès* vers le milieu du XVIe siècle, en 1540. Presque toujours l'époux intimidé perdait sa cause.... Un mari fut condamné à se séparer de sa femme comme coupable d'impuissance, et condamné pour avoir fait un enfant à sa servante. Enfin cette révoltante épreuve fut bannie des tribunaux; le 18 février 1677, elle fut abolie par un arrêt du parlement, sur le plaidoyer du président de Lamoignon, alors avocat-général. » *Ibid*, p. 264 - 265.

coup. On attribua les causes de ce changement, d'abord à l'inconstance de madame de Langey, puis au chagrin de ne pas se voir mère, enfin à quelque défaut né avec le marquis et dont la découverte n'aurait eu lieu qu'au retour d'une campagne qu'il aurait faite en Catalogne.

Quoi qu'il en soit, la dame de Langey se décida à porter plainte contre son mari, pour motif d'impuissance, par devant le lieutenant civil du Châtelet, parce que étant de la religion protestante, les parties ne pouvaient recourir à l'official.

La visite dont sa pudeur aura sans doute à souffrir, ne la trouble point; son mari, sûr de ses facultés, ne montre pas plus d'effroi.

Des experts sont nommés pour visiter les époux; la visite est faite, et les experts déclarent, dans leur rapport, que le marquis est tel qu'il doit être pour contracter mariage, et que l'état de la femme annonce que le mariage a été consommé.

La dame insiste et prétend au contraire que son état n'est pas celui d'une femme unie avec un véritable mari, mais avec un homme disgracié dont elle a vainement souffert les efforts.

Voulant sauver ce qu'il croit être son honneur, le marquis demande le congrès, et le juge l'ordonne.

La marquise, alors épouvantée, interjette appel de la sentence du juge. L'appel étant porté à la chambre de l'édit, il y a évocation au principal : arrêt interlocutoire intervient, qui confirme la sentence. Force lui fut de se soumettre.

Pour exécuter l'arrêt, on choisit la maison du nommé Turpin, baigneur. Les époux s'y rendent. Là, toutes les formalités sont observées : cinq médecins, cinq chirurgiens et cinq matrones y assistent comme juges du combat. Les adversaires se sont baignés. La lutte commence.

Soit que le marquis eût l'imagination troublée par la honte de l'épreuve, soit qu'il ne pût obtenir de la nature le secours qui lui était nécessaire, ou que la résistance et la ruse de la marquise lui eussent opposé un obstacle invincible, l'entreprise ne réussit point au mari.

Le marquis rejeta la cause de ce non succès sur le ressentiment que lui inspirait sa femme, ressentiment dont il n'avait pu se rendre maître; il exprima même la crainte qu'on n'eût employé contre lui quelque malifice, et il demanda une seconde épreuve.

On la lui refusa, et par un arrêt définitif, la *cour, sans s'arrêter à sa demande, déclare son mariage nul ; le condamne à rendre la dot et tous les fruits depuis la célébration ; compense les dommages et intérêts avec la nourriture ; lui fait défense de contracter aucun mariage, et permet à la demoiselle de Saint-Simon de se remarier.* Cet arrêt est du 16 février 1659.

Le lendemain, le marquis fit des protestations devant deux notaires; et soutenant que toute l'autorité de la cour ne saurait changer son état, il déclara que nonobstant les défenses à lui faites de se remarier, il contracterait mariage ainsi et quand il le jugerait à propos.

Cependant, on l'obligea d'exécuter l'arrêt pour les restitutions auxquelles il était condamné. Il présenta son compte à la chambre de l'édit, et ensuite à la troisième des enquêtes, après la suppression de la chambre de l'édit.

Faisant suivre ses protestations de l'effet promis, le marquis de Langey épousa Diane de Montault de Navailles, de laquelle il eut sept enfans. Les experts de la maison de Turpin et les défenseurs du congrès n'avaient jamais reçu de démenti plus formel.

De son côté, autorisée par l'arrêt, la demoiselle de Saint-Simon s'était hâtée d'épouser Pierre de Caumont, marquis de Boësse. On a dit que l'espoir de cet union n'avait point été étrangère à l'accusation d'impuissance dirigée contre René de Cordouan. Trois filles naquirent de ce mariage.

En 1670, la marquise de Boësse mourut à Paris laissant un testament notarié portant cette clause :

« Veut la testatrice, que l'on termine par ac-
« commodement le procès indécis en la troisième
« des enquêtes, entre elle et messire René de
« Cordouan, marquis de Langey; qu'on le règle
« par l'avis seul du sieur Caillard, avocat au par-
« lement, auquel elle a déclaré ses volontés,
« qu'elle veut et entend être suivies et exécutées
« de point en point, sans qu'on y puisse contre-
« venir, sous quelque prétexte que ce soit. »

Trois ans plus tard survient la mort de Caillard sans avoir rien pu terminer.

Le 3 août 1675, le marquis de Langey et Diane de Montault sa femme obtinrent un arrêt sur requête portant, conformément aux conclusions du procureur-général, autorisation de faire célébrer de nouveau leur mariage, ce qui fut exécuté.

Le 7 septembre suivant, le marquis de Langey prit des lettres en forme de requête civile contre l'arrêt définitif de 1659, qui avait prononcé la nullité de son premier mariage, et contre six autres arrêts rendus en conséquence sur la reddition du compte des biens de sa première femme. Il fit insérer dans les lettres la clause de restitution contre tous les actes approbatifs qu'il pût avoir consentis.

L'affaire portée à l'audience de la grande chambre, au rôle des jeudis, Me. Pageau plaida pour le marquis de Langey, demandeur en requête civile; Me. Blondeau pour Diane de Montault de Navailles, femme du marquis de Langey, et pour un curateur créé à leurs enfans, parties intervenantes et opposantes à l'exécution des arrêts; Me Chardon pour le marquis de Boësse, défendeur en requête civile, et Me. Nouet pour un curateur créé aux enfans du marquis de Boësse et de Marie de Saint-Simon.

Pendant une plaidoirie de onze audiences, on examina plusieurs difficultés de fait et de droit; mais particulièrement les deux suivantes:

1° L'état naturel des personnes est-il sujet aux fins de non-recevoir?

2° Est-il à propos d'ordonner le congrès dans les questions d'impuissance?

Quant au fond du procès, le marquis de Boësse et le tuteur de ses enfans soutinrent que les prétentions du marquis de Langey étaient inadmissibles, lui opposant quatre sortes de fins de non-recevoir :

1° Les arrêts intervenus contre lui;
2° Les actes approbatifs qu'il avait consentis;
3° Le long temps qu'il avait laissé écouler sans se pourvoir contre les arrêts;
4° L'état présent où les choses étaient réduites.

Le marquis de Langey et les siens disaient, au contraire, qu'il était *puissant;* que cette vérité était constante par la visite avantageuse non seulement de sa personne, mais encore de celle de Marie de Saint-Simon, et sur la foi de laquelle seule on devait confirmer leur mariage; que Marie de Saint-Simon l'avait justifié par son testament; qu'elle n'avait pu lui refuser son suffrage, après avoir surpris celui des juges, en voulant elle-même qu'on accommodât le procès; et que par ces raisons, le marquis de Langey, sa femme et ses enfans se trouvaient toujours recevables à se plaindre des arrêts qui avaient condamné le marquis de Langey comme impuissant.

Profitant des circonstances du procès, Lamoignon éleva sa voix puissante pour démontrer l'absurdité du congrès et en demander l'abolition.

Le 18 février 1677, le premier président Lamoignon prononça l'arrêt suivant; dont nous rapportons le texte entier :

« Entre messire René de Cordouan, chevalier, marquis de Langey, tant en son nom que comme héritier de messire Jacques de Cordouan, chevalier, seigneur de Membré, et dame Anne de La Noue, et de dame Marie Hatte, ses père et mère et aïeule, demandeur en lettres en forme de requête civile, obtenues en chancellerie, le 7 septembre 1675, contre l'arrêt du 8 février 1659, donné entre lui et dame Marie de Saint-Simon, d'une part; et messire Jacques de Caumont, chevalier, marquis de La Force et de Boësse, tant en son nom que comme tuteur des enfans mineurs de ladite défunte dame de Saint-Simon, son épouse, d'autre part; et encore entre le marquis de Langey, demandeur en autres lettres, en forme de requête civile, obtenues en chancellerie le 29 janvier 1676, contre les arrêts donnés entre ledit de Cordouan, ledit de La Force et ladite de Saint-Simon, les ..... 1662, 12 juillet 1665, 6 septembre 1666, 20 août 1667, et de restitution contre tous les actes approbatifs desdits arrêts, aussi d'une part; et ledit marquis de La Force, ès dits noms et qualités, défendeur, d'autre part; et encore entre dame Diane de Montault de Navailles, épouse du marquis de Langey, autorisée par justice à la poursuite de ses droits, et Jean de Narbonne, bourgeois de Paris, tuteur de Philippe, Jacques, Judith, Henri, Benjamin, René et Anne-Henriette de Cordouan, enfans mineurs desdits marquis de

Langey et de dame Diane de Montault de Navailles, demandeurs en requête du 17 juin 1676, à ce qu'ils fussent reçus parties intervenantes en ladite cause de requête civile, pendante en la cour entre ledit dė Cordouan, marquis de Langey, et ledit marquis de La Force et de Boësse, opposant à l'exécution des arrêts contre lesquels ledit marquis de Langey s'était pourvu; et faisant droit sur ladite intervention et opposition, que les parties fussent mises en tel état qu'elles étaient avant lesdits arrêts, et ledit marquis de La Force et de Boësse, condamnés en tous leurs dommages et intérêts, et aux dépens, aussi d'une part; et lesdits marquis de La Force et de Langey, défendeurs, d'autre part. Après que les plaidoyers faits par Pageau, avocat pour ledit marquis de Langey, Blondeau pour ladite dame Diane de Montault de Navailles, Chardon, avocat pour la demoiselle de La Force, et Nouet, avocat pour ledit marquis de La Force, ont été ouis pendant onze audiences, ensemble de Lamoignon pour le procureur-général du roi.

« La cour a délibéré en conseil sur le registre, suivant l'arrêt donné en plaidant, le .. janvier dernier, vu l'arrêt du conseil-d'état donné en commandement, du 13 du présent mois de février, signé Colbert, portant pouvoir à la cour de juger le rescindant et le rescisoire, nonobstant l'ordonnance de 1667, les parties ouies au conseil, pour ce mandées, et encore après que l'audience tenant les avocats ont derechef conclu, savoir : Pageau en ses lettres en forme de requête civile, Blondeau en son intervention et opposition, Chardon et Nouet à ce que les parties de Blondeau et de Pageau fussent déclarées non recevables en leurs lettres en forme de requête civile et opposition; ouï aussi derechef de Lamoignon pour le procureur-général du roi, qui a dit que l'arrêt du conseil-d'état, et le consentement passé par les parties, lesquelles auraient été entendues au conseil, avaient changé l'état de l'affaire, et donnaient pouvoir à la cour de terminer entièrement des différens qui auraient engagé les parties dans une longue suite de procès; que cet arrêt leur donnait aussi l'occasion qu'ils avaient souhaitée, et qu'ils avaient solennellement protesté lors de la plaidoirie de la cause, de ne laisser passer l'occasion lorsqu'elle se présenterait, de demander à la cour qu'il lui plût abolir pour toujours la *preuve inutile et infâme du congrès;* qu'ainsi, après qu'il aurait été fait droit sur les contestations des parties, suivant le consentement par elles prêté, il requérait, faisant droit sur ses conclusions, que défenses fussent faites à tous juges, même des officialités, d'ordonner à l'avenir dans les causes de mariage la preuve du congrès; que l'arrêt qui interviendrait fût lu, publié et enregistré au Châtelet de Paris, envoyé aux bailliages et sénéchaussées du ressort de la cour, ensemble dans les officialités, à la diligence du substitut du procureur-général du roi, et des procureurs dudit seigneur roi en cour ecclésiastique, qui seront tenus d'en certifier la cour dans le mois.

« La cour, après qu'elle en a délibéré sur le registre, et que les parties pour ce mandées ont été ouïes au conseil, a reçu la partie de Blondeau partie intervenante; et sans s'arrêter à ladite intervention, déclare les parties de Pageau et Blondeau non recevables en leurs lettres en forme de requête civile et opposition; et néanmoins ordonne que toutes les sommes adjugées par les arrêts contre lesquels les parties de Blondeau et de Pageau se sont pourvues, demeureront réduites à la somme de 65,000 livres, tant pour les principaux et toutes sommes liquidées et à liquider, dépens et généralement pour toutes les prétentions des parties de Chardon et de Nouet; condamne la partie de Pageau en l'amende, tant envers le roi que les parties, dépens de la présente cause compensés. Et faisant droit sur les conclusions du procureur-général du roi, *fait défense à tous juges, même à ceux des officialités, d'ordonner à l'avenir, dans les causes de mariage, la preuve du congrès*, ordonne que le présent arrêt sera lu, publié et enregistré au Châtelet de cette ville de Paris, et envoyé aux bailliages, sénéchaussées et officialités du ressort, pour y être pareillement lu, publié et enregistré. Enjoint aux substituts du procureur dudit seigneur en cour ecclésiastique d'y tenir la main, et d'en certifier la cour dans deux mois. »

LEBRUN.

On ne peut s'empêcher de frémir, en lisant l'histoire d'un innocent, condamné par le premier juge, et auquel les tourmens de la question arrachent la vie.

Voici un nouvel exemple de l'erreur des magistrats appelés à prononcer sur le sort de l'un de leurs semblables. Erreur funeste, qui plongea dans la tombe un honnête homme, un père de famille.

Jacques Lebrun était entré à l'âge de seize ans en qualité de domestique, chez madame Mazel, riche veuve qui occupait un hôtel rue des Maçons-Sorbonne, et il en avait quarante-cinq à l'époque où cette dame périt sous les coups d'un assassin.

La conduite irréprochable de Lebrun lui avait gagné la confiance de sa maîtresse. Il était en même temps valet-de-chambre, intendant et maître d'Hôtel. Il recevait l'argent pour elle et le mettait dans un coffre-fort qui fermait à secret. Il payait les marchands, les ouvriers, les fournisseurs, et tous n'avaient qu'à se louer de sa probité et de sa délicatesse. C'était moins pour madame Mazel un serviteur qu'un ami ; aussi l'avait-elle porté sur son testament, pour une somme de six mille livres, avec la moitié des hardes et du linge servant à son usage.

Lebrun était marié, il vivait dans l'union la plus intime avec sa femme, et il élevait ses enfans dans toutes les règles de la plus sévère honnêteté. La famille de Lebrun demeurait auprès du collége d'Harcourt. Il y avait bien dans l'hôtel plusieurs chambres vides, que madame Mazel avait offertes à Lebrun; mais comme cet hôtel était ouvert deux fois la semaine, jour et nuit à une foule de joueurs et de laquais, il avait préféré de payer un loyer, que d'exposer sa famille à entendre chaque jour la morale relâchée de ceux qui venaient habituellement dans cette maison.

Indépendamment de Lebrun, madame Mazel avait à son service deux jeunes laquais, un cocher, deux femmes de chambre et une vieille cuisinière.

Nous avons dit qu'elle était veuve. Il lui était resté trois fils de son mariage, tous pourvus de places honorables. L'aîné, René de Savonnières, était conseiller au parlement: le second, Georges de Savonnieres, seigneur de Lignières, était trésorier de France en la généralité de Paris; et le troisième, Michel de Savonnières, était major du régiment de Piémont.

Madame Mazel avait une mortelle ennemie dans la femme de son fils aîné. Elle la tenait enfermée depuis plus de douze ans dans un couvent de province, par ordre du roi. Madame de Savonnières avait été arrêtée publiquement, en plein jour, malgré les cris qu'elle jetait, en appelant son mari qu'elle savait bien n'être pas la cause de cet enlèvement, et qui, en effet, ne le permettait que par complaisance. Madame de Savonnières s'était échappée plusieurs fois du couvent, mais sa belle-mère, attentive à toutes ses démarches, l'y avait toujours fait remettre.

Le hasard voulut qu'elle fût secrètement à Paris, au mois de mars 1689, dans le temps qu'un nommé Berry, dont il sera beaucoup question plus tard, vola une somme de 1500 livres, à madame Mazel. Elle y revint encore trois mois avant l'assassinat de sa belle-mère. A cette époque, elle se tenait cachée dans une maison du faubourg Saint-Germain, et elle dit à une personne de ses amies, qu'elle rentrerait avec son mari, *dans trois mois*.

Madame Mazel s'était étroitement liée avec un ex-moine nommé l'abbé Poulard, auquel elle avait donné un appartement dans son hôtel. Cet abbé, qu'il est nécessaire de faire connaître, avait prononcé des vœux dans l'ordre des Jacobins, et après être resté vingt ans dans cet ordre, il était parvenu à surprendre des bulles, qui l'avaient transféré dans celui de Cluny, où il ne demeura jamais, ayant passé immédiatement de l'ordre de Saint-Dominique, dans la maison de madame Mazel. Cette dame l'avait admis à sa table, et l'on remarquait que ce religieux n'observait aucun jour d'abstinence, qu'il disait familièrement, et quelquefois même avec humeur, son goût sur les mets qu'on lui servait : il était rare qu'il n'y trouvât point à redire. Quant à la chambre à coucher qu'il occupait dans l'hôtel, elle ressemblait sous tous les rapports au boudoir d'une jolie femme. Enfin, il se trouvait si bien chez madame Mazel, qu'il se laissa excommunier par le grand prieur de l'ordre de Cluny, le 1er juin 1673, plutôt que de se séparer de cette dame.

Cependant, afin d'être plus libre, l'abbé Poulard jugea à propos, au bout de six ans de séjour dans cette maison, de louer dans le voisinage, une chambre où il couchait fort souvent ; alors il rentrait le matin *incognito* chez madame Mazel, au moyen d'un passepartout avec lequel il ouvrait à son gré la porte d'entrée.

Cet ex-dominicain avait une sœur nommée madame Chapelain. Elle était veuve d'un conseiller au présidial du Mans. Ses charmes avaient fait une forte impression sur le cœur du sieur de Lignères, second fils de madame Mazel. Cet amant n'épargnait rien pour gagner les bonnes grâces de celle qui était l'objet de sa passion. Six mois encore avant l'assassinat de sa mère, il lui avait fait présent d'un habit de brocard d'or et d'argent avec tout l'assortiment, les bas de soie, les souliers brodés, et les plus riches coiffures ; mais la jeune veuve, tout en acceptant les dons du trésorier de France, lui tenait rigueur, et le mariage seul pouvait apprivoiser cette vertu farouche. Ce mariage n'était pas moins avantageux à l'abbé Poulard qu'à sa sœur : les deux partis le désiraient également; mais madame Mazel s'y opposait : il n'y avait que sa mort qui pût laisser les deux amans libres de le contracter.

Dans le testament que nous avons cité plus haut, madame Mazel, après avoir parlé de l'abbé Poulard sous la qualité de père Poulard, ci-devant religieux jacobin, instituait son fils aîné son légataire universel, à la charge de loger et nourrir ledit sieur Poulard. Elle avait, en outre, légué la moitié de ses hardes et de son linge à Anne Ledoyen, l'une de ses femmes de chambre (l'autre moitié, comme on sait, devait revenir à Lebrun). Ce testament, déposé chez un notaire, était connu; mais elle répétait souvent qu'elle était dans l'intention d'en changer les dispositions.

L'hôtel occupé par madame Mazel avait quatre étages. On entrait au premier par le grand escalier, dans une salle servant d'office, et dans laquelle était une armoire où l'on serrait l'argenterie : une des femmes de chambre en avait la clé. Dans cette salle, on avait pratiqué, du côté de la rue, un retranchement où couchait Lebrun, lorsqu'il n'allait pas coucher chez lui. Le reste de cet étage consistait en un appartement de réserve, où madame Mazel recevait les personnes qui venaient jouer chez elle.

La chambre à coucher de cette dame était au second, ayant vue sur la cour. Cette chambre était précédée de deux antichambres, dont l'une, qui donnait sur le grand escalier, restait toujours ou verte; l'autre se fermait quand madame Mazel était couchée.

On avait pratiqué dans la porte de la chambre à coucher, au-dessus de la serrure, un petit trou que l'on bouchait avec une cheville. Quand la maîtresse de la maison était indisposée, et ne voulait pas se lever pour ouvrir elle-même, on introduisait par ce petit trou un crochet qui ouvrait la porte, en poussant le bouton attaché au pêne. Ainsi, on voit qu'elle couchait seule dans ce vaste emplacement, et qu'elle n'était nullement en sûreté.

Il y avait dans la chambre à coucher de madame Mazel deux autres portes, dont l'une s'ouvrait sur un petit escalier dérobé : on entrait par l'autre dans une garderobe qui avait son issue sur le même petit escalier. La première de ces portes était dans la ruelle du lit, et pouvait s'ouvrir par madame Mazel, quand elle était couchée et sans qu'il fût besoin qu'elle se levât. Elle avait à son lit des cordons de sonnettes, et ces sonnettes étaient à la porte de ses femmes de chambre. Dans la garderobe se trouvait une armoire dont on mettait la clé au chevet du lit de madame Mazel, et dans cette armoire était la clé du coffrefort.

Excepté la chambre habitée par l'abbé Poulard, le troisième étage de l'hôtel était entièrement vide. Cette chambre était au-dessus de la garderobe; elle avait son entrée par ce petit escalier qui donnait sur la ruelle du lit de madame Mazel. Il est donc bien constant que cette dame couchait seule dans un vaste appartement, et que personne n'habitait ni au-dessus ni au-dessous d'elle, hors l'abbé Poulard, qui de sa chambre, comme nous venons de l'expliquer, avait une communication particulière et secrète avec celle où elle couchait.

Le quatrième étage était occupé par les deux femmes de chambre et les deux jeunes laquais.

La cuisinière couchait en bas dans un bûcher, et le cocher dans une écurie. Celui-ci était chargé du soin de la porte cochère, dont la grosse clé demeurait accrochée à un clou dans la cuisine, où tous les domestiques pouvaient la prendre.

Au-dessus de tout le bâtiment régnait un vaste grenier toujours ouvert, et dans lequel était une lucarne par laquelle on allait facilement sur une gouttière placée entre deux toits, et qui continuait fort avant le long des maisons. Ce grenier restait toujours ouvert.

A tous ces détails, il est important d'ajouter celui-ci. Quelque temps avant l'assassinat de madame Mazel, elle avait retiré des mains de Lebrun un passepartout dont il se servait pour entrer et sortir à son gré; elle avait remis ce passepartout à l'abbé Poulard. Cependant Lebrun en avait toujours eu un dont il n'avait point cessé de faire usage.

Tels sont les faits qui précédèrent le crime horrible dont nous allons donner les détails.

Le 27 novembre 1689, les filles de Lebrun allèrent voir madame Mazel après son dîner. Elle les reçut avec amitié, les engagea à revenir la voir, et les quitta pour aller à vêpres (c'était le premier dimanche de l'Avant). Lebrun lui donna le bras, les deux laquais les suivirent. Arrivés tous quatre au couvent des religieux de Prémontré de la rue Hautefeuille, on se sépara; Lebrun retourna à l'hôtel de sa maîtresse. De là, il alla à un jeu de boules d'où il sortit avec un nommé Lagiée, serrurier, qui avait épousé une cuisinière de madame Mazel. Ils se rendirent chez un rôtisseur acheter ce qui leur était nécessaire pour souper ensemble. Lebrun monta un instant chez sa femme; puis à huit heures, il alla rue du Battoir chez la dame Duvau, reprendre sa maîtresse, avec les deux laquais et le cocher, suivant l'ordre qu'elle en avait donné. Après l'avoir remise à l'hôtel, il rejoignit Lagiée pour souper avec lui. Le plaisir lui fit oublier son devoir.

Madame Mazel soupa en tête à tête avec l'abbé Poulard, comme à son ordinaire. Celui-ci répéta plusieurs fois pendant le repas et avec une sorte d'affectation, qu'il irait coucher dans sa chambre en ville. Madame Mazel se coucha à onze heures. Ses deux femmes-de-chambre ne l'avaient pas encore quittée, lorsque Lebrun vint gratter à la porte qui donnait sur l'escalier dérobé. Madame Mazel ayant demandé qui c'était, une des femmes de chambre répondit : c'est M. Lebrun. Voyant qu'on n'ouvrait point de ce côté; celui-ci fit le grand tour, et revint par le grand escalier. Madame Mazel lui dit : « *Voilà une belle heure!* » Puis elle lui donna ses ordres pour le souper du lendemain, jour de réception. Lebrun sortit avec les deux femmes de chambre, et causa quelque temps avec elles : il leur parut aussi tranquille qu'à son ordinaire.

Lorsqu'il les eut quittées, il descendit à la cuisine, posa son chapeau sur la table, prit la clé de la grande-porte, dans l'intention de la fermer, la mit sur la table et se chauffa. Il s'endormit insensiblement. Lorsqu'il se réveilla, il entendit l'horloge voisine sonner une heure, mais il ignorait si elle n'avait pas sonné d'autres coups avant celui qu'il venait d'entendre. Il alla fermer la porte qu'il trouva entièrement ouverte, et emporta la clé dans sa chambre. Il prenait rarement cette précaution.

Le lendemain de grand matin, comme il allait à la boucherie et à la Vallée, il rencontra un libraire de sa connaissance avec lequel il s'entretint quelques instans, et qui assura lors de l'instruction du procès, que Lebrun avait l'esprit aussi libre et aussi gai que de coutume.

Le boucher chez lequel il alla, et qui fournissait la maison, dit partout que Lebrun l'avait prié d'envoyer promptement la viande chez madame Mazel, pour que l'on pût faire le bouillon de cette dame. Il assura que Lebrun lui avait paru fort tranquille. Ce dernier fut rencontré aussi par trois autres de ses amis qui l'accompagnèrent jusque dans l'hôtel. Ayant quitté son manteau, l'un d'eux le mit en badinant sur ses épaules. Lebrun qui était aussi de bonne humeur, prit une éclanche qui se trouva sous sa main, et en frappa sur le dos de son ami en disant : « Il m'est bien permis de battre mon manteau tant que je voudrai. »

On se demande si un homme qui vient de commettre un grand crime peut conserver cette tranquillité d'âme, cette présence d'esprit?

Lebrun ayant congédié ses amis, alla faire quelques apprêts dans la cuisine, et donna du bois aux laquais pour la chambre de madame Mazel.

Cependant, il était huit heures, et cette dame n'avait pas encore sonné ses femmes de chambre, quoique pour l'ordinaire, elle s'éveillât tous les matins à sept heures. Lebrun alla chez sa femme; il lui témoigna de l'inquiétude de ce que *madame* n'était pas éveillée. Il lui donna sept louis et quelques écus d'or à garder. Revenu à l'hôtel, il trouve tous les domestiques alarmés du silence de leur maîtresse. On frappe aux différentes portes de sa chambre en criant : *madame Mazel!* On ne reçoit aucune réponse : alors l'alarme redouble. On craint qu'elle n'ait été frappée d'une apoplexie foudroyante : « Il faut que ce soit quelque chose de pis, dit Lebrun; je suis fort inquiet d'avoir vu la nuit la porte de la rue ouverte. »

On courut au palais avertir De Savonnières. Arrivé à l'hôtel de sa mère, il envoya chercher un serrurier pour ouvrir la porte de la chambre : « Qu'est-ce que cela, dit-il à Lebrun? Il faut que ce soit une apoplexie. » Quelqu'un ayant fait observer qu'il fallait un chirurgien, Lebrun répliqua : « il n'est point question de cela, c'est bien pis; il faut qu'il y ait de la mal-façon : je suis bien inquiet à cause de la grand'-porte que j'ai vue ouverte cette nuit. »

Le serrurier arrive : on ouvre. Lebrun entre le premier, court au lit de madame Mazel, ouvre les rideaux, et s'écrie : « Madame est assassinée ! » Puis il entre dans la garde-robe, ôte une des barres de la fenêtre qu'il ouvre pour donner du jour; ensuite il soulève le coffre fort qui était bien fermé, et dit : « elle n'est point volée; qu'est-ce que cela ? »

De Savonnières envoya chercher sur le champ le lieutenant criminel et des chirurgiens pour visiter le corps de sa mère. On lui trouva cinquante coups de couteau, dont un grand nombre aux mains, aux bras, au visage et au cou. On trouva dans le lit, qui était tout rempli de sang, un morceau de cravate de dentelle, une serviette tournée en forme de bonnet de nuit, portant la marque de la maison. Il était présumable qu'en se défendant, madame Mazel avait arraché à l'assassin ce morceau de cravate et cette serviette. On trouva même dans une de ses mains quelques cheveux. Les cordons des sonnettes étaient tournés à la tringle de la housse du lit et serrés à deux nœuds, en sorte qu'en les tirant on ne remuait que le lit. On trouva enfin dans les cendres un couteau à secret. La clé de la chambre n'était pas sur le siége où on la mettait ordinairement le soir, et il n'y avait aucune fracture aux portes, ni de l'antichambre, ni de la chambre. On remarqua que la cheville qui bouchait le petit trou paraissait y avoir été mise depuis long-temps. Les deux portes qui donnaient sur l'escalier dérobé étaient fermées en dedans, chacune avec un crochet.

La clé de l'armoire était au chevet du lit comme à l'ordinaire. L'armoire fut ouverte; on y trouva la bourse dans laquelle on mettait l'argent des cartes; elle contenait une somme de 278 livres. On tira de l'armoire la clé du coffrefort que l'on fit ouvrir par le serrurier qui n'en vint à bout qu'avec beaucoup de peine. On trouva dans ce coffre plusieurs sacs pleins d'argent, une bourse ouverte au fond de laquelle était un demi-louis, et toutes les pierreries de madame Mazel, qui pouvaient valoir quinze mille livres. On trouva encore dans les poches de cette dame dix-huit pistoles en or. Tout cela fit croire d'abord que l'assassin n'avait pas été conduit par le dessein de voler.

Le lieutenant criminel procéda sur le champ à l'interrogatoire des deux femmes de chambre et de Lebrun. Les femmes racontèrent ce qui s'était passé au coucher de leur maîtresse, et Lebrun ce qu'il avait fait depuis. On le fouilla; il était porteur de la clé de l'office et d'un passepartout dont les ouvertures étaient fort larges, et qui se trouva propre à ouvrir le demi-tour de la serrure de la porte de la chambre de madame Mazel. Quand cette dame était couchée, la porte n'était jamais fermée autrement.

A la suite de cette découverte Lebrun fut gardé à vue. On lui mit sur la tête la serviette tournée en forme de bonnet de nuit, et qui parut lui être *trop juste*. On examina ses mains : il ne les avait pas encore lavées ce jour là ; on les lui fit laver. On n'y remarqua aucune trace d'égratignure, aucune tache de sang, et l'eau n'en reçut aucune empreinte. Enfin, après avoir fait une légère perquisition dans son coffre où l'on ne trouva rien qui pût déposer contre lui, il fut envoyé en prison et sa femme fut en même temps arrêtée. On mit les scellés à l'appartement de madame Mazel.

Le 29, le lieutenant criminel vint interroger le reste des laquais. Ce jour là, on trouva au bas du petit escalier, une longue corde neuve, tenant à un croc de fer à trois branches. Elle paraissait destinée à servir d'échelle. Dans la même journée on découvrit dans un des greniers de l'hôtel, sous un morceau de paille, une chemise ensanglantée et un col de cravate taché de sang aux deux bouts seulement. On fit une perquisition dans l'office qui servait de chambre à Lebrun ; on alla chez sa femme et l'on ne fit aucune découverte à son désavantage. On saisit seulement son linge comme pièce de comparaison avec la chemise et le col de cravate trouvés dans le grenier.

Des experts furent nommés par le lieutenant criminel pour examiner tout ce qui pourrait servir d'indice.

Les couteliers déclarèrent qu'il n'existait aucun rapport entre un couteau trouvé sur Lebrun et celui qu'on avait découvert dans les cendres, sinon que tous les deux avaient été fabriqués à Châtellerault, et paraissaient avoir été affilés par la même main.

Les perruquiers auxquels on représenta les cheveux trouvés dans une des mains de madame Mazel, dirent qu'il y en avait trop peu pour qu'on pût y rien connaître.

Les lingères ne trouvèrent aucun rapport entre la chemise ensanglantée et celles de Lebrun. Elles n'en trouvèrent pas non plus entre le col; le morceau de cravate taché de sang et les cravates de Lebrun. Les deux femmes de chambre dirent qu'elles n'avaient jamais vu cette cravate à Lebrun; qu'elles croyaient l'avoir blanchie à un laquais de leur maîtresse, nommé Berry, qu'elle avait chassé depuis quatre mois, parce qu'il l'avait volée.

Il n'existait aucun rapport entre la corde nouée trouvée au bas du petit escalier, et quelques cordes trouvées dans la chambre de Lebrun.

Les serruriers firent la remarque, par un premier rapport, que le passepartout trouvé sur lui était fort différent de celui de la cuisinière; que ce passepartout ouvrait non seulement la porte de la rue, mais encore celles de l'antichambre et des deux chambres de madame Mazel; celui de la cuisinière n'ouvrait que la porte de la rue. Par un second rapport du 11 janvier 1690, ils firent observer que le passepartout de Lebrun ouvrait non seulement le demi-tour, mais encore le double tour des quatre serrures de la grande porte, des portes de la chambre et de l'antichambre.

L'abbé Poulard mit tout en usage pour induire la justice et le public en erreur. Il disait hautement en tout lieu, tantôt que Lebrun seul était coupable de l'assassinat, tantôt il débitait un roman contre l'honneur et la mémoire de madame Mazel.

Il répondait, et les ennemis de Lebrun le répétaient avec lui : « Que cette dame avait eu dans sa jeunesse un enfant d'un grand seigneur qui lui avait laissé pour lui une forte somme d'argent. Que cet enfant était ce même Berry qui avait été jadis son laquais et qui l'avait volée. Que Lebrun espérant d'en faire son gendre lui avait révélé le secret de sa naissance. Qu'il l'introduisit la nuit dans la chambre de madame Mazel, pour la prier de lui rendre justice; mais que cette cruelle mère l'ayant pris à la gorge et voulant l'étrangler, il fut contraint, malgré lui, de se défendre avec son couteau, ne la frappant seulement que pour se tirer de ses mains, et n'ayant aucun dessein de la tuer. »

Cependant l'abbé Poulard, qui débitait cette fable absurde avec tant de complaisance en savait la fausseté mieux que personne. Il n'ignorait pas que Berry était né à Bourges où il avait son père et sa mère. Le premier maître qu'il avait servi était un chanoine de cette ville, nommé l'abbé Guenois; depuis il avait été domestique chez Benard de Resé, et enfin chez madame Mazel qu'il vola.

N'aurait-on pas été en droit de dire à l'ex-dominicain: Si l'histoire de Berry et l'événement funeste qui en a été la suite sont exacts, comment se fait-il que vous soyez si bien informé de tous les détails de cette horrible nuit? Étiez-vous donc dans la confidence?

On ne l'interrogea même pas. Dans l'hôtel il y avait d'autres domestiques; pourquoi ne pas confronter leur linge avec la chemise et la cravate ensanglantées? Pourquoi ne leur fit-on pas essayer la serviette tournée en bonnet de nuit?

D'ailleurs, sous le point de vue de la complicité, des soupçons pouvaient se diriger sur la femme de De Savonnières que madame Mazel tenait enfermée dans un couvent depuis bien des années, et qui à son dernier voyage secret à Paris, avait dit publiquement qu'elle serait libre *dans trois mois.*

Ces soupçons, quelque vagues qu'ils pussent être, pouvaient conduire à la vérité. Madame Savonnières était détenue à Bourges; Berry était né dans cette ville; il y était venu après avoir volé Madame Mazel. Pourquoi soupçonner plutôt Lebrun que ce misérable?

A l'époque de l'assassinat on avait revu Berry à Paris. La chemise ensanglantée allait à sa taille : la cravate déchirée était la sienne; et il ne fut pas même nommé dans l'instruction!

O magistrats! quel aveuglement était le vôtre!

Que la conduite de Lebrun était bien différente de celle de ses accusateurs. Après la mort de sa maîtresse il conservait encore pour elle tout le respect dont il n'avait jamais cessé de lui donner des preuves pendant sa vie; car il ne voulut pas dire en justice des choses qui pouvaient servir à sa justification, dans la crainte de donner sujet de former contre elle des pensées qui auraient pu ternir sa mémoire. Interrogé sur la position de l'appartement qu'occupait l'abbé Poulard, et sur la communication secrète qu'il avait avec celui de madame Mazel, il répondit que cela n'était pas du procès.

Le 14 janvier 1690, De Savonnières présenta requête au lieutenant criminel, tant en son nom qu'au nom de ses deux frères, par laquelle il demanda que « Lebrun fût déclaré duement atteint et convaincu d'avoir tué et massacré la dame Mazel, sa maîtresse, de lui avoir volé tout l'or qu'elle avait dans son coffrefort, à l'exception d'un demi-louis; qu'il fût déclaré indigne et déchu du legs que ladite dame lui avait fait par son testament; condamné à restituer ledit vol et en outre à tels intérêts civils qu'il plairait à la cour arbitrer, et aux dépens du procès.

Parmi les moyens qui servaient de fondement à cette demande, nous ne citerons que celui qui suit : « Enfin rien ne prouve mieux que c'est à une main domestique qu'il faut attribuer ce crime, que la corde nouée qui s'est trouvée au bas de l'escalier. C'est un stratagème que le meurtrier a mis en usage pour faire tomber les soupçons sur un étranger, puisque les nœuds qui ne sont pas serrés, annoncent qu'il n'en a fait aucun usage pour monter nulle part.

« Dès qu'on est parvenu à s'assurer qu'il n'y a qu'un domestique qui puisse être l'auteur de l'assassinat, sur quel autre les soupçons peuvent-ils tomber que sur Lebrun? Tout lui avait été facile;

et lui seul pouvait franchir tous les obstacles. Resté seul éveillé dans la maison lorsque tout le monde était endormi, ayant un passepartout qui ouvrait à son gré la chambre de sa maîtresse; ayant seul du feu à sa disposition, pour se procurer la lumière dont il avait besoin pour le conduire partout où l'appelaient les précautions qu'il crut devoir prendre pour détourner les traces de son crime; maître de la clé de la grande porte qu'il ferma à double tour, afin de ne pas être surpris par l'abbé Poulard, qui avait couché hors de la maison, et qui sans cette précaution, aurait pu, au moyen de son passe-partout, rentrer à l'improviste, tout annonçait, en un mot, que c'était un domestique qui avait fait le coup, et tout annonçait que nul autre ne pouvait l'avoir fait que Lebrun. »

Me. Barbier d'Aucourt se chargea de la défense de l'accusé, et composa un premier *factum*. Il fit valoir en faveur de son client les présomptions qui naissaient de sa bonne réputation, de la régularité de ses mœurs, du soin qu'il prenait d'élever sa famille dans des principes d'honneur, de son amour pour la vertu qui lui faisait sacrifier la dépense d'un loyer à la crainte qu'il avait que ses filles ne fussent exposées dans la maison de sa maîtresse, où il aurait pu les loger; de la fidélité avec laquelle il avait, pendant un si grand nombre d'années, répondu à la confiance dont madame Mazel l'avait honoré, enfin de l'attachement aussi sincère que respectueux qu'il avait constamment montré pour elle.

L'avocat, ayant établi les moyens qui devaient faire présumer l'innocence de l'accusé, passa aux faits, qui, selon lui, en démontraient la vérité. Il rappela la tranquillité d'ame de Lebrun la veille de l'assassinat ainsi que le lendemain jusqu'au moment où l'on eut connaissance de ce malheur. Il vint ensuite aux circonstances qui accompagnèrent la découverte du meurtre. Madame Mazel ayant été trouvée dans son lit, morte et assassinée, tous les domestiques furent arrêtés et interrogés; mais Lebrun resta seul accusé, quoiqu'il n'y eût rien contre lui, ni dans les dépositions, ni dans les indices. Puis il fait remarquer : 1° Que Lebrun ne portait sur lui aucune trace de sang; 2° que le couteau trouvé dans les cendres a été reconnu pour ne lui avoir jamais appartenu ; 3° que la moitié de la cravate déchirée et tachée de sang trouvée sur le lit de la victime ne lui appartenait pas non plus, car depuis plusieurs années il ne portait plus de cravate à dentelle, mais seulement de mousseline; 4° que la serviette tournée en forme de bonnet de nuit, trouvée aussi sur le lit de madame Mazel, est une preuve complète de l'innocence de l'accusé, puisque ce bonnet était beaucoup trop étroit pour sa tête : 5° enfin que la chemise ensanglantée découverte dans le grenier sous de la paille ne se rapporte nullement avec celles de Lebrun ni pour la qualité de la toile, ni pour la marque, et encore moins pour la taille.

Mais tout le talent et le zèle de Me d'Aucourt furent sans succès. Le passepartout que Lebrun s'était procuré, quoique sa maîtresse lui eût retiré celui qu'il avait et qui se trouva propre à ouvrir la porte de la chambre à coucher, parut aux juges du Châtelet un indice convaincant du crime, ou du moins de la complicité de l'accusé. De onze qui opinèrent, trois conclurent à un plus ample informé, deux à la question préparatoire, et six à la mort.

La sentence rendue le 18 janvier 1690 déclare : « Lebrun atteint et convaincu d'avoir eu part au « meurtre de la dame Mazel ; pour réparation de « quoi il est condamné à faire amende honorable, « à être rompu vif, et à expirer sur la roue, préa- « lablement appliqué à la question ordinaire et ex- « traordinaire pour avoir révélations de ses com- « plices ; tous ses biens confisqués au roi, ou à qui il « appartiendra ; sur iceux préalablement prise la « somme de 500 livres d'amende, au cas que confis- « cation n'ait pas lieu au profit du roi ; 800 livres de « réparation civile, dommages et intérêts envers « messieurs de Savonnières, 100 livres pour faire « prier Dieu pour l'ame de la dame Mazel ; ledit Le- « brun déclaré indigne des dispositions et legs faits « à son profit par le testament de ladite dame Mazel, « et condamné en tous les dépens, sursis à plus « ample instruction contre Madeleine Tisserel, « femme de Lebrun, jusqu'après l'exécution. »

L'appel fut porté à la Tournelle, Me d'Aucourt prit encore la défense de Lebrun. Il exposa, dans un second *factum*, ses moyens avec méthode et clarté. Enfin le mercredi 22 février suivant, l'affaire fut mise sur le bureau. Vingt-deux juges opinèrent. Deux seulement furent d'avis de confirmer la sentence, quatre d'ordonner qu'il en serait plus amplement informé et les seize autres qu'il serait appliqué à la question ordinaire et extraordinaire.

Cet avis forma l'arrêt.

Le lendemain 23, Le Nain, rapporteur, accompagné de Fraguier, fit livrer Lebrun aux tortures. Cet infortuné protesta toujours de son innocence.

Le 27 du même mois, intervint un arrêt qui infirma la sentence de mort rendue au Châtelet, et ordonna qu'il serait plus amplement informé contre Lebrun et sa femme pendant un an; que Lebrun garderait prison, et sa femme serait en liberté. On réserva à faire droit sur la demande en nullité du legs fait à son profit, par le testament de Madame Mazel et sur celle en dommages et intérêts, que les accusés avaient formée contre les accusateurs.

Par suite de cet arrêt, Lebrun qui jusque alors avait toujours été au secret eut la liberté de voir sa famille et ses amis; mais il ne jouit pas long-temps de cette grace; huit jours après ce jugement, il mourut des suites des tortures, protestant encore devant Dieu de son innocence. Il fut inhumé devant l'autel de la Vierge de l'église de Saint-Barthélemi.

Le 27 mars de la même année, Berry fut arrêté

à Sens par les soins de Jessey, lieutenant de la maréchaussée de cette ville, qui avait été averti qu'un particulier nommé Gerlat dit Berry, autrefois domestique de madame Mazel, y faisait trafic de chevaux. Berry offrit à ceux qui l'arrêtèrent une bourse pleine de louis s'ils voulaient le laisser évader. On trouva sur lui une montre qu'on avait vue à madame Mazel le jour même qui précéda la nuit où elle fut assassinée. On le transféra à Paris ; plusieurs témoins déclarèrent l'y avoir vu à l'époque du meurtre. La procédure marcha avec célérité. Quelques soupçons s'élevèrent enfin sur l'abbé Poulard, qui fut décrété de prise de corps, arrêté, conduit à la conciergerie et confronté à Berry. Depuis cette confrontation, un voile épais couvrit le sort de ce religieux ; il n'en fut plus question dans le procès. Il est présumable qu'on ne l'avait pas trouvé coupable du crime pour lequel il avait été arrêté, mais que pour éviter le scandale de la vie irrégulière de cet apostat de deux ordres à la fois, les juges le remirent à la disposition de l'autorité ecclésiastique.

Quoi qu'il en soit, les preuves contre Berry s'accumulèrent et devinrent si évidentes, que le 21 juillet 1690 le parlement le condamna à faire amende honorable, à être appliqué à la question et à être rompu vif, comme atteint et convaincu du meurtre commis sur la personne de madame Mazel.

Appliqué à la question le lendemain 22, Berry voulut charger Lebrun; mais, quand il fut conduit, le soir, à la place de Grève, il crut devoir décharger sa conscience des calomnies atroces qu'il avait ajoutées à ses autres crimes. Il demanda en conséquence à parler au rapporteur Le Nain, qui était à l'hôtel-de-ville accompagné du conseiller Gilbert. Là il fit une déclaration circonstanciée qui dura plus d'une heure.

Lui seul était l'auteur du meurtre et du vol.

Il dit: Que le mercredi 23 novembre 1689, il arriva à Paris, à l'auberge du Chariot d'or, dans « l'intention de voler la dame Mazel; que le vendredi suivant, sur la brune, il entra dans la « maison de cette dame, dont il trouva la porte « de la rue ouverte; que n'ayant rencontré personne dans la cour, il monta dans le petit grenier « auprès de celui de l'avoine, qu'il y resta, et s'y « nourrit de pommes de terre et de pain qu'il « avait apportés, jusqu'au dimanche onze heures « du matin; que sachant que c'était l'heure que « la dame Mazel avait accoutumé de sortir, pour « aller à la messe, il descendit du grenier dans sa « chambre, qu'il trouva ouverte: les filles de « chambre venaient de la faire, ce qu'il jugea, « parce qu'il y avait encore de la poussière; « qu'ayant voulu se cacher sous le lit, il n'y put « entrer avec son justaucorps; qu'il le quitta « avec sa camisole dans le grenier où il remonta, « qu'il descendit en chemise dans la chambre, où « il ne trouva encore personne, il se cacha sous le « lit; que l'après-dînée, la dame Mazel étant sortie de sa chambre pour aller à vêpres, il sortit

« de dessous le lit, et que son chapeau l'incom-
« modant, il l'y laissa, et prit derrière le miroir,
« une serviette dont il se fit un bonnet, et dans ce
« temps, il noua à deux nœuds les cordons de la
« sonnette à la tringle du lit; qu'il se chauffa, et
« resta auprès du feu, jusqu'au soir qu'il entendit
« entrer le carrosse dans la cour; rentra sous le
« lit, et y demeura jusqu'à minuit; qu'y ayant alors
« une heure que la dame Mazel était couchée, il
« sortit de dessous le lit, il la trouva éveillée;
« qu'il lui demanda de l'argent; qu'elle se mit à
« crier, et qu'il lui dit: *Madame, si vous criez,*
« *je vous tue;* qu'ayant voulu tirer la sonnette,
« elle ne trouva point de cordons; que dans ce
« temps-là, il tira son couteau, et lui en donna
« quelques coups; qu'elle se défendit un peu;
« mais que, manquant de force, elle se laissa al-
« ler sur le lit, le visage sur la couverture; qu'il
« lui donna plusieurs coups, jusqu'à ce qu'elle fût
« morte; et que, si elle n'avait point crié, il ne
« l'aurait pas tuée; qu'ensuite il alluma de la chan-
« delle, et prit à côté du lit la clé de l'armoire;
« que dans l'armoire, il prit les clés du coffre-
« fort, et l'ouvrit sans aucune peine; qu'il prit
« tout ce qu'il y avait d'or qui était dans une
« bourse, qui pouvait monter à 5 ou 6,000 livres,
« ce qu'il mit dans un sac de toile, qu'il prit dans
« le coffre, où il y avait quelque peu d'or; qu'en-
« fin, il ferma le coffre, en remit les clés dans
« l'armoire, où il prit la montre d'or qui lui a été
« représentée; qu'il mit la clé de l'armoire auprès

« du lit où il l'avait prise, et où il savait que la « dame Mazel avait accoutumé de la mettre; qu'il « jeta dans le feu son couteau, qui est le même « qui lui a été représenté; qu'il avait au cou une « cravate ; qu'il ne sait ce qu'elle devint, « et qu'il laissa dans le lit le bonnet qu'il « s'était fait d'une serviette; qu'ayant pris son « chapeau qui était sous le lit, il sortit de la cham- « bre dont il trouva la clé sur un siège, près de la « porte; qu'il s'en servit pour la fermer, dans la « crainte qu'en la tirant sans clé, il ne fît trop de « bruit; que la porte de l'antichambre étant fer- « mée, il l'ouvrit et la laissa ouverte; qu'il monta « dans le petit grenier; qu'il faisait pour lors clair « de lune; qu'il lava ses mains avec son urine; « qu'il ôta sa chemise, et la laissa sous la paille, « qu'il ne se souvient pas s'il y laissa sa cravate, ou « le col; qu'il remit sa camisole et son juste-au- « corps sans chemise; qu'ensuite il descendit, et « qu'il pouvait bien alors être une heure après « minuit; qu'il alla à la porte de la rue; qu'il tâta « si les verroux étaient fermés; que les ayant « trouvés ouverts, il ouvrit le petit pêne, sortit et « laissa la porte ouverte; qu'il avait apporté une « échelle de corde, dans la poche de son justau- « corps, à dessein de descendre par une fenêtre « du premier étage, en cas qu'il trouvât la porte « de la rue fermée à la clé; qu'il laissa cette échelle « au pied du petit escalier; qu'étant sorti, il jeta « la clé de la chambre dans une cave de la rue des « Maçons, qu'il s'en retourna au Chariot d'or, fit

« lever la servante, qui lui vint ouvrir la porte, et « se coucha. Que tout ce qu'il vient de dire est la « vérité, comme Dieu est au ciel, et comme il « tient un crucifix dans les mains. »

Après cette déclaration, Berry marcha à l'échafaud, avec le même courage, la même résolution qui l'avait déterminé au crime. Il fut exécuté.

L'innocence de Lebrun ayant été mise au grand jour par les aveux de Berry, la réhabilitation de sa mémoire, la restitution des effets qu'on lui avait enlevés, et la délivrance des legs qui lui avaient été faits, semblaient ne devoir présenter aucune difficulté; et cependant sa veuve resta encore pendant sept mois dans les liens du plus amplement informé. La question était de savoir si les Savonnières, ayant fait condamner Lebrun à une question cruelle qui avait été la cause de sa mort, étaient tenus à des dommages-intérêts envers sa femme et ses cinq enfans.

L'affaire fut plaidée avec éclat; le parlement, par arrêt du 30 mars 1694, réhabilita la mémoire de Lebrun, confirma sa succession dans son legs de 6,000 livres, et condamna seulement les Savonnières aux intérêts de cette somme, à partir du 27 novembre 1689, et en tous les dépens.

Ainsi, on compta pour rien les tourmens que Lebrun avait soufferts et qui avaient amené sa mort : les Savonnières étaient puissans et riches, et la veuve du malheureux Lebrun n'avait pour elle que son bon droit!

LEFIOT,

OU

L'ENFANT SACRIFIÉ.

Un notaire de Nevers, pourvu de sa charge en 1731, époque de sa majorité, se maria pendant le cours de la même année, et eut plusieurs enfans, qui tous périrent en bas âge, à l'exception d'un fils. Sa femme suivit de près ses enfans.

Sa famille était une des plus honorables du Nivernais.

Occupé des devoirs de son état, doyen des officiers de la bourgeoisie de Nevers, chargé en outre des fonctions du ministère public dans cinq justices différentes, Lefiot, c'est le nom de ce notaire, forcé souvent d'abandonner sa maison durant plusieurs jours, regrettait d'être obligé de la confier à des étrangers. Afin de concilier ses devoirs avec ses intérêts, il conçut le projet de se remarier, et fit choix de Marie Dufour, âgée de vingt-trois ans, née dans le sein d'une famille honnête; il l'épousa le 10 février 1750.

Trois enfans naquirent de cette union, un fils et deux filles. L'aînée de ces deux filles mourut des suites des affreux traitemens que ses parens lui firent subir.

Voici ce que porte la plainte :

« Qu'Anne Lefiot avait été trouvée morte dans une cave; que la femme qui l'a ensevelie avait remarqué, à l'un des jarrets du cadavre, une blessure de la longueur du doigt; que Lefiot est soupçonné d'avoir exercé de mauvais traitemens sur sa fille; qu'il ne l'aimait pas, sous le prétexte qu'elle avait été changée en nourrice; que Lefiot, après avoir attaché avec des cordes sa fille à un poteau, ayant été prévenu qu'elle avait brisé ses liens et s'était cachée dans un coffre, il avait mis du bois sur ce coffre pour l'empêcher d'en sortir, et que l'enfant était restée ainsi enfermée pendant trois ou quatre jours, sans boire ni manger; qu'au bout de huit jours, sa mère l'avait fait sortir de ce coffre pour la conduire à la cave où elle avait été renfermée; qu'on avait entendu cette fille dans la cave, demandant du pain à grands cris, et que, depuis ce temps jusqu'à sa mort, elle a toujours été renfermée dans cette cave. »

Et dans une adjonction à cette plainte, on lit :

« Que sept à huit ans avant la mort de cette enfant, son père et sa mère l'avaient enfermée plusieurs fois dans une étable destinée aux animaux les plus immondes; que l'ayant emprisonnée dans un grenier, et s'étant aperçus que cette infortunée y avait mangé des pommes sauvages, son père l'avait jetée, par l'ouverture de ce grenier, sur le sol d'une grange qui est au-dessous; enfin, que Lefiot et sa femme maltraitaient continuellement leur fille, et la laissaient enfermée trois jours entiers, sans lui donner ni à boire ni à manger. »

A ces accusations du crime le plus atroce que l'homme puisse commettre, si ce n'est le parricide, Lefiot et sa femme répondaient, soit directement, soit par leur défenseur, par le récit suivant :

Anne, l'aînée des filles de Lefiot, sortait à peine des bras de sa nourrice, quand, au mois d'août 1755, elle fut remise aux soins de madame Dufour, son aïeule maternelle, qui la demandait avec instance. La tendresse de cette dame pour sa petite-fille fut portée à un excès tel, que son père et sa mère en craignirent les suites, et la réclamèrent. Madame Dufour la leur rendit en 1757.

Quoique Anne n'eût encore atteint que sa cinquième année, ses parens virent avec chagrin, dans son humeur et dans son caractère, une sorte d'inflexibilité qu'il est toujours important de vaincre : pour y parvenir, ils essayèrent donc tous les moyens que de *bons et tendres parens* peuvent et doivent employer.

Les filles sont, en général, plus dociles que les garçons : la sévérité bien entendue de Lefiot et de sa femme, parut couronnée d'un succès dont leur affection devait s'applaudir.

Persuadés que les premiers penchans de leur fille étaient rectifiés, ils consentirent, trois ans après, à la confier de nouveau à madame Dufour, qui la demandait une seconde fois.

Libre dans ses actions, satisfaite dans toutes

ses fantaisies, cette enfant éprouva avant le tems le règne des passions; madame Dufour, qui voyait Anne avec les yeux complaisans d'une grand'-mère, en fut elle-même alarmée, et prit le parti sage, en 1762, de la renvoyer à la maison paternelle, où on la reçut avec empressement et affection.

Anne avait alors près de douze ans, et, à cette époque, la nature travaillait déjà en secret pour opérer en elle une révolution qui, dans nos climats, arrive ordinairement plus tard aux personnes du sexe. La santé d'Anne en souffrit. Son humeur devint plus sombre, son caractère plus farouche, plus opiniâtre, ses gouts plus extraordinaire. Une indolence insurmontable s'empara d'elle. Le sang trouva chaque jour quelque obstacle nouveau dans sa circulation, il acquit même une sorte de corruption; des plaies s'ouvrirent en différentes parties du corps de cette jeune personne. D'autres accidens suivirent: elle éprouva, par exemple, une faim si vorace, si habituelle, si désordonnée, que rien ne pouvait l'apaiser. Etant à Lurcy, maison de campagne de son père, à sept lieues de Nevers, et pendant leur absence, elle mangea, en cinq jours, cinquante livres de pain et un boisseau de navets crus. Enfin, les excès qu'elle fit pour satisfaire un besoin sans cesse renaissant, lui causèrent, au mois de septembre 1765, une maladie de laquelle elle ne revint que pour tomber dans un état de langueur continue, et souffrir encore des maux infiniment plus grands.

Lefiot avait été contraint de loger des gendarmes en garnison à Nevers : ils occupaient le premier étage de sa maison, et des femmes de mauvaise conduite les servaient. Ces femmes, instruites de l'appétit qui tourmentait continuellement la jeune Anne, rejetaient sur elle les vols qu'elles faisaient dans la cuisine des gendarmes.

Une d'elles, nommée Piat, accusant Anne d'un de ces vols, s'empara de cette enfant et l'enferma dans un cabinet du jardin de la maison. Sa mère étant rentrée une heure après cette scène, la femme Piat lui porta de vives plaintes, et lui fit sentir la nécessité d'infliger une punition à sa fille. La dame Lefiot se rendit sur le champ dans le cabinet du jardin, et donna ordre à la femme Piat d'attacher la jeune innocente à un vieux lit. Lefiot, instruit de ce qui s'était passé, alla à son tour à la prison de sa fille, la corrigea, disant à sa femme qu'il ne voulait point de bassesse ni de coquinerie dans sa maison.

Cette correction excita d'autant plus l'humeur de la jeune Anne qu'elle était innocente et que ses parens refusèrent d'entendre sa justification.

Dès qu'elle se vit seule, elle rompit ses liens, sortit du cabinet, et, traversant le jardin, elle alla se blottir dans l'escalier qui conduit à la cave de ce jardin.

A peine respirait-elle en liberté dans sa cachette, s'y croyant à l'abri de toute crainte, que la femme Piat survint, la ramena dans la maison, et la conduisit, de l'aveu de sa mère, au grenier et l'attacha pour la seconde fois à un pilier.

Ce nouvel acte de rigueur aigrit l'innocent enfant qui, faisant des efforts au-dessus de son âge, parvint à se débarrasser. Elle courut se cacher dans un grand coffre au fond du grenier.

Sa persécutrice arrive, et ne la voyant pas au pilier, attire par ses cris la dame Lefiot et son mari. Tous trois cherchent et découvrent la pauvre enfant. « Vous êtes bien là, lui dit son père? Et il mit une échellle contre le coffre et le couvercle, et par dessus de vieux châssis de fenêtre que lui donna sa femme.

Anne trouve encore le moyen de sortir de son étroite prison. Elle va prendre quelques alimens qu'on lui avait préparés. Quatre jours s'écoulent sans qu'elle ose reparaître au milieu de sa famille. Dans cet intervalle, on découvre que la femme Piat est l'auteur du vol imputé à l'enfant : les gendarmes chassent la voleuse, et tout est oublié.

L'impression que firent sur Anne les traitemens immérités dont on l'avait accablée, porta sans doute de nouvelles atteintes à sa santé déja si affaiblie, et qui semblait diminuer chaque jour davantage.

Ce fut dans ce temps que sa mère partit pour veiller aux moissons qui allaient s'ouvrir. Elle emmena avec elle la plus jeune de ses filles, laissant l'aînée aux soins de son père et de son frère.

Cependant le marasme et la consomption gagnaient sensiblement; la paleur de la malade et son abattement étaient en vain combattus par l'exercice et par l'habitude où était cette jeune fille de ne jamais s'aliter; la nature épuisée s'opposait à tous les remèdes. Elle refusa bientôt toute espèce de nourriture.

Le 25 juillet 1767, la faiblesse augmenta. A cinq heures du soir la malheureuse enfant se jeta sur le lit qu'elle occupait ordinairement. Son père est averti, il accourt, il montre de l'inquiétude, sa fille le rassure, en lui disant qu'elle n'a besoin que de repos. Il rentre dans son cabinet d'étude, redescend une demi-heure après : l'enfant était alors assez tranquille ; le père retourne au travail. A sept heures, le frère de la malade, jeune écolier, prévient son père qu'il est temps de souper. — Voyez d'abord si votre sœur voudrait prendre un bouillon. — Le jeune homme approche du lit de la malade, lui parle, n'obtient pas de réponse. Il ouvre le rideau, elle ne fait aucun mouvement ; il veut consulter son pouls, il ne peut le saisir, au cri d'effroi qu'il jeta, son père se hâta de venir... Il presse sa fille dans ses bras, il interroge son fils et ne peut plus douter de son malheur... Anne est morte !

On prévient la famille. Une sœur de la dame Lefiot arrive. La nuit se passe dans la douleur. Le lendemain, l'enfant est ensevelie, et le soir le convoi a lieu avec tout l'appareil, toute la décence que peut exiger une cérémonie de ce genre.

Au bruit de cette mort, la femme Piat, qui avait à se venger de Lefiot pour la découverte de son vol ; une nommée Girot, de même espèce que la Piat, débitent dans la ville que l'infortunée Anne, renfermée dans une cave par ses parens, y est morte de misère et de faim.

La calomnie circule : les interprétations de la nommée Jacob, qui a enseveli le cadavre, y ajoutent encore : le ministère public prête une oreille trop facile aux récits envenimés, aux délations qui les appuient, et les époux Lefiot sont accusés par lui d'un crime affreux qu'ils n'ont point commis.

Nous avons rapporté fidèlement l'analyse des déclarations et de la plaidoirie du défenseur de Lefiot.

Aperçoit-on dans ces déclarations et dans cette plaidoirie les traces des soins donnés à la jeune fille par ses parens? où est le médecin qui l'a visitée? Anne est morte presque abandonnée et par suite des traitemens cruels de son père et de sa mère.

Ecoutons les témoins qui au nombre de vingt-et-un, ont déposé des faits.

François Rateau et sa femme ont entendu souvent Lefiot dire que sa fille avait été changée en nourrice.

Marie Peigneux, femme Thomas, a déclaré que Lefiot s'écriait, dans ses momens d'humeur, qu'Anne n'était pas son enfant.

Edouard Lempereur a déposé que Lefiot reprochait à cette enfant de n'être pas sa fille, mais celle de la Franchise, qui l'avait nourrie.

Lefiot a nié ces faits dans ses interrogatoires et dans ses confrontations avec ces quatre témoins; il a soutenu que ces témoins avaient interprété ses plaintes, ayant dit quelquefois, au sujet des mauvais penchans de sa fille, « qu'en suçant le lait de » la Franchise, sa nourrice, elle en avait pris les » sentimens. » Prévoyant que sa dénégation ne prévaudrait pas contre la déclaration unanime de ces quatre témoins, il mit tous ses efforts à faire suspecter leur bonne foi.

Rateau, sa femme Robillot, la femme Piat et Lempereur déclarèrent que Lefiot et sa femme avaient enfermé, tantôt dans une étable, tantôt dans un grenier, leur malheureuse enfant, et l'avaient laissée là plusieurs jours sans manger.

Deux autres témoins déposèrent que cette enfant leur avait dit que ses parens voulaient la faire mourir de faim.

Robillot dit avoir vu la dame Lefiot maltraiter souvent sa fille; et Lefiot la terrasser et la frapper sur le dos avec la crosse d'un fusil, d'autres fois sur la tête avec un baton.

Cante et Jassemin ont aussi vu exercer des mauvais traitemens sur cette malheureuse par ses parens.

D'autres témoins ont dit que la jeune Lefiot avait été attachée avec des cordes par son père et par sa mère; qu'elle avait été renfermée dans la cave, et qu'elle y était morte de faim, après avoir demandé plusieurs fois, avec fureur, mais en vain, du pain et de l'eau.

Plusieurs dépositions isolées inculpèrent,

1° Le père d'avoir jeté son enfant du haut d'un grenier sur le sol d'une grange, parce qu'il l'avait trouvée mangeant des pommes sauvages;

2° La mère d'avoir dit qu'elle voudrait que son enfant fût crevée; qu'elle voulait être son bourreau, qu'elle n'avait pas besoin de manger, attendu qu'elle avait assez d'*oing* (de graisse) dans le ventre;

3° Que le père et la mère avaient chargé de bois un coffre dans lequel leur fille s'était refugiée, afin de l'empêcher d'en sortir; qu'elle était restée ainsi enfermée pendant trois jours sans boire ni manger;

4° Que le père alla retirer sa fille de ce coffre, et la conduisit par les cheveux, et en lui donnant des coups de pied, dans un caveau, dont il ferma la porte à clé;

5° Enfin, que la demoiselle Lefiot est morte dans cette cave; et, ce qui indique qu'elle y a été enfermée pendant long-temps, c'est que la femme Jacob, appelée pour ensevelir le cadavre, fut obligée, pour le déshabiller, de découdre une des manches du casaquin de la défunte, n'ayant pu l'ôter autrement, tant le cadavre et ce qui l'environnait étaient humides.

Dès les premières déclarations des témoins, un décret de prise de corps avait été lancé contre Lefiot et sa femme. Le mari fut arrêté le 27, à onze heures du matin, et les scellés furent mis chez lui.

La dame Lefiot, prévenue de l'arrestation de son mari et du motif qui y avait donné lieu, se hâta de quitter sa campagne, et de se dérober par la fuite à toutes les recherches. Que les présomptions contre une mère sont fortes en pareil cas!

Le tribunal de Nevers rendit son jugement le 10 mai 1768. Il porte que Pierre Lefiot est déclaré atteint et convaincu d'avoir inhumainement traité Anne Lefiot, sa fille, habituellement dès l'enfance, et de l'avoir laissé périr, faute de lui avoir fourni les alimens nécessaires à sa subsistance ; pour réparation de quoi, il est condamné au bannissement à perpétuité, avec injonction de garder son ban, sous les peines de l'ordonnance, à la confiscation de ses biens et à une amende de mille livres pour le roi, si la confiscation n'avait pas lieu.

Quant à Marie Dufour, contumace, elle fut condamnée à se présenter en la chambre du conseil, pour y être blâmée d'avoir commis des excès contre Anne Lefiot, sa fille, et à trois cents livres d'amende, envers le seigneur de la haute justice de Nevers.

Lefiot fit appel au parlement, et demanda à être déchargé de l'accusation.

Élargi des prisons de la Conciergerie de Paris, où on l'avait conduit, il réclama la permission de prendre à partie le juge et le procureur fiscal de Nevers.

Il prétendit, dans sa défense, que l'animosité et la vengeance avaient fait parler et agir témoins et juges. Il appuya sur ses reproches aux témoins, nia les mauvais traitemens qu'ils l'accusaient d'avoir exercés sur sa fille, et s'étendit beaucoup sur le genre de mort de cette enfant, qui n'avait pas été causé par la faim.

« Ma fille, disait-il, est décédée à la suite d'une

maladie de langueur. Sa santé s'était affaiblie par degrés. Le marasme, la consomption, une affreuse phthisie, amenèrent insensiblement le dernier de ses jours. Cette mort était naturelle; la calomnie y versa ses poisons; mais quand il fut question d'approfondir de trompeurs indices, des conjectures insensées, on ne trouva pas même une seule personne en état de déposer nettement que la demoiselle Lefiot avait été mise dans une cave, où on l'avait trouvée morte.

« Si l'on veut chercher des preuves dans le procès-verbal d'exhumation du cadavre, ou dans le rapport des médecins et chirurgiens qui l'ont visité, la recherche sera vaine. Les observations contenues dans ces actes, ne peuvent donner aucun doute sinistre sur le genre de la maladie qui a fait périr Anne Lefiot: aussi les juges de Nevers ont-ils désiré d'autres éclaircissemens sur un point aussi essentiel. Une consultation donnée par le célèbre Petit, docteur de la faculté de médecine de Paris, a démontré:

« 1° Que l'examen du cadavre ne présentait aucun phénomène qui dénotât qu'Anne Lefiot fût morte de faim; qu'on remarquait, au contraire, les vrais symptômes d'une longue maladie;

« 2° Que cette jeune fille était décédée dans les plus grandes chaleurs de l'été, ayant d'ailleurs été exposée à toutes les ardeurs du midi; les excoriations du cadavre, l'odeur qu'il répandait le jour de l'inhumation, enfin les petits vers qu'on avait remarqués dans les parties les plus susceptibles de les attirer ou de les produire, n'avaient rien de surprenant et qui pût donner lieu de croire, qu'à l'époque du rapport, la demoiselle Lefiot fût décédée depuis trois jours.

« Cette consultation seule prouverait l'innocence de Lefiot et de sa femme; peut-être même que si les médecins de Nevers avaient voulu exposer les faits antérieurs au décès et à l'inhumation, M. Petit aurait encore fait observer que l'humidité dont le corps et les habits de la morte étaient imprégnés, était l'effet nécessaire d'une transpiration que la demoiselle Lefiot avait sans doute éprouvée dans le moment qui a précédé la mort;

« Que les contusions, les blessures, ou les excoriations des parties extérieures du cadavre, presque toutes du côté gauche, provenaient plutôt des secousses qu'il avait essuyées dans son cercueil, que de la putréfaction ou des mouvemens couvulsifs, qui auraient pu précéder la mort de cette jeune fille;

« Que les petits vers qu'on a remarqués dans certaines parties, n'avaient rien d'étonnant, parce que ces vers étaient de la nature de ceux que l'on observe dans les intestins des personnes vivantes; que ces vers existaient avant la mort, et qu'après la mort, ils ont pu faire, en très-peu de temps, le court trajet d'un lieu à un autre;

« Que l'état intérieur du cadavre présentait un véritable spasme inflammatoire, qui ne pouvait avoir aucun rapport avec le défaut absolu de nourriture.

« Que la flétrissure du poumon était une suite naturelle de la dépravation des liquides putréfiés et dissous; que cette dépravation avait eu pour cause les pâles couleurs et les accidens qu'elles produisent quelquefois, telles que la voracité ou la faim canine que la demoiselle Lefiot éprouvait depuis long-temps ; enfin, que cet ensemble de causes et d'effets avait amené le marasme, qui a terminé, comme par extinction, les tristes jours d'Anne Lefiot. »

Lefiot appuyait ensuite sa demande de pouvoir prendre à partie le procureur fiscal et le lieutenant général du tribunal de Nevers, sur ce que ces deux officiers judiciaires avaient mis de l'animosité et de la partialité dans leurs poursuites et dans leur jugement. Selon lui, des contestations d'intérêt qu'il avait eues avec le premier, des récusations qu'il avait formées contre le second, les avaient aigris contre lui et leur avaient fait saisir cette occasion de se venger.

Mais les juges du parlement n'avaient aucun sujet de haine : ils trouvèrent que les juges de Nevers avaient adouci la peine que Lefiot avait encourue, et par arrêt du 28 juillet 1768, ils mirent au néant la sentence de la justice et pairie de Nevers; après quoi, ils condamnèrent Pierre Lefiot à être attaché au carcan, pendant trois jours consécutifs dans la place publique de la ville de Nevers, et à y demeurer, chacun des trois jours, depuis dix heures jusqu'à midi, ayant écriteau devant et derrière, portant ces mots :

PÈRE INHUMAIN ET DÉNATURÉ ENVERS SA FILLE,

et le dernier jour, battu et fustigé de verges par l'exécuteur de la haute justice, ayant la corde au cou, dans les lieux et carrefours accoutumés de la ville de Nevers; et en l'un d'iceux, flétri d'un fer chaud, en forme de trois lettres GAL, sur les deux épaules, et aux galères à perpétuité, avec confiscation de tous ses biens, et 200 livres d'amende envers le seigneur de Nevers, si la confiscation n'avait pas lieu à son profit.

Marie Dufour, femme Lefiot, fut bannie, à perpétuité, du ressort du parlement; et attendu son absence, il fut ordonné que l'arrêt serait exécuté, à son égard, par effigie, en un tableau attaché par l'exécuteur de la haute justice, à un poteau planté en la place publique de Nevers, avec confiscation de biens, et amende, comme son mari.

MACKANDAL,

OU

LE NÈGRE EMPOISONNEUR.

Les nègres esclaves sont généralement soumis, résignés et fidèles. Rarement on les voit s'abandonner au crime et exercer quelqu'acte de vengeance contre des maîtres injustes ou barbares; mais le nègre esclave se livre-t-il à la vengeance, il invente alors des moyens qui effraient autant qu'ils étonnent. Voici un exemple terrible de ce que nous avançons.

Mackandal reçut le jour dans une des contrées d'Afrique situées non loin du mont Atlas. Sa famille était assez distinguée; elle lui avait fait donner une éducation plus soignée que celle que reçoivent ordinairement les Africains. La langue arabe était familière à Mackandal, il savait un peu de musique, peignait passablement et connaissait tous les secrets de médecine de son pays. Personne n'ignore que cette science consiste dans le choix des plantes, tout à la fois utiles et dangereuses, qui croissent sous la zone brûlante qui s'étend entre les tropiques.

Mackandal se rendit redoutable par la connaissance parfaite de ces plantes.

Enlevé de son pays lorsqu'il venait d'atteindre à peine sa douzième année, ce nègre fut transporté à Saint-Domingue et vendu à un colon des environs du Cap. Son caractère dut nécessairement s'aigrir d'un tel changement dans sa position; car il était aimé, chéri des siens, et il se trouva tout à coup confondu avec les nègres esclaves. Le chagrin s'empara de lui; il voulut se détruire, persuadé qu'il était qu'après sa mort il retournerait dans sa patrie (on sait que ce préjugé règne parmi tous les nègres); mais il ne persista pas longtemps dans ce dessein; il parut se résigner enfin à son sort. Il se livra avec beaucoup de zèle, beaucoup d'ardeur, au travail. Par les services qu'il rendait journellement tant à son maître qu'aux autres esclaves, il s'acquit l'amitié et la reconnaissance de tous.

Malheureusement l'amour ne tarda pas à l'embraser de tous ses feux, et, dans un cœur comme le sien, cette passion ne pouvait qu'entraîner après elle des suites funestes.

C'est ce qui arriva.

L'objet de ce premier amour fut une jeune et jolie négresse esclave comme lui, et sur laquelle leur maître à tous deux avait jeté depuis long-temps un regard de convoitise. Grand fut l'embarras de la jeune fille : d'un côté un maître impérieux qui lui avait annoncé qu'il lui ferait l'honneur de l'admettre dans sa couche; de l'autre le plus distingué, le plus aimable des nègres; son cœur enfin, donna la préférence à son égal.

Le maître, indigné d'un pareil affront, et sachant que Mackandal en était la cause, résolut de se venger, tout en mettant cependant une apparence de justice de son côté : il tâcha de surprendre son esclave en défaut; mais, sous le rapport du travail, celui-ci était irréprochable. Le colon alors ne trouvant aucun moyen de punir, en chercha le prétexte. Un jour que Mackandal travaillait dans une nouvelle plantation de cannes à sucre, il lui intima l'ordre de se coucher par terre et de recevoir cinquante coups de fouet. L'esclave regarda cet ordre barbare comme le signal de sa liberté, et jetant loin de lui les instrumens de travail, il s'enfuit vers les montagnes où les nègres allaient chercher un abri contre les cruautés de leurs maîtres.

Ce sont ces nègres déserteurs que l'on appelle marrons.

Arrivé parmi eux, Mackandal, à l'aide de ses talens et de ses connaissances, parvint, sans beaucoup de peine, à s'en faire respecter et à s'en faire craindre. Ayant sculpté au bout d'une branche d'oranger une petite figure humaine qui remuait les yeux et les lèvres, et paraissait s'animer chaque fois qu'on la touchait au-dessous de la tête, il persuada à ses compagnons d'infortune que cette figure avait le don, non-seulement de répondre à toutes les questions qu'on lui adressait, mais encore de rendre des oracles. Il ne tarda pas à passer pour prophète; car l'individu dont il prédisait la mort, cessait de vivre le jour même qu'il avait indiqué. Il avait découvert à Saint-Domingue une grande quantité de plantes vénéneuses, et c'est avec ces poisons qu'il se débarrassait de tel ou tel individu, et que, par conséquent, il s'était acquis une grande réputation. Aussi on l'adorait et on adorait sa *fétiche*. (On sait qu'une fétiche est une divinité subalterne des peuples de Guinée, et que le premier objet qui frappe les regards d'un nègre devient pour lui l'emblème de cette divinité bizarre.)

Aucune personne, dont Mackandal avait ou croyait avoir à se plaindre, n'échappait à sa haine ou à sa cruauté. Deux nègres marrons comme lui, Teyselo et Mayombé, qui lui étaient entièrement dévoués, étaient les instrumens de ses vengeances, quand il ne commettait pas ses crimes lui-même.

Pendant le jour, Mackandal se retirait dans les hautes montagnes. Là il rassemblait, avec Teyselo et Mayombé, un grand nombre de nègres déserteurs. Sur le sommet de ces montagnes presque inaccessibles, ils avaient leurs femmes et leurs enfans avec des plantations très-bien cultivées. Souvent Mackandal faisait descendre dans la plaine des bandes de nègres marrons avec ordre de ravager les habitations qu'il leur indiquait, et d'exterminer ceux des nègres qui avaient refusé d'obéir au prophète.

Il est d'usage parmi les nègres de se visiter pendant la nuit et de se livrer aux plaisirs de la danse. Quelquefois Mackandal se rendait au milieu d'eux, soit pour apprendre quelque nouvelle ou pour donner ses ordres. Toute idée de trahison de la part des nègres était loin de sa pensée; car une des vertus de ces hommes est de se soutenir mutuellement, et tous se seraient laissé mutiler plutôt que de trahir celui qu'ils regardaient comme un prophète. Cependant ce fut un nègre, un ami de Mackandal, qui livra ce misérable à la justice. Certes, jamais action ne fut plus excusable.

Ce nègre, âgé de dix-huit ans, se nommait Zami. Il était esclave. Un dimanche il était allé à un calenda que l'on célébrait dans une habitation peu éloignée de celle de son maître. Lorsqu'il arriva, on venait de commencer une danse dans laquelle figurait avec une grâce ravissante la jeune Samba, négresse du Congo. La foule l'entourait et applaudissait à ses talens : Zami la regarde, et le premier mouvement impérieux de l'amour se fait sentir dans son cœur. Le hasard veut qu'au même instant les yeux de Samba se portent sur Zami, et elle se sent frappée du même trait qui vient de percer son nouvel adorateur.

La danse finie, Zami et Samba se cherchent; ils se réunissent. Tant que le calenda dure, ils ne se quittent point, et quand vient l'heure de se séparer, ces deux amans se promettent de se revoir aussi souvent qu'ils le pourront.

Pendant toute la durée du jour, l'un et l'autre étaient occupés à leur travail; mais dès que la nuit était venue, ils se réunissaient à un rendez-vous secret, au lieu d'aller chercher, chacun dans sa case, un repos nécessaire.

Il y avait six mois que durait leur bonheur; rien ne l'avait encore troublé, lorsque Samba s'aperçut qu'elle devenait mère. Cette découverte transporta de joie son amant; mais que devint-il, quand, rentrant dans sa case à la pointe du jour, il trouva Mackandal qui le cherchait. Mackandal, ignorant l'amour de son rival, lui parla en ces termes :

« Zami, tu connais la puissance terrible de ma fétiche; réjouis-toi donc d'avoir trouvé grace devant elle et mérité sa confiance; rends-toi dans l'habitation que tu vois à trois lieues d'ici; cherche la négresse Samba, qui jusqu'à présent a dédaigné les vœux de tous ses admirateurs, et qui, depuis une année, m'humilie moi-même par de constans refus. Demande-lui l'hospitalité; dans l'instant qu'elle voudra manger, répands adroitement dans son catalou la poudre que voici. Elle doit donner la mort. » En achevant ces paroles, il lui remit cette poudre qu'il avait enfermée dans un morceau de feuille de bananier.

Ce discours frappa Zami de stupeur; puis revenant à lui, il se jeta en pleurant aux pieds de Mackandal et lui dit : « O Mackandal! dois-tu exiger que je sacrifie à ta vengeance la beauté la plus parfaite, l'ame la plus pure dont nos climats puissent s'honorer? apprends que j'adore Samba, que j'en suis tendrement aimé, et que son amour va bientôt faire donner le titre de père à l'infortuné Zami. »

La fureur de Mackandal ne saurait se dépeindre; il tira son coutelas et allait immoler Zami, dans lequel il venait de découvrir un rival préféré, lorsque la voix du commandeur qui appelait les esclaves au travail frappa son oreille; il s'enfuit précipitamment, mais il laissa la poudre fatale entre les mains de Zami.

Celui-ci prit d'abord la résolution de découvrir aux chefs blancs ce qui venait de se passer, mais la crainte que lui inspirait Mackandal le détermina à se taire. Le soir, quand le travail eut cessé, il se rendit en toute hâte au lieu du rendez-vous, et non sans être tourmenté d'une inquiétude mortelle; mais il n'y trouva point Samba, il l'attendit vainement plus d'une heure; enfin ne pouvant résister à son impatience et aux tourmens qui déchiraient son ame, il vola vers la demeure de la jeune négresse. Qu'on juge de sa douleur, de son effroi, lorsqu'en approchant de la case où il espérait la trouver, il entend les gémissemens et les pleurs de plusieurs négresses. Il entre... mais quel objet s'offre à sa vue troublée! Samba, l'infortunée Samba, couchée sur une natte et respirant à peine... Zami se précipite sur elle; il la couvre de baisers et de larmes : elle l'entend, tourne sur lui ses yeux mourans et lui tend une main que le froid de la mort a déjà glacée. Le nom de Zami s'échappe de sa bouche en même temps que son dernier soupir.

Qu'on se figure le désespoir de Zami! on l'emporta sans connaissance de ce lieu de deuil.

Lorsqu'il eut repris l'usage de ses sens, il questionna les négresses sur la mort subite de Samba.

On lui dit qu'une négresse marchande était venue à l'habitation et qu'elle avait dîné avec la jeune fille. Il ne fut pas difficile alors à Zami de voir d'où partait le coup. A peine le jour eut-il paru qu'il se rendit à la ville et raconta l'événement funeste qui venait d'arriver. La poudre qu'il tenait de Mackandal fut remise à un chimiste français, qui, après l'avoir analysée, déclara que c'était un des poisons les plus violens.

Dès ce moment, on découvrit la cause du grand nombre de morts subites qui avaient lieu à Saint-Domingue depuis plusieurs années. On ne put songer sans frémir au péril qui menaçait la colonie entière. Des ordres furent donnés sur le champ à toutes les maréchaussées de se mettre en campagne pour se saisir de Mackandal; mais on fit de vaines recherches, et l'on avait perdu l'espoir de réussir, quand Zami vint s'offrir pour l'arrêter.

Armé d'une petite massue de bois de goyavier, il alla se mettre en embuscade dans un des défilés de la montagne sur laquelle Mackandal s'était choisi un asile. Pendant cinq jours il le guetta inutilement. Enfin, le matin du sixième il l'aperçut avec deux nègres marrons. Zami s'élança, plus prompt que l'éclair, et assomma les deux compagnons de Mackandal; celui-ci s'arma de son coutelas, mais Zami le prévint : il lui fit tomber la main d'un coup de massue et le terrassa lui-même. Puis, sans lui laisser le temps de se reconnaître, il lui attacha les bras derrière le dos et le conduisit ainsi au Cap. Depuis, plusieurs de ses complices furent arrêtés.

On découvrit par l'instruction du procès, que Mackandal avait le projet de détruire, au moyen du poison, les maîtres des plantations, ou de les ruiner en donnant la mort à tous les esclaves qui paraissaient leur être dévoués; et d'exterminer enfin tous les blancs par un massacre général qui le rendrait le libérateur, et conséquemment le souverain de Saint-Domingue.

Ce furent les complices de Mackandal qui attestèrent cette terrible conjuration. Quant à lui, on ne put en tirer aucun aveu; jusque dans les flammes il montra la même audace, le même fanatisme.

Il fut condamné à être brûlé vif. Quand il entendit la lecture de son arrêt, il annonça avec beaucoup de fierté et une sorte d'enthousiasme, que le feu respecterait son corps; qu'il changerait de forme et resterait toujours dans l'île, soit en oiseau, soit en serpent, afin de veiller sur sa nation.

Les nègres ne doutaient nullement que sa fétiche ne le sauvât. Sa prédiction parut même un instant s'accomplir, par une circonstance assez singulière.

On l'avait attaché avec un carcan à un poteau planté dans la terre, et autour duquel le bûcher était dressé. Les efforts qu'il fit, quand on alluma le bûcher, furent si violens qu'il arracha ce poteau; il fit alors quelques pas au milieu de la foule étonnée. Les nègres crièrent au miracle, mais un soldat lui alongea un coup de sabre et on le rejeta sur le bûcher.

Ainsi périt ce scélérat.

Zami étant vengé, il ne voulut pas survivre davantage à sa chère Samba. L'espérance d'aller la rejoindre le détermina à se donner la mort.

MANDRIN.

L'AVOCAT Richer a publié, en 1788, dans son recueil de *Causes intéressantes*, une notice curieuse et fort exacte sur la vie et le procès de Mandrin : nous avons vérifié, autant que cela nous était possible, les faits de cette notice, nous en avons rectifié quelques-uns, nous en avons cité plusieurs qui étaient restés inconnus à l'auteur, et nous avons ensuite adapté le tout au cadre de notre ouvrage.

Louis MANDRIN naquit à Saint-Etienne de Saint-Geoire (Dauphiné-Isère), le 30 mai 1724. Son père ne subsistait que par son travail et par ses vols. Quelques faux monnayeurs lui ayant appris à fabriquer des espèces, il crut avoir trouvé le chemin de la fortune; mais il fut dénoncé et poursuivi. Quelque temps après, ayant fait feu sur des gardes, il fut tué dans le combat.

Le jeune Mandrin apprit la mort de son père, et jura de la venger. A peine en état de manier le marteau, il s'exerça à contrefaire les monnaies ou à les altérer. La guerre survint, Mandrin s'enrôla, et fit assez bien le métier de soldat, qu'il n'aurait jamais dû quitter.

La guerre n'était pas encore finie lorsqu'il déserta, emmenant avec lui deux camarades. Son capitaine, qui l'aimait, ne voulut pas le déclarer, ni envoyer son signalement; il espérait le ramener par ce ménagement qui devint fatal à lui-même. Pendant ce temps, Mandrin se faisait une bande qui grossissait chaque jour, et qui l'avait adopté pour chef. On lui trouvait de l'esprit, une adresse admirable et du bonheur. Mandrin avait une éloquence naturelle qui persuadait, l'imagination vive, du courage pour former de grandes entreprises, et de l'audace dans le succès. Un crime lui coûtait peu lorsqu'il le jugeait nécessaire à sa vengeance ou à ses projets. Cependant il avait l'art de montrer de la candeur : il fallait étudier ses yeux pour y démêler cette humeur farouche qu'il cachait avec soin, et qu'il ne déployait que dans ses fureurs. Ses discours roulaient toujours sur la probité. Il avait la taille avantageuse, les cheveux noirs, les sourcils épais, le nez aquilin, les traits réguliers, la poitrine large, la jambe belle, et une force prodigieuse.

La côte de Saint-André a beaucoup de rochers qui peuvent servir de retraite. Mandrin y choisit un asile. Il était âgé d'environ vingt ans, et il se voyait à la tête de dix ou douze déserteurs qui le regardaient comme leur père, et qui ne vivaient que par sa fatale industrie; leur genre de vie était assez triste : ils fabriquaient pendant la nuit, et n'osaient paraître dans le jour. Mandrin, plus hardi, se montrait dans les foires où il faisait des emplettes. On remarque qu'il s'adressait toujours aux marchands les plus éloignés, de crainte que le grand nombre de fausses espèces ne laissât quelque soupçon dans le pays. Il avait même soin de se travestir : tantôt il paraissait en militaire, tantôt en religieux ou en bourgeois. Au retour on évaluait la marchandise, ou on la faisait vendre par un homme affidé, et le capitaine avait toujours une part distinguée dans les partages.

Trois ans s'étaient écoulés dans ce commerce, lorsque le capitaine de Mandrin revint au pays. Il fit dire au frère de celui-ci, que si son soldat ne rejoignait pas le régiment, il allait le dénoncer comme déserteur, et le faire punir. Cette nouvelle fut portée à Mandrin, et le mit en fureur. Il recommanda à son frère de s'informer exactement des endroits que fréquentait l'officier. On lui nomma un jour auquel il devait passer au bas de la côte : Mandrin se mit sur le chemin avec des pistolets. Dès qu'il l'aperçut de loin, il fut à lui, et le pria avec l'air le plus humble de ne point le perdre. Il lui offrit même une somme pour son congé, et lui montra, à quelques pas de lui, une petite maison qu'il dit être celle de sa mère, en le priant d'y entrer pour accorder les choses. L'officier tourna bride sans former aucun soupçon. A peine fut-il engagé dans le défilé, que Mandrin lui cassa les reins d'un coup de pistolet; puis se tournant vers le domestique, lui brûla la cervelle. Ses gens enlevèrent les corps, et le crime ignoré demeura impuni. Mandrin continua son commerce.

Un gentilhomme avait laissé en mourant deux filles extrêmement belles. Mandrin, épris des charmes de la cadette, chercha à lui marquer son amour. Il parla, il ne fut point écouté; il écrivit des lettres, on ne voulut pas les lire; il fit des présens, on les refusa. Cette rigueur le mettait au désespoir, et l'envie de réussir le jetait dans des rêveries continuelles. La fabrique des monnaies souffrait quelques interruptions, et les comptes qu'il rendait à ses compagnons n'étaient pas toujours fidèles. Un d'entre eux s'aperçut que le maître avait le cœur blessé, et s'offrit pour le guérir. « Je te fais mon second, lui dit Mandrin, si tu « en viens à bout; je me déferai de mon lieute- « nant Perrinet, qui m'ennuie, et je te donnerai « ma confiance et sa place. » Cet homme lui dit : Vous êtes embarrassé, je pénètre la cause des refus que l'on vous fait essuyer. Celle que vous aimez est noble, vous n'avez peut-être pas eu le courage de dire que vous l'êtes : il faut vous appeler monsieur du Mandrin; dire souvent ma terre, mes gens, mes chevaux, mon équipage. On écoutèra vos titres, et l'amour se glissera à l'ombre de votre noblesse. — Tu me fais ouvrir les yeux, dit Mandrin, je commence à m'apercevoir que ma roture ne figure pas bien à côté de la noblesse de mon amante, et que l'orgueil du sang peut étouffer dans elle les sentimens du cœur. Je suis donc M. du Mandrin. Mais pourrai-je en soutenir le personnage? — Rien de plus facile; donnez-vous un laquais qui vous dira : Monsieur le baron du Mandrin; prenez un petit air aisé, regardez de côté tout ce qui sentira la roture, gardez-vous bien de reconnaître ceux que vous connaissez, répondez quelquefois par monosyllabes, caressez souvent votre menton, étendez-vous dans un fauteuil, ou levez-vous brusquement en fredonnant quelques airs, et marchez en pesant votre corps, sans appuyer le talon, ce qui est trop commun ; il ne faut pas tant de choses pour être baron dans un village. On dira : Cet homme a de la naissance, car il montre un ton qu'un roturier ne prendrait pas devant la noblesse. » Mandrin partit avec ces admirables instructions. On le trouva bien maniéré et le cœur noble, et on ne l'interrompit plus lorsqu'il parla d'amour.

Pendant ce temps, les choses avaient bien changé de face dans la caverne. Un des compagnons, qui avait eu horreur du meurtre commis, avait quitté la bande. Le vigilant Roquairol, qui s'en était aperçu, avait fait enlever à la hâte les marteaux, le balancier, les coins, les espèces et les matières préparées, et avait couru en instruire son capitaine, en taxant Perrinet de peu de capacité et d'indolence. Les archers prirent mal leurs mesures ; ils marchèrent tous ensemble, et se présentèrent en plein jour à l'embouchure de la caverne. Le brigadier fit grand bruit, et les précéda en criant : *Tue ! tue !* Ils pénétrèrent, et ne trouvèrent que quelques mauvais outils, des fourneaux et des soufflets. Ils ne s'aperçurent pas même d'une grosse pierre qui masquait un enfoncement dans lequel Perrinet, trompé par Roquairol, s'était endormi avec un autre. Un d'entre eux proposa d'y passer la nuit : l'avis fut goûté ; on se cantonna dans des coins, croyant faire capture de la bande entière. Il n'y eut dans tout cela que Perrinet qui passa la nuit fort mal à son aise ; les autres fuyaient pendant ce temps, et si on eût battu la campagne, on les aurait trouvés dans les broussailles ou dans les gorges des montagnes.

Cet accident fit quelque peine à Mandrin ; il loua hautement la prudence de Roquairol, et se moqua beaucoup de Perrinet, qu'il croyait dans les fers. Cependant il fallait trouver une demeure, ou abandonner le métier. Après bien des marches pénibles, on résolut de camper et de se retrancher. Mandrin choisit une montagne inculte, et se plaça à mi-côte, sous le pas d'une roche qui avançait. Il tira une fosse en croissant, fit soutenir les terres sablonneuses avec des éperons, et se contenta de la fraiser avec des pieux. On travailla promptement à s'ouvrir une sortie sous terre en cas d'insultes ; on posa des sentinelles, et on envoya à la découverte et à la provision.

Mandrin avait devant les yeux un château qui appartenait à un vieux procureur. Il était situé sur la montagne opposée, d'où il avait vue sur toute la campagne ; il avait un bon fossé, avec des tours à l'antique, des allées, des terrasses et des souterrains. Dans le temps que Mandrin le contemplait attentivement, on vint lui dire que le propriétaire venait de mourir, et on lui fit naître la pensée de s'en emparer. Des hommes de sa bande s'y introduisirent secrètement. Un d'eux, Roquairol, alla droit à la chambre du procureur ; il commença par agiter fortement les rideaux, et renverser des tables et des chaises. La veuve se jeta promptement dans la cuisine. Roquairol se plaignait comme un homme qui brûle, et mettait tout en désordre. On croyait n'avoir rien à craindre que d'un côté, lorsqu'il s'éleva un grand bruit des quatre coins du château ; on entendait des voix terribles qui se disputaient l'ame du procureur, et on ne voyait que feu et flamme par le moyen des pistolets et des pétards. Roquairol avait jeté un drap sur sa tête, avec des flammes peintes en rouge ; il parut en cet équipage au milieu de ses gens habillés en satyres, et traînant des chaînes, un flambeau à la main ; il entra dans la cuisine, où quelques femmes s'évanouirent, parcourut les appartemens et disparut. On ne douta plus dès-lors que le pauvre procureur ne fût au pouvoir des démons. On l'avait vu, on l'avait entendu ; c'en était assez, le bruit en courut dans tout le pays. La nuit suivante, le bruit recommença. La veuve, à demi morte, voulut quitter ce séjour dans la nuit même, et prit un lit chez son fermier, à quelque distance de là.

Les esprits forts tournèrent la chose en ridicule, et la traitèrent de chimère. Trois clercs, un capucin et deux abbés firent partie d'y souper et d'y passer la nuit. Ils avaient avec eux huit domestiques armés, et trois femmes pour les servir. Roquairol crut qu'il y allait de son honneur de ne pas lâcher prise : il s'informa soigneusement du jour qu'ils avaient pris, et fit ses dispositions. Le souper devait se donner dans une grande salle. Roquairol pratiqua une ouverture dans l'épaisseur du mur, et la ferma exactement avec des planches et de la tapisserie; il creva ensuite le tuyau de la cheminée, qui donnait dans un grenier obscur, et y rangea une partie de son monde. Tout fut tranquille jusqu'au moment du repas. Les convives crurent qu'ils avaient mis les morts en fuite, et ordonnèrent que l'on servît. Un instant après, il s'éleva un bruit éloigné : ils prêtèrent l'oreille, et en se tournant, ils aperçurent derrière eux un ours d'une grosseur prodigieuse qui vint flairer tous les plats; ils se jetèrent les uns sur les autres, et gagnèrent l'enfoncement de la salle. En même temps un gros singe sauta sur la table, et renversa les flambeaux. Quatre démons débouchèrent par le milieu du mur avec des torches ardentes; huit autres amenèrent le procureur en hurlant autour de lui. Celui-ci criait : « Je brûle! je brûle! Bien mal acquis, malheur à ceux qui l'habitent! ils brûleront avec moi. » On vit encore paraître huit autres démons sous une autre forme, avec des crocs et des fourches; et pour ne laisser rien à désirer, Mandrin descendit par la cheminée dans une peau de taureau, affublé de cornes, et escorté de quatre Maures avec des flambeaux. Ce cortége était de vingt-huit personnes; les abbés et les petits-maîtres étaient transis d'effroi : les domestiques ne savaient pas même s'ils avaient des armes. Le capucin seul voulut montrer un peu de fermeté, un des diables lui brûla la barbe avec son flambeau; il s'approcha ensuite des autres, et mit le feu aux perruques et aux habits : chacun gagna la porte; la déroute fut générale; on les conduisit à grands coups de torches dans le derrière. Roquairol demeura ainsi en possession du souper et du château.

Mandrin y passa la nuit et fit tirer quelques fusées, tandis que ses gens nourrissaient l'erreur du public, en traînant des chaînes et en élevant des flambeaux. Comme quelques curieux pouvaient être tentés d'y venir pendant le jour, il plaça à l'entrée un homme vêtu d'une peau d'ours, qui se jetait sur ceux qui voulaient avancer.

Mandrin, dédommagé de la perte de sa caverne, fit construire des fourneaux dans les souterrains de sa nouvelle demeure, et y transporta tout ce qu'il avait sauvé de son petit fort. Il fit fermer la grande entrée du château, et en ouvrit une qui donnait dans le bois par un sentier détourné. De temps à autre on faisait grand bruit dans la maison, et toutes les nuits on élevait trois torches allumées qui résistaient au vent et à la pluie.

Cependant on fabriquait des espèces et on les distribuait dans le royaume : il eût été dangereux d'en mettre une trop grande quantité dans la province. Mandrin obvia à ces inconvéniens en envoyant quelques-uns de ses gens sur les frontières les plus éloignées; il se mit même à la fabrique des monnaies étrangères. Tout réussissait entre ses mains.

Il retourna à ses amours, ayant Perrinet, son ancien lieutenant, pour domestique. Mandrin ne fut pas long-temps à s'apercevoir qu'il était aimé d'Isaure ; il crut même voir de la rivalité entre les deux sœurs, il craignit que la discorde ne ruinât son bonheur. L'aînée plaisantait souvent aux dépens de la cadette, et l'appelait quelquefois, par dérision, madame la baronne : Isaure pleura secrètement sans oser se plaindre ; enfin elle en fit la confidence à son amant : celui-ci se hâta d'en faire part à Roquairol, qui saisit habilement cette occasion pour se rendre nécessaire à son maître, en liant ses intérêts avec les siens. Il lui proposa de lui donner entrée dans cette maison ; de l'annoncer comme un gentilhomme de ses amis et de se reposer sur lui du succès de la chose. Le capitaine et le lieutenant se mirent en marche avec un équipage convenable. On n'eut aucun soupçon de l'artifice. Isaure trouva du plaisir à voir son amant ; son aînée parut sensible aux soins de cet étranger, qui ne déplut pas. L'air de probité qu'ils affectaient ne parut pas étudié. Mandrin revint seul et demanda la permission de ramener son gentilhomme : ils reparurent ensemble, et quelquefois séparément. Enfin, les choses furent poussées à un tel point, qu'ils eurent l'imprudence de faire des propositions de mariage.

Mandrin établissait une discipline exacte dans sa cour des monnaies. On travaillait assidument pendant la nuit, on cessait le jour. Une partie de l'équipage était destinée à la garde du trésor, une autre était en sentinelle sur les murs du château. Quatre hommes faisaient le métier de maquignons au profit de la bande, et allaient chercher des chevaux jusque sur les frontières d'Espagne. Il les emmenaient de nuit dans les écuries du château, et les en tiraient de même pour les promener dans les foires. D'autres faisaient le commerce des indiennes et du tabac. Les chambres écartées étaient pleines de ces marchandises. Ainsi Mandrin commandait tout à la fois à de faux monnayeurs, à des maquignons et à des contrebandiers. La fausse monnaie servait à l'achat de la contrebande et des chevaux, et le produit de la vente apportait des espèces d'une valeur réelle, dont on faisait la répartition selon les conventions établies. Les apparitions des morts avaient répandu la terrêur dans tout le pays, et faisaient du château de Mandrin un lieu formidable. Quelques malheureux égarés dans le bois, qui avaient osé en approcher, ne reparaissaient plus dans leurs villages. L'effroi était général.

Cependant la maréchaussée eut ordre de visiter le château. Elle en chassa Mandrin et sa troupe, qui donnèrent dans cette occasion des preuves d'une grande intelligence et de beaucoup de valeur.

Au bout de quelques jours, on arrêta deux hommes qui furent conduits à Grenoble, et mis en prison. Ils furent interrogés et reconnus coupables. La question tira de leur bouche le nom de Mandrin et ceux de leurs complices. Mais quel avantage résultait-il de ces noms? toute la bande en avait changé, et peu d'entre eux étaient connus dans le pays. Cependant cet aveu manqua d'être fatal à Mandrin.

Ce chef que les charmes de la belle Isaure avaient soumis au pouvoir de l'amour, s'empressa d'aller oublier dans ses bras les dangers qu'il avait courus. Son nom était connu, un paysan le vendit. Les archers, qui étaient toujours en haleine, se logèrent dans une maison voisine pour l'observer, et le saisir dans le temps qu'il sortait de la maison d'Isaure.

Quel spectacle pour une amante ! Les cavaliers étaient travestis en bourgeois : Isaure les prit pour des inconnus qui osaient insulter son amant ; elle engagea quelques domestiques à le tirer de danger. Ceux-ci s'avancèrent ; on leur signifia les ordres du roi, et on demanda à Isaure quelle part elle prenait au sort d'un contrebandier, d'un faux monnayeur et d'un brigand.

Isaure demeura sans réponse, la rougeur annonça sa confusion ; elle courut promptement à sa chambre, et tout son amour se tourna en exécration. Elle versa des larmes d'indignation et d'horreur ; elle lacéra avec dépit toutes les lettres de son misérable amant, elle foula aux pieds tous les présens qui venaient de sa main ; et pour dérober entièrement sa honte aux yeux de ceux qui en avaient été témoins, elle alla s'enfoncer dans un couvent dès le jour même.

Mandrin, à qui le sentiment de sa perte avait ôté jusqu'à l'idée de la fuite, avait été enchaîné sans peine, et marchait sans résistance. On avait tiré sur lui les verroux de la prison, et il ne s'apercevait pas encore qu'il était dans les fers. Il tomba sans mouvement sur la paille qui devait lui servir de lit, et resta long-temps dans un état presque complet de stupidité. Il se leva enfin, des larmes tombèrent de ses yeux, il frappa du pied et brisa ses fers. Le geôlier accourut, Mandrin le mit en fuite. Le lieutenant criminel se présenta pour l'interroger, il n'en tira que des sottises. Mandrin fut envoyé au cachot.

L'obscurité de ce séjour, la mauvaise nourriture et plus encore le chagrin, lui ôtèrent les forces, il tomba malade. Le médecin avertit les juges que le criminel allait leur échapper; on pressa le jugement. Les approches du supplice opérèrent une révolution qui lui rendit la santé. Il parut fort vigoureux et plein de résolution.

Il s'était aperçu que son extérieur intéressait quelques dévotes qui venaient de temps en temps lui rendre visite. Il affecta de paraître déterminé à ne vouloir prêter l'oreille à aucun prêtre; il s'emporta même contre la religion, et cita pour raison de ses refus la prétendue dureté avec laquelle on le traitait. Les dévotes intriguées coururent toute la ville; elles représentèrent que cet homme se rapprocherait de Dieu, si on le traitait avec moins d'inhumanité, et que cela tenait à peu de chose, à le tirer du cachot. Le lieutenant-criminel reçut de côté et d'autre des suppliques et des reproches. Il ordonna que le prisonnier fût transporté dans une chambre moins obscure, et traité avec plus de douceur. A cette nouvelle, Mandrin s'écria, comme dans un saint transport : Ah! je connais la vérité de la religion dans ceux qui la pratiquent : aurai-je un confesseur pour effacer mes crimes? On lui donna le choix dans toutes les communautés de la ville ; il demanda un homme qui joignît l'exemple au discours, ce qui faillit encore causer un nouvel embarras. On lui amena un vieux capucin, qui ne vantait plus la prééminence de son ordre sur les autres, et il s'en contenta. Le père fut charmé des dispositions du pénitent ; les dévotes répandirent partout l'onction du père et l'efficacité de leurs petits soins. Mandrin, plus libre, ne manqua pas de moyens pour son évasion. Il rompit un barreau, et pouvait sortir dès la nuit même ; cependant comme il vit que la fraction n'était pas sensible, il dédaigna cette façon de s'échapper qui lui parut indigne de lui, seulement il s'en servit pour aller, pendant la nuit, faire part aux autres prisonniers du dessein qu'il avait formé de leur rendre la liberté, en se la rendant à lui-même. C'était de souper ensemble, d'enivrer le geôlier, et d'ouvrir les portes. Le geôlier, cédant aux instances des dévotes, autorisa le souper. Les conviés prirent place. Mandrin parla en apôtre, et harangua chacun d'eux selon les cas qui faisaient leur détention. La docilité de l'auditoire, l'éloquence du prédicateur, touchèrent le geôlier. Il consentit à boire. Le vin était choisi, insensiblement on écarta les images effrayantes de la mort, et on se consola en buvant.

Mandrin enferma le geôlier dans sa prison, il brisa les fers de ses camarades, ouvrit les portes, et marcha à leur tête en chantant insolemment dans les rues.

On avait déja trois heures de jour, et on ignorait la fuite des criminels. Un domestique apporta au prévôt de la maréchaussée un gros paquet de clefs qu'on avait jetées dans une de ses chambres en cassant un carreau. Il reconnut les clefs de la prison, et il y envoya promptement. Ses cavaliers eurent ordre de marcher, ce fut en vain. Le geôlier fut condamné au cachot, les dévotes eurent défense de se mêler des affaires de la prison, et Mandrin continua ses brigandages.

C'est à ce temps que l'on rapporte un meurtre qui fait frémir, et qui fut précédé de quelques actions qu'il est bon de rapporter. Mandrin avait beaucoup perdu par la prise de son château, et son emprisonnement. Sa nouvelle bande n'était pas encore bien aguerrie; quelques-uns même avaient déserté. Il se rappela qu'il avait caché quelque argent au pied d'un arbre; il y fit creuser, cet argent avait été enlevé. Ceux de ses anciens camarades qu'il retrouva lui apprirent que les paysans des environs avaient trouvé une somme considérable, et en avaient fait usage. Mandrin leur commanda d'en tirer vengeance, et ordonna le pillage de leurs maisons. Cependant comme il était dangereux de se faire haïr des habitans de la côte, Mandrin se contenta de renfermer sa haine en lui-même, et mitigea les ordres qu'il avait donnés.

On lui proposa une caverne commode pour se loger : il répondit qu'il était las d'habiter sous les roches, tandis qu'il y avait des maisons, et en même temps il ordonna à quatre de ses gens d'aller s'emparer d'un ermitage qui était situé avantageusement sur la côte, de prendre l'ermite et de l'enfermer. La chose fut bientôt mise à exécution; quelques heures après, Mandrin s'y transporta. Un des siens avait pris l'habit d'ermite, on avait gardé l'autre pour le consulter, et savoir de lui les usages, afin de les observer et de tromper le peuple.

Ce jeu eut son effet. Le nouveau frère prit toute l'hypocrisie de l'ancien; il alla trouver le grand-vicaire avec une prétendue obédience de son visiteur, il lui apprit que son prédécesseur avait été rappelé, et lui demanda sa protection qu'il obtint.

Mandrin, à qui les périls avaient appris à les braver, ne put s'astreindre à se tenir enfoncé dans les chambres obscures, sans oser paraître. Il se donna pour un officier qui fuyait le monde, et qui cherchait une solitude paisible, autant pour se remettre de ses blessures, que pour songer à son salut. Il changea de nom, prit un uniforme, mit son bras en écharpe, et alla trouver le grand-vicaire, supérieur de l'ermitage. Nous étions en guerre; il fut aisé de tromper le grand-vicaire. Mandrin eut toutes les permissions qu'il demandait.

Les deux bandes réunies montaient à trente-huit hommes, la plupart déserteurs ou criminels échappés des prisons : Mandrin songea à les loger et à reprendre son ancien commerce. Le travail et l'industrie ramenèrent bientôt l'abondance, et firent oublier les malheurs. Le chef donna un plan pour la construction des logemens et la sûreté de la place. Le lieutenant Roquairol se chargea de l'approvisionnement et du commerce en dehors. La nouvelle demeure était spacieuse, et n'avait d'autre défaut que l'obscurité. Elle était pratiquée à quelque distance de l'ermitage, avec lequel on avait établi une communication sous terre, et qui était comme un ouvrage avancé, détaché du corps de la place; il y avait deux sorties aux deux flancs de la montagne, et une troisième qu'on avait poussée jusqu'au bout du vallon.

Les choses étaient dans cet état, lorsque cette infâme retraite fut souillée par le plus énorme de tous les crimes. Une jeune femme qui suivait une bête égarée, eut le malheur d'apercevoir une des ouvertures de la caverne. La sentinelle qui y était placée ne la vit pas. Elle entendit les coups du balancier, prêta l'oreille, et oublia ce qu'elle cherchait; bientôt la frayeur la saisit, elle se mit à fuir. Dans cet instant, Mandrin se présente à l'embouchure : il voit une femme qui fuit, il l'arrête et fait venir la sentinelle. Celui-ci assure qu'il ne l'a point aperçue, les gens de la caverne disent la même chose : Mandrin la saisit, malgré ses larmes et ses cris, et l'entraîne dans l'endroit le plus enfoncé du repaire. « Il faut donc, dit-il à ses gens, que je sois ici capitaine et sentinelle. Que faisiez-vous lorsque cette femme est venue observer vos ouvrages? Quelqu'un de vous lui avait donné commission de venir? Ils répondirent tous qu'ils ignoraient jusqu'à son nom. —C'est donc un petit mouvement de curiosité qui vous amène, dit-il à cette infortunée ; vous voulez voir, c'est la fureur des femmes ! Eh bien, jetez les yeux sur cet or et sur cet argent, c'est le trésor de l'état; je suis roi ; voilà mes sujets. Ce fourneau sert à préparer les matières ; dans celui-là on fait le mélange ; sur cet autre on donne au métal tout le degré de perfection qu'il doit avoir, et on le coule ; ici on le frappe, là on le blanchit. C'en est assez pour une femme, vous avez vu mes richesses, voulez-vous être reine et les partager avec moi? — Ah ! Dieu, s'écria-t-elle, que deviendraient mon enfant et mon mari? — Ton mari, reprit Mandrin, tu veux le préférer à un homme tel que moi ! qu'on l'enferme. » Cet ordre fut exécuté. On la mit dans la cave où était l'ermite. Le lendemain on tint conseil, les voix furent partagées ; les uns la condamnaient à la mort, les autres se contentaient de la prison: Mandrin penchait pour ce dernier parti. La femme fut amenée devant ses juges. On lui dit qu'elle avait fait un crime en mettant le pied dans un endroit où elle ne devait point paraître; qu'elle n'avait aucune liberté à espérer, que si elle voulait s'attacher au capitaine par amitié, sans dessein de chercher à s'échapper, elle vivrait parmi eux avec une chaîne aux pieds; que si elle s'obstinait à refuser un tel honneur, elle se vouait à la mort.

Les larmes et les cris avaient déjà affaibli cette malheureuse; elle les pressa par tout ce qu'il y a de plus capable de toucher le cœur; elle redoubla ses prières et les conjura d'avoir quelque pitié de son malheur et de son innocence. Rien ne fit impression sur ces ames farouches. Mandrin, qui présidait au conseil, lui signifia ses intentions: elle rejeta ses propositions avec horreur, et lui dit qu'elle n'achèterait pas la vie par un crime. Mandrin espéra que le temps et ses assiduités la fléchiraient : il la renvoya en prison; quelques heures après il y alla seul, la pressa de prendre quelque nourriture, elle le refusa; il feignit de la douceur, de la compassion, ses ruses n'eurent aucun succès; il sortit, prêta l'oreille, et entendit l'ermite encourager cette femme à demeurer vertueuse, lui représentant qu'elle devenait coupable en ne prenant aucun aliment. Mandrin lui fit donner la bastonnade, et le relégua dans un cachot étroit, au pain et à l'eau.

La prisonnière ne devint pas plus traitable. Mandrin commanda qu'elle fût dépouillée de ses habits, et attachée nue à un poteau. Dans le temps qu'il lui faisait essuyer mille outrages, un de ses compagnons accourut lui apprendre qu'une femme qui avait trouvé un trésor au pied d'un arbre était perdue depuis quelques jours, et que ce pouvait être celle qui était tombée entre leurs mains. « Quoi! dit Mandrin à sa victime, tu as volé mon trésor, et tu oses demander ta grâce! — Hélas! dit-elle, savais-je à qui cette somme appartenait? Laissez-moi libre, et je ne tarderai pas à vous la rendre. — Non, non, répondit Mandrin, il faut que tu meures : voilà deux poignards, choisis par lequel des deux tu veux périr. » Comme elle ne lui répondait que par ses pleurs, il se tourna vers ses gens et leur dit : «Qui de vous sera l'exécuteur de mes volontés? » Personne n'avançant, il prit le plus jeune, lui mit le poignard à la main : « Tu n'es pas encore aguerri, je veux t'instruire, sois digne des nôtres, avance, et frappe.... Tu hésites! vois-tu cet autre poignard? je te perce toi-même si tu balances encore. Apprends à choisir tes coups : c'est sur la pointe du sein qu'il faut frapper; enfonce. » Comme celui-ci choisissait la place et tardait trop, Mandrin, dans un mouvement de rage, appuya fortement sa main sur la sienne, et enfonça le poignard. Le sang jaillit avec force, la jeune femme poussa un cri aigu, et mourut.

L'ermitage de Mandrin était situé à quelque distance d'une grande ville et avait autour de lui plusieurs petits villages où le bon frère allait faire la quête. Mandrin y fit quelques séductions. On ne parlait que du beau chevalier Mont-Joly, nom qu'il s'était donné. Les dames se le disputaient. Comme il avait dans sa maison tout l'attirail d'un ermite, il se montra quelquefois couvert de la robe religieuse, afin d'éprouver sous quel habit il ferait le plus de conquêtes.

Ces désordres vinrent aux oreilles du grand-vicaire qui manda l'ermite. L'officier seul se présenta. L'air d'humilité que ce dernier sut allier à une sorte de grandeur désarma et embarrassa tout à la fois le grand-vicaire. Mandrin sentit l'effet de son imposture. Il marqua donc son étonnement sur ce qu'un ecclésiastique aussi éclairé donnait si légèrement sa confiance à des gens qui cherchaient à le surprendre. Le grand-vicaire fit des excuses au chevalier de Mont-Joly, et le retint à dîner.

Sa conduite ne s'améliorant pas, les plaintes éclatèrent. On eut de nouveau recours aux juges et au grand-vicaire. Les femmes que Mandrin avait trompées par de fausses promesses, ouvrirent les yeux aux cris du public, et versèrent des larmes qu'il eût fallu prévenir. Les mères coururent en fureur crier aux portes de l'ermitage, et menacèrent d'y mettre le feu : une d'entre elles l'y mit effectivement. Ce spectacle attira tous les paysans des montagnes; les femmes ne virent point paraître le chevalier ni l'ermite, elles crurent qu'ils avaient péri dans les flammes, et elles s'applaudirent de leur vengeance.

Au bout de huit jours, Mandrin fit paraître un autre ermite, avec une lettre de son visiteur au grand-vicaire. Le nouveau frère était infirme et vieux; il demanda pardon au public des égaremens de son prédécesseur, et pria tous ceux qu'il rencontra de l'aider de leurs prières pour réparer l'énormité de ses fautes. Il distribua des chapelets et des images, et sut si bien jouer le personnage d'imposteur, que l'on ne s'aperçut pas même qu'il n'avait qu'une barbe postiche. On l'aida à rebâtir sa cellule, on le consola des dommages causés; on le fit passer en peu de temps de la disette à l'abondance.

Mandrin s'ennuya dans un séjour où il n'osait plus paraître; il se mit à voyager, et son absence causa la perte de ses gens. Comme le chef ne présidait plus aux travaux, les ouvriers s'accoutumèrent insensiblement à mépriser les ordres de Roquairol. Ils se répandirent dans les villages, et causèrent du tumulte. On les suivit, leur demeure fut découverte. Mais l'expérience avait appris qu'il y avait du danger à attaquer ces brigands sans être bien muni d'armes et en grand nombre. Tous les cavaliers des maréchaussées de Grenoble, de Valence et des villes voisines, marchèrent avec beaucoup de célérité et de secret. La montagne fut investie et l'ermitage assiégé. On enfonça les portes sans trouver aucune résistance, et sans voir personne. On fut long-temps à découvrir le chemin obscur qui menait au grand souterrain pratiqué dans l'intérieur de la montagne; et si ce fâcheux incident n'eût pas retardé les progrès des assiégeans, c'était fait de la bande. Tout y était en confusion; Roquairol et Perrinet se disputaient le commandement; ils se battaient dans la chaleur d'un emportement causé par l'ivresse. L'idée du danger fit cesser le combat. Ils se chargèrent promptement de tout ce qu'ils purent emporter, mirent le feu au reste, tuèrent les blessés qui ne pouvaient pas fuir, et s'échappèrent par un boyau secret qui les conduisit loin de l'enceinte de la montagne. Le véritable ermite, qui avait été relégué dans un cachot, fut trouvé sans mouvement et presque sans vie.

Lorsque les archers eurent pénétré, ils ne trouvèrent que de la fumée et des cendres. Ils découvrirent cependant une chambre qui recevait à peine le jour, et qui avait été épargnée, autour de laquelle étaient de fausses armoires que l'on supposait devoir servir de dépôt aux trésors de Mandrin. On se contenta de placer une sentinelle à la porte, et on battit la campagne pour découvrir la bande ou les traîneurs. Les brigands n'étaient encore qu'à quelques pas de l'ermitage, lorsque l'on entendit un grand bruit; c'était la salle qui sautait en l'air avec fracas. Mandrin avait fait pratiquer une mine pardessous, et Roquairol, qui avait mis le feu aux mêches en sortant, crut avoir enveloppé dans ce bouleversement la plus grande partie des maréchaussées du Dauphiné; il s'arrêta dans cette confiance, ignorant que la chute des terres n'avait couvert que la sentinelle et quelques curieux.

Cependant les villages voisins avaient ordonné de prendre les armes, et de sonner le tocsin contre ces ennemis de l'Etat. Mandrin revenait avec beaucoup de sûreté : la fermentation qu'il aperçut dans les campagnes, le son des cloches qu'il entendit, lui apprirent ce qu'il avait à craindre; il poussa son cheval, et sut de quelques paysans l'endroit où l'on avait vu paraître la bande que l'on cherchait. Il feignit de se joindre à eux pour les combattre, et se rendit au bois où ses gens avaient fait leur retraite. Roquairol n'avait pas encore eu le temps de se retrancher, et il pensait n'avoir pas même besoin de recourir à cette précaution, se persuadant faussement que c'était fait des archers, et qu'il n'aurait à se défendre que contre des paysans peu aguerris. Mandrin qui avait vu le danger, fit abattre promptement des arbres qu'il entrelaça, et exhorta tout son monde à bien faire. Le prévôt des archers, que l'on dit être le même que celui qui avait forcé le château du procureur, ne crut pas devoir exposer témérairement ceux qu'il commandait. Il fit faire une quantité considérable de fagots que les paysans élevèrent devant eux en approchant, et il y mit le feu. Le vent, qui était violent, porta les flammes dans les retranchemens et au visage des assiégés, ce qui les incommoda beaucoup. Mandrin ne voulut point périr par le feu, il déboucha par le côté où les flammes ne portaient pas, et forma un bataillon carré. Sitôt qu'il parut, on fit sur lui des décharges qui ne blessèrent que quelques hommes. Il avança fièrement en faisant un feu continuel. Le prévôt ordonna aux paysans de s'ouvrir, et de se former sur deux haies qui ne cessaient de faire des décharges, quoique fort éloignées. Mandrin, au lieu de suivre cette route, se replia brusquement sur une côte; mais sa troupe était affaiblie par le nombre des blessés. Le prévôt, qui avait voulu l'amener à ce point, fondit dessus avec six cavaliers, et acheva de la détruire, le sabre à la main. Plusieurs de ces coquins furent tués, d'autres s'échappèrent par la fuite, d'autres enfin moururent sur les rochers des blessures qu'ils avaient reçues. Mandrin fut pris couvert de sang et de poussière, et avec lui ses deux frères et cinq de ses gens. On assura qu'il aurait pu fuir, et qu'il ne soutint un combat si opiniâtre, que pour couvrir l'évasion de ses camarades. Il fut terrassé par deux employés d'une brigade voisine, et c'est ce qui lui fit jurer contre eux cette haine implacable qui coûta des ruisseaux de sang.

Mandrin, aussi tranquille dans les fers qu'à la tête de sa bande, demeura entouré de huit fusiliers, la baïonnette au bout du fusil. En chemin il demanda un verre d'eau, et dit qu'il avait assez combattu pour être altéré. On le tint éloigné de ses gens, que l'on mena sous bonne garde, et on les jeta dans les prisons de Grenoble. On prit toutes les précautions possibles contre la simplicité des dévotes. Mandrin ne parla qu'à ses juges, qui le condamnèrent à mort. On le conduisit au lieu du supplice. La seule grâce qu'il demanda fut de ne pas être conduit en charrette. On accède volontiers aux demandes des criminels dans leurs derniers momens : on permit qu'il allât à pied, ordonnant néanmoins qu'il eût les bras liés avec une forte corde. Il marcha dans cet équipage jusqu'à la vue de l'échafaud; alors ce spectacle ranimant ses forces, il rompit ses cordes, étendit les bras, culbuta le confesseur, le bourreau, les archers, donna tête baissée dans la foule, gagna la porte de la ville et bientôt les montagnes. On courut, mais il courait beaucoup mieux. Ses deux frères et ses camarades perdirent la vie, seul il sauva la sienne.

Tandis que l'on contait à Grenoble la fuite du criminel; que les uns attribuaient ce prodige à la force secrète de quelque herbe, et d'autres à une vertu magique, les archers, secrètement piqués de cet affront, songeaient à le réparer. Ils envoyèrent le signalement de Mandrin dans toute la province, et mirent des espions sur pied. Mandrin, qui avait prévu ces recherches, marcha long-temps sans se montrer. Au bout de quelques jours, se trouvant près d'une chartreuse, il s'y présenta avec de fausses lettres pour être reçu au rang des convers ou portiers. On l'examina long-temps, on balança; il fut refusé. De là il se retira dans un petit bois pour dévaliser ceux qui tomberaient sous sa main. La nécessité ne lui laissait plus aucune ressource. Le premier qui se présenta fut un cordelier : Mandrin lui demanda s'il pouvait confesser. Le père dit qu'il avait les pouvoirs. Mandrin l'emmena dans le bois, prétextant un malade à l'extrémité; là il lui ordonna de quitter ses habits, et se les fit donner par force, en lui abandonnant les siens. Il voulut bien ne pas se défaire de lui. Son intention était de laisser vivre un homme qui allait publier partout que Mandrin était en cordelier, et d'attirer les yeux des archers de ce côté là, tandis qu'il s'apprêtait à jouer un autre personnage. Il avait ouï dire qu'un disciple de Cartouche avait fait grand butin en Normandie avec la châsse de Saint-Hubert. Il forma le dessein d'user de ce stratagème, espérant le mieux conduire. Il s'ouvrit à un ami, mais il fut trahi et arrêté. Il y avait une nuit à passer pour le conduire à Grenoble : les archers redoutèrent ce temps. Ils chargèrent Mandrin de fers et de cordes, et ils le descendirent dans une citerne qu'ils sondèrent; ils mirent dessus des poids et des pierres, et placèrent deux sentinelles que l'on relevait de deux heures en deux heures. Ces précautions paraissaient rassurantes. Cependant Mandrin se dégagea les pieds, cassa ses cordes, et se servit de ses fers pour ouvrir le mur qui donnait dans une cave. Il battit le briquet, examina les lieux, força quelques portes, et prit son chemin par des sentiers que lui seul connaissait. Il vint jusqu'à Embrun, de-là il descendit à Avignon, et reprit les bords du Rhône pour se rendre à Viviers, où il comptait savoir quelques nouvelles de ceux qui avaient échappé au dernier combat. On lui dit que plusieurs étaient morts de leurs blessures, et que l'on soupçonnait que Roquairol avait eu ce malheureux sort; mais que l'on était assuré que Perrinet était vivant. Mandrin continua sa route, et se rendit à Lyon où il s'engagea. Il y avait du danger à paraître; il feignit une maladie, emporta l'argent du capitaine, et lui débaucha trois hommes de recrues qu'il emmena. Perrinet le joignit de son côté avec quatre autres. Au bout de huit jours la nouvelle bande montait à quatorze hommes proscrits pleins de courage. Comme ils se trouvaient sur les frontières, Mandrin les divisa sur une montagne, de laquelle ils découvraient les terres de France et celles de Savoie. La saison était rigoureuse, et le froid très-piquant. On ignorait quel but avait cette marche, à laquelle on ne se prêtait que par la confiance que le chef avait su gagner. Mandrin fit dresser un autel avec du bois et de la terre; il plaça dessus un trépied, des charbons allumés, de l'encens dans un bassin, une feuille de parchemin et une lame d'acier. Autour étaient quatorze siéges préparés avec de la terre, et au milieu celui du chef, plus élevé que les autres. Mandrin prit place, tous firent de même; il enfonça son chapeau, et leur parla en ces termes :

« Vous voyez, chers compagnons, un chef qui a su braver plusieurs fois les caprices de la fortune et les périls des combats. Eprouvé depuis longtemps par les bizarreries du sort, j'ai vu ma puissance affermie et ruinée; j'ai commandé en souverain, j'ai vécu dans les fers; et dans ces différens états, mon ame inébranlable a vu d'un œil égal ses pertes et ses succès. Un seul souvenir m'afflige. Ne croyez point, chers compagnons, que je porte mes regrets sur cette abondance d'or qui aurait pu éblouir mes yeux, ou sur les plaisirs tranquilles de cet ermitage qui devait être cher à mon cœur. Que des archers acharnés à ma perte, m'aient traité avec infamie, j'excuse leurs fureurs; que des juges, imbus des prétendues idées du bien public, m'aient envoyé au supplice, j'oublie l'erreur de leur conduite. Les uns ont des maîtres, ils doivent obéir; les autres ont des lois, ils ont dû les suivre. Mais le dirai-je? Que de vils employés aient porté sur moi leurs perfides mains, qu'ils m'aient terrassé dans le combat, qu'ils m'aient insulté avec outrage, et qu'ils attribuent à la bravoure ce qu'ils ne doivent qu'à la fraude ou à l'épuisement de mes forces, voilà, chers compagnons, ce qui fait l'opprobre de mes jours, et ce que je n'envisage qu'avec horreur. Mais ce glaive, ce bras qui a pu combattre, saura venger l'affront qui m'a été fait. Oui, je jure à cette race odieuse une haine implacable, je veux leur porter une guerre terrible qui ne s'éteindra que dans leur sang ou dans le mien; ma mort devient nécessaire à l'exécution de mes projets. Puissé-je, dès ce moment, immoler toutes ces victimes à ma vengeance, et descendre chez les morts! Cet autel, cet encens, ces feux, sont les garans des sermens que je fais; c'est peu de les prononcer aux dieux du ciel et des enfers, je vais les écrire de mon sang. Approchez, chers compagnons, et jurez avec moi. »

Mandrin avança vers l'autel, ses compagnons l'entourèrent : un genou en terre, et le glaive à la main, il prit la pointe d'acier, s'ouvrit le bras, traça des caractères avec son sang, fit des évocations magiques sur le trépied, brûla de l'encens, et la main levée, il jura à la ferme et aux employés toute la haine qu'Annibal avait jurée aux Romains. Le serment fut prononcé successivement par tous ceux qui l'entouraient.

Après cette cérémonie, Mandrin se plaça sur son trône une seconde fois, puis montrant à ses compagnons les terres de France et de Savoie, il leur dit : « Chers amis, promenez vos regards sur ces riches contrées, voilà le théâtre de nos expéditions militaires. Cette terre a des richesses que cette autre n'admet pas : transportons-les d'un royaume dans un autre, je vous en donne les droits, et j'abandonne ceux qui m'ont fait frapper la monnaie des souverains. Ne songeons qu'à commencer le fer à la main ; et si quelques employés y mettent obstacle, frappez et portez la mort jusqu'au sein de leurs foyers mêmes. »

Ces discours produisirent tout l'effet que Mandrin en devait attendre. Ses compagnons, engagés par serment et par état, se livrèrent aveuglément à ses volontés : ils se rendirent sur les terres de Savoie, et apportèrent des marchandises de contrebande, malgré les rigueurs de l'hiver. Le 5 janvier 1754, ils les déposèrent au village de Cursou, et le 7 ils apprirent que cinq employés de la brigade de Romans étaient à leur poursuite. Mandrin sourit à cette nouvelle, et vit avec un plaisir secret qu'il touchait au moment d'entamer le projet de ses vengeances. Il laissa trois hommes pour la garde de ses marchandises, en envoya un à la découverte, et marcha avec quatre autres. Les employés étaient sans défiance. Mandrin alla à leur rencontre ; il les aborda honnêtement en leur faisant croire qu'il était lui-même employé ; mais à peine eut-il remis le chapeau, qu'il se fit une décharge générale, qui tua le brigadier avec un employé, et en blessa deux autres, dont un ne vécut que deux jours. « Ces gens ont de belles armes, dit Mandrin, je veux m'équiper à la brigadière et faire un échange. » Il jeta sur son dos la mante du brigadier, prit son chapeau et monta sur son cheval.

L'équipage des autres devint le profit de la troupe.

Le lendemain on apprit qu'un employé de la brigade du grand Lemps, paraissait fâché de ne s'être pas trouvé avec la brigade de Romans, et qu'il ne cherchait que l'occasion de montrer son courage. Mandrin promit de l'aller voir, il tint sa parole. La nuit suivante il alla frapper avec ses gens à la porte de du Triet, qui était cet employé; il lui demanda en quoi on pouvait l'obliger. Du Triet, étonné de ce compliment, fit de mauvaises excuses, dont on ne se paya pas. On prit ses meubles, ses armes et son cheval; sa femme elle-même fut obligée de conduire les voleurs dans les endroits où il y avait à piller, tandis que son mari se dérobait à leur fureur.

Mandrin trouva de la grandeur d'ame dans le sang-froid avec lequel cette femme vit piller sa maison et emporter ses meubles; il balança pour les lui rendre, et ce ne fut qu'en considération de cette fermeté remarquable, qu'il ne fit pas de plus grandes recherches contre son mari, qui devait subir la loi du serment. Le bruit de ces deux actions se répandit dans toute la province. L'espoir du gain et l'amour du pillage attirèrent à Mandrin quantité de sujets qui demandèrent à être inscrits. On exigeait de deux choses l'une: la première, qu'ils fussent déserteurs, afin de ne pas être tentés de trahir par la vue de leur propre danger; la seconde, qu'ils eussent été au moins une fois condamnés à être pendus pour raison de contrebande ou de fausse monnaie, et qu'ils eussent fait preuve d'adresse en forçant les prisons. On n'admettait pas aisément ceux qui n'étaient que voleurs ou assassins On trouvait aux uns trop de timidité dans le péril, et aux autres un défaut d'industrie dans le commerce. Après de longues épreuves et des recherches sur la vie passée, le récipiendiaire était interrogé sur la connaissance des sentiers et des défilés, sur le gué des rivières, sur la façon de passer les marchandises de différentes espèces, sur l'art de faire faire de fausses courses aux employés, sur la manière d'attaquer les brigades et de s'en défaire. Il prêtait ensuite le fameux serment dont nous avons donné la formule, et prenait place dans le corps, moins selon le rang de réception que selon les talens.

Le Dauphiné, le Languedoc, une partie de l'Auvergne, le Lyonnais et le Mâconnais étaient inondés de marchandises de Mandrin; ce qui commençait à porter préjudice au commerce et plus encore aux droits de la Ferme. On dit même qu'il s'étendait jusque dans la Franche-Comté, d'où il allait se fournir dans la Suisse. Il passa la fin de l'hiver et le printemps de 1754 à se répandre dans les villages et les bourgs de ces différentes provinces.

Il poursuivait les employés des Fermes, avec une activité telle, que ceux-ci en étaient effrayés. D'ailleurs, les nouvelles qui leur venaient de tous côtés, leur apprenaient que ces meurtres n'étaient que le prélude d'une guerre plus sanglante qu'on leur préparait, et que leur perte avait été jurée sur les autels. Leur intérêt particulier se trouvant lié avec celui de la Ferme, ils songèrent à pourvoir à l'un et à l'autre. Comme il importait beaucoup d'être informé des démarches de l'ennemi, ils répandirent des espions dans les campagnes, et eux-mêmes ne marchèrent plus qu'avec beaucoup de circonspection. Mandrin apprit que sa conduite était observée : il donna ordre à ses gens de n'épargner aucun des espions qui tomberaient entre leurs mains, de les accrocher aux branches des arbres, ou de les fusiller.

La bande se répandit ensuite dans le Rouergue, et commit de grands désordres dans les villages. Les femmes se cachaient, les filles n'osaient se montrer. La force amena la licence. On forçait les maisons dont on ne chassait que les maris ou les pères, et l'on s'y établissait en maître. On avait beau payer en contrebande ou en argent, ces sommes n'entraient pas en compensation avec l'usurpation de certains droits, et les femmes devinrent bientôt une marchandise que les hommes cachaient plus soigneusement que la contrebande même.

Mandrin exerça sur les chemins la violence qu'il avait exercée dans les maisons. Il fit arrêter tous ceux qui tombèrent sous sa main, et les contraignit d'acheter ses marchandises, en leur montrant les profits qu'il y avait à faire dessus. En vain lui représentait-on le danger de ce commerce ; bon gré, mal gré, il fallait plier sous cette loi ; mais ces violences ralentissaient le commerce. Les Lyonnais craignaient les bords du Rhône. Les négocians de la Bourgogne, de l'Auvergne et du Bourbonnais, ne trouvaient plus de sûreté sur les routes du Languedoc et de la Provence, pour pénétrer jusqu'aux ports de la Méditerranée ; ils marchaient en troupe, ce qui ne leur réussissait pas mieux, ou ils prenaient des détours fatigans qui doublaient la dépense.

Un marchand, que son commerce appelait à Marseille, s'arrêta à Saint-Rome de Tharn. Il avait pris un mauvais habit pour cacher son état, ce qui trompa Mandrin ; mais en fuyant un écueil, il donna dans un autre. On le prit pour un espion, et on le poursuivit à grands coups de fusil. Une porte se trouva ouverte, il s'enfonça dans la maison, sortit par derrière, et échappa. Mandrin entra après lui, et demanda que cet homme lui fût livré. Il enfonça les portes et culbuta les meubles, il menaça du fer et du feu ; tout retentissait de ses juremens et de ses fureurs. Il saisit une jeune femme par la main, et lui ordonna de lui montrer le coupable, ou de s'attendre à essuyer toute sa vengeance. Cette femme méritait des égards par sa beauté, par son âge, et plus encore par sa grossesse. Mandrin, inexorable, persista à la menacer de la mort ; puis, faisant un pas en arrière, saisit son fusil, et lui enfonça la baïonnette dans le ventre.

Mandrin devint un objet d'exécration et d'horreur ; et si les employés avaient su mettre à profit les dispositions des gens du pays, il périssait, et ses gens succombaient avec lui. Ce monstre vit que le peuple fuyait, il le méprisa, et tourna ses vues d'un autre côté. Le projet qu'il méditait demandant de la hardiesse pour l'exécution, il voulut bien le soumettre aux lumières de son conseil. Il assembla ses officiers, et leur en fit part en ces termes : « Mes exploits, chers compagnons, ont inspiré aux employés la terreur de nos armes. Je ne vois plus leurs brigades s'égarer dans les campagnes, et nous disputer les droits du commerce. Soyez assurés qu'ils ne s'amuseront plus désormais à ouvrir mes lettres. Mais je m'aperçois que le peuple effrayé ne se prête plus au débit de nos marchandises, et qu'il les dédaigne. J'ai trouvé d'autres mains que les vôtres pour les lui présenter. La Ferme a des entreposeurs qu'elle paie ; ces mêmes entreposeurs sont les gens que je choisis ; je veux m'en servir, et qu'ils me paient. J'irai à votre tête leur porter mon tabac, et si vous avez encore ce courage que je vous ai vu dans les combats, si vous êtes toujours dignes de vous et de moi, nous laisserons à la postérité des faits mémorables que tous les siècles ne détruiront pas. »

La nouveauté de ce dessein plut beaucoup ; on y applaudit avec éloge, et chacun offrit son sang pour en assurer l'exécution. Le 30 juin 1754, Mandrin fit charger des ballots de tabac sur des mulets, entra dans Rhodez, et se rendit à la maison de l'entreposeur de la Ferme. Il n'avait avec lui que cinquante-deux hommes bien armés, la baïonnette au bout du fusil. Il entra seul, pria l'entreposeur de descendre, et étala sa marchandise. L'entreposeur étonné ne savait s'il devait en croire ses yeux. « Ne prenez pas ceci pour un songe, lui dit Mandrin, ce que vous voyez est du tabac, le vôtre n'a pas une sève plus admirable ; je vous l'abandonne à quarante sous la livre, et je ne veux pas d'autre acheteur que vous. » Cette proposition étonna plus que l'impertinence même de l'action. L'entreposeur se démena beaucoup, et voulut crier à la violence, à l'injustice. Mandrin le prit par la boutonnière, et le pria de voir les baïonnettes, les fusils et les sabres qui l'entouraient ; le danger n'était pas équivoque. L'entreposeur compta l'argent qu'on lui demandait, et reçut des offres de services assaisonnées du ton le plus railleur.

Rien ne manquait au triomphe de Mandrin ; la Ferme humiliée pliait sous ses ordres, et son escorte victorieuse chantait insolemment sa gloire. Il se rappela que l'on avait déposé à la maison de ville quelques armes saisies sur des contrebandiers qu'il avait commandés autrefois, il écrivit au subdélégué de l'intendant, pour en demander la restitution. On dit même qu'il ne daigna pas faire de menaces dans sa lettre, son nom annonçant assez ce que l'on avait à craindre. On devait tout redouter d'une troupe habituée à employer le feu, le pillage, le meurtre. Il fallait donc obéir, au défaut de forces pour repousser la violence.

L'expédition de Rhodez ayant eu un heureux succès, Mandrin alla faire le même compliment à l'entreposeur de Mendes. Comme il se présenta avec la même audace, les conditions qu'il prescrivit furent exactement suivies; il déposa ses ballots et reçut de l'argent.

On ne peut exprimer la joie de sa troupe, et l'effet que ces deux actions avaient produit sur leur esprit; ils ne songeaient à rien moins qu'à épuiser la Suisse et la Savoie des marchandises prohibées en France, et à les faire accepter dans tous les bureaux de province. Mandrin, plein de ces idées, prit sa route pour la Suisse, et voulut se montrer dans sa patrie. Il y trouva en arrivant un employé qu'il avait remarqué dans le combat de l'ermitage, celui-là même qui avait arrêté à ses côtés Pierre Mandrin, son frère; il entra chez lui le sabre nu, et lui dit : « Moret, te souviens-tu de ce combat dans lequel tu osas te présenter contre Mandrin? Te rappelles-tu ce jeune homme que tu eus la perfidie d'arrêter? Je suis son frère et le vengeur de sa mort. » Moret se jeta à genoux en le suppliant, et présenta un jeune enfant de dix-huit mois qu'il tenait entre ses bras, espérant que ce spectacle attendrirait le cœur du barbare. « Tu as arrêté mon frère, dit Mandrin, tu es employé, et tu demandes grâce! Péris, toi et ton enfant; puissé-je en exterminer votre race!» Il lui déchargea son sabre sur la tête, et redoubla frappant indifféremment le père et l'enfant, ne cessant ses coups que lorsqu'il les vit tous deux en morceaux et baignant dans leur sang.

Le pays entier n'ayant pas assez de forces pour faire face à ce meurtrier, il continua à se montrer ouvertement, jouit de l'impunité, et augmenta même sa bande de quelques sujets, et se jeta en Suisse, où il resta jusqu'à la fin de juillet. Comme il s'apprêtait à rentrer en France par la Franche-Comté, les brigades de Manthe et de Chaunève allèrent à sa rencontre. Mandrin, que ses espions instruisaient exactement du nombre de ses ennemis, de leur marche et de leur force, les fatigua long-temps par des marches et des contre-marches qui lui parurent nécessaires autant pour la sûreté de sa troupe, que pour le débit de son tabac. Enfin, lorsqu'il se fut déchargé de ce qu'il avait de plus embarrassant, il campa à côté d'un petit bois, un marais devant lui, et une montagne derrière; il fallait, pour l'atteindre, pénétrer dans le bois, où il avait jeté du monde, ou forcer un passage étroit qu'il avait coupé par un fossé et embarrassé de chariots. Les employés ne virent point le péril; leur nombre leur inspira de la confiance, et la vue des chariots parut assurer la prise du butin; ils avancèrent. Deux contrebandiers buvaient dans un cabaret, ils coururent promptement joindre leurs camarades, et marchèrent sans être vus, à cause des buissons. Un des deux aperçut un grand homme, que sa taille et ses cheveux longs distinguaient parmi les autres, il lui tira un coup de fusil qui le renversa de dessus son cheval. A ce bruit, tous les employés mirent pied à terre. Etant arrivés près du fossé, il en sortit un feu terrible qui en blessa un grand nombre, et les força à se disperser. Ils se rallièrent pourtant et revinrent à la charge sur un front plus étroit; ils essuyèrent un feu fort vif, et descendirent dans le fossé, d'où ils délogèrent les contrebandiers. Ceux-ci, qui avaient un retranchement plus fort, coururent derrière leurs chariots: les plus ardens des employés y pénétrèrent avec eux, et se trouvèrent enfermés quand on boucha le passage. « Soyez les bien-venus, dit Mandrin, il ne pouvait vous arriver rien de mieux. » Il leur fit lier les pieds et les mains. Cependant on faisait derrière les chariots un feu continuel. Les assaillans ne remportant aucun avantage, ils songèrent à leur retraite. Mandrin fit filer une partie de ses gens derrière les haies, et sortit à la tête de vingt-deux hommes. Lorsqu'il déboucha, les employés firent une décharge, et s'aperçurent trop tard qu'ils avaient tiré sur leurs propres camarades que Mandrin faisait marcher devant lui, ils repassèrent le fossé en désordre, la baïonnette dans les reins, et lorsqu'ils se furent étendus le long des haies, ils essuyèrent en flanc une décharge qui acheva le combat. Ils remontèrent promptement sur leurs chevaux, laissèrent plusieurs morts sur la place et ramenèrent beaucoup de blessés. Mandrin, au milieu de la victoire, se plaignait de deux choses : la première, de ce que les employés qui étaient entrés dans ces retranchemens, étaient morts de leurs blessures; la seconde, de ce qu'il ne s'était pas emparé des chevaux pendant le combat, et il se reprocha long-temps cette faute, qui pouvait en être une en effet.

Le combat fini, Mandrin fit enterrer ses morts avec tous les honneurs militaires. Il ordonna ensuite de dépouiller les employés qui avaient été tués dans le combat, et de les attacher à des arbres loin de son camp. Ce poste était avantageux; il s'y maintint pendant quelques jours, et y vendit son tabac sous les yeux même des employés qui rôdaient et n'approchaient pas. De là, il se rendit en Savoie, et revint de nouveau en France, les armes à la main. Les débitans de Crapone, les buralistes de Brioude et de Montbrison, payèrent son tabac comme avaient fait leurs confrères de Mendes et de Rhodez. Il fit ouvrir les prisons de Montbrison et en tira quatorze criminels.

Les prisonniers délivrés, les déserteurs qui fuyaient la main des archers, tous ceux enfin qui avaient du goût pour le crime ou qui craignaient la justice, couraient s'enrôler sous les drapeaux de Mandrin. L'augmentation du nombre sembla promettre l'impunité, et les porta à tout oser. Les employés trop faibles ne suffisaient plus pour la garde des passages. Mandrin se plaignait de ce qu'il n'en trouvait plus sur la route. On le vit en peu de temps fondre de la Savoie dans le Bugey, se porter aux bureaux de Nantua, de Bourg-en-Bresse, de Chatillon-les-Dombes, de Charlieu, de Roanne, de Thiers, d'Ambert, de Marsac, d'Arlant, de la Chaise-Dieu, de Pradelle, de Langone, de Tance, de St.-Didier, de St.-Bonnet-le Château, de Boen, de Montbrison, y déposer son tabac, y commettre des exactions sur tous les adjudicataires des Fermes, receveurs, entreposeurs et débitans. La célérité avec laquelle il exécuta toutes ces choses, doit donner à connaître ce que Mandrin honnête homme eût pu faire. Au Puy en Velay, on lui dit que l'entreposeur avait des greniers pleins; il ordonna qu'on les vidât pour la subsistance de sa troupe. Comme on mettait la main à l'œuvre, on vint lui annoncer que ce blé n'était qu'un dépôt, et qu'un marchand le réclamait : il consentit à le laisser, et ne demanda que six cents livres au propriétaire, seulement, disait-il, pour lui apprendre à ne plus se trouver confondu avec des commis.

Plusieurs bureaux, tels que ceux du Puy, de Saint-Just, de Saint-Didier, de Saint-Bonnet, de Clugny, de Saint-Trivier et de Saint-Laurent en Franche-Comté, furent encore mis à contribution dans les mois suivans. Dans les uns, il rechercha les employés, comme un chasseur va à la quête du gibier dans les campagnes, tua, blessa sans ménagement et sans distinction ; dans les autres, il vola l'argent, pilla les meubles, et brisa tout ce qu'il ne put emporter.

Le gouvernement sentit enfin le besoin de mettre un terme à de pareils excès, et il envoya des troupes pour combattre cette bande d'assassins.

A cette nouvelle, Mandrin, qui eût dû mettre bas les armes, sentit augmenter son orgueil et accroître son courage. Il songea à faire des soldats, et chercha des recrues dans les prisons. L'art de les forcer ne lui était pas inconnu : il pénétra rapidement dans celles de Bourg-en-Bresse, de Roanne, de Thiers, du Puy, de Montbrison, de Clugny, de Saint-Amour, du Pont-de-Vaux et d'Orgelet; et pour montrer qu'il marchait sans crainte, il se fit apporter les registres d'écrou de ces prisons, écrivit l'acte par lequel il donnait la liberté aux prisonniers, et signa.

Le 13 décembre, il se rendit à Seurre, chercha soigneusement les employés qui ne parurent pas, enfonça la porte de la maison du capitaine-général, ouvrit ses armoires, et prit tout ce qu'il trouva. Il fit ensuite amener les receveurs du grenier à sel et de l'entrepôt de tabac, pour leur prescrire la dure condition de compter de l'argent, et de prendre du tabac. Seurre était dans la confusion et le désordre : on crut voir renaître le temps malheureux de Jean de Gales. Mandrin fit dire au peuple de ne point interrompre ses travaux, qu'il n'était point l'objet de ses expéditions militaires, et qu'il prenait ses intérêts. Alors, s'adressant aux deux receveurs, il leur dit : « Je sais, Messieurs, ce que la probité et l'honneur exigent de moi. Vous êtes en place, vous êtes comptables, il est juste que je vous donne une reconnaissance des sommes que je vous demande; croyez qu'on la respectera. » Il la fit, et signa *le capitaine Mandrin*. Non content de cette décision, il les contraignit de lui donner un reçu de son tabac; ce qu'il fallut faire.

Le 18, Mandrin se présenta sous les murs de Beaune. Sur l'avis qu'on lui donna que la bourgeoisie était sous les armes, il s'arrêta à quelque distance de la ville, et fit ses dispositions. La porte qu'il attaqua fut défendue avec beaucoup de vigueur. La garde bourgeoise fit un feu très-vif du haut des remparts. Mandrin les menaça de faire sauter leur porte avec un pétard, ou d'y mettre le feu. Il s'avança ensuite à la tête de ses travailleurs, et l'enfonça. La chaleur de l'action lui permit encore de connaître quelque modération. Il pouvait ordonner le pillage; il arrêta sa troupe sous la porte même et défendit les décharges. Comme il n'en voulait qu'à la Ferme, il se fit amener le maire et lui tint ce discours :

« Je suis ce Mandrin si connu dans le royaume, la terreur de la Ferme, et le libérateur des citoyens. Je ne viens point, en ennemi de l'état, apporter parmi vous les horreurs de la guerre ; Beaune est à moi, je puis y porter le fer et la livrer au pillage; mais je respecte le sang des citoyens innocens : un autre sujet m'amène. Vous avez dans le sein de la ville deux bureaux qui me doivent des droits; je les taxe à vingt mille livres : hâtez-vous de faire compter cette somme par les mains du receveur du grenier à sel et du tabac. Si vous balancez, vous devenez coupable : tremblez pour ces murs, craignez pour vous. » On lui compta les vingt mille livres.

Autun reçut le lendemain une visite semblable, Mandrin rencontra sur son chemin de jeunes séminaristes qui allaient prendre les ordres à Châlons; il les fit rebrousser chemin. Les portes de la ville étaient fermées. Mandrin s'empara des faubourgs, alluma des torches et tint les échelles prêtes. Ensuite, s'avançant vers la ville, il fit dire au maire que si les deux receveurs du sel et du tabac ne lui faisaient pas remettre la même somme que ceux de Beaune, il allait voir le sang couler, les faubourgs embrasés, la ville escaladée, les plus beaux édifices renversés, et tout au pillage; et pour aider à le déterminer, il lui montra les séminaristes qui étaient en son pouvoir, et dit que c'étaient là ses ôtages. Ces jeunes gens étaient pour la plupart de la ville : les pères et mères jetèrent des cris à ce spectacle. Les uns coururent chez le maire en versant des larmes, les autres allèrent chez les receveurs, et crièrent hautement qu'eux seuls étaient cause de ces malheurs; qu'ils allaient causer la ruine de la ville; qu'ils songeassent à écarter les dangers, sinon qu'on les livrerait l'ennemi.

Autun a de beaux monumens d'antiquité, restes précieux des Romains : on appréhenda que ces scélérats n'y portassent la main avant de se jeter dans la ville. Le maire proposa d'appeler leur chef, et de traiter avec lui. Mandrin voulut que sa troupe entrât. On ouvrit les portes, il la mena droit à l'Hôtel-de-Ville, et y entra avec deux hommes seulement. On lui demanda quel droit il avait pour lever des contributions. Il répondit qu'il avait pour les Fermes le droit qu'Alexandre avait eu sur les Perses, et celui de César sur les Gaules. Le maire tenta de faire des représentations, et d'obtenir quelque condition meilleure; mais il crut devoir céder aux emportemens de Mandrin : on lui compta l'argent qu'il demandait ; il rendit les séminaristes, ouvrit les prisons et sortit.

Les troupes que la cour avait envoyées pour réprimer ces désordres, arrivèrent enfin aux environs d'Autun, Mandrin qui était alors dans la paroisse de Brion, s'arrêta auprès du village de Grenade et s'y retrancha. De Fitcher, qui commandait les troupes, s'avança pour le forcer ; il trouva les retranchemens très-profonds, et plus réguliers qu'il n'avait cru devoir l'attendre d'un homme qui n'avait aucune connaissance des règles de l'art. Mandrin fit réflexion qu'il ne pouvait se conserver dans ce poste, qu'il était aisé de lui couper les vivres, que tout retranchement que l'on attaque est toujours forcé, que les gens du pays pouvaient lui tomber sur les bras ; enfin, que toutes les troupes qu'on lui opposait étaient harassées d'une longue marche : il tint son conseil de guerre, qui résolut de sortir sans délai. Mandrin quitta ses retranchemens dès le jour même; et eut l'audace de marcher le premier contre les troupes. Tel a toujours été Mandrin : du feu dans l'imagination, de la célérité dans l'exécution, De Fitcher, qui ne s'attendait pas à ce mouvement, fit des dispositions à la hâte : Mandrin avait fait les siennes ; il parut à la tête de ses gens, monté sur un cheval fin et le sabre nu.

« Chers compagnons, leur dit-il, jusqu'ici je vous ai menés à la fortune, aujourd'hui je vous mène à la gloire. Nous avons trouvé des ennemis dignes de nous. Ce ne sont plus de vils employés qui ne paraissent que pour fuir, et qui ne savent vaincre que quand on ne résiste pas ; ce sont les vainqueurs des Pandours et des Croates, encore teints de leur sang. Vous avez vaincu avec eux, refuserez-vous de combattre contre eux? Si vous fuyez, vous êtes leur proie; si vous combattez, ils sont la vôtre : marchez, détruisons ce corps affaibli par des marches pénibles. Je vous livre, après la victoire, toutes les richesses des receveurs et toutes les têtes des employés. »

Cette harangue fut suivie d'une décharge meurtrière ; les hussards et les dragons tinrent ferme, et répondirent de même. Le feu devint vif et roulant. Mandrin se porta partout où il y avait du danger; il vola de rang en rang, encouragea, pria, pressa, promit. Il commanda en capitaine, il se battit en soldat. Piedmontois fut tué devant lui; il prit sa pique, mena sa troupe la baïonnette au bout du fusil, enfonça les rangs et en animant les siens, se mêla au carnage. Dans la mêlée, il s'aperçut que Saint-Simon , son major, perdait le terrain qu'il avait gagné ; il quitta un péril pour courir à un autre, se mit à la tête du corps de Saint-Simon, le mena en avant et rétablit le combat. Sa gauche, commandée par Perrinet, commençait à plier ; il y courut, la remena jusqu'à trois fois à la charge, écumant de rage de ne pouvoir entamer. Il semblait se multiplier pour suffire à tout. Enfin, après un combat de fureur et d'archarnement, ses trois corps de bataille furent enfoncés presqu'à la fois, poursuivis la baïonnette dans les reins et dispersés.

Les contrebandiers ne firent plus rien de remarquable depuis ce temps. Mandrin en ramassa une trentaine des débris de sa grande troupe, avec lesquels il vola quatre chevaux à des archers de Dompierre dans le Bourbonnais, ce qu'il imita de Cartouche. De là il alla poignarder, au Breuil, cinq commis de la brigade de Vichi, puis, le lendemain, au village de Saint-Clément, tuer un particulier dont il était mécontent.

Mandrin se trouvait pressé par les troupes légères qui étaient à sa suite; il ne leur échappait que par des marches et des contre-marches toujours difficiles; ce qui le réduisait à tuer pour se venger, et à voler pour vivre. Dans ses courses, il mit à contribution les receveurs de Cervière, de Noire-Table et de la Chaise-Dieu. Il tira sur la cavalerie des volontaires de Flandre et de Dauphiné, au village de Stuverat, dans le Velay; ce qui paraissait annoncer le rétablissement de ses affaires. Là cependant finit le cours de ses prospérités. Le dernier crime qui termina sa carrière, fut la mort de la femme du brigadier des Fermes de Noire-Table. Cette jeune femme allait ouvrir la porte, lorsque Mandrin fit une décharge qui la tua. Un de ses camarades le vendit aux employés.

Il fut pris la nuit, lié dans toute la longueur du corps, conduit, ou plutôt apporté à Valence, le 10 mai 1755, avec cinq des siens, et jeté dans les prisons de la cour souveraine.

Ce coup inespéré affligea d'autant plus Mandrin, qu'il se voyait entre les mains des employés, obligé de répondre devant un tribunal établi pour la Ferme depuis dix-sept ans. Il connut bientôt, à la façon dont on le gardait, qu'il n'y avait plus guère pour lui de ressources dans la force ou dans la ruse. Laverde-Morval, commissaire du conseil, lui fit subir l'interrogatoire ordinaire. Mandrin répondit avec tranquillité, et même avec politesse. On lui demanda quels étaient ses complices; il répondit qu'on avait pu les voir en pleine campagne et dans les villes, qu'il n'avait pas meublé sa mémoire de leurs noms pour les traduire devant les juges. On l'interrogea sur les fauteurs de ses crimes, il nomma les receveurs des bureaux de Mendes, de Rhodez, de Beaune, d'Autun, de tous les lieux qu'il avait parcourus, et dit que c'était à eux seuls qu'il devait le débit de son tabac. Quand on lui représenta qu'ils n'avaient cédé qu'à la violence, il répondit que ceux qui l'avaient servi dans ses campagnes, avaient obéi de même le pistolet sur la gorge; que cette façon d'agir lui avait paru plus sûre et plus propre pour le commandement; que l'on ne pouvait attaquer les aubergistes qui étaient sur la route, sans rechercher auparavant les receveurs des bureaux; et qu'eux-mêmes, qui devenaient ses juges, n'auraient pas tardé à l'éprouver, s'il fût resté libre.

Le bruit de la détention de Mandrin attira un grand concours de peuple. On accourut de toutes parts pour voir ce coupable, dans lequel on prétendait trouver quelque chose de grand, s'il peut y avoir de la grandeur dans le crime. On lui présenta un religieux pour confesseur, il répondit qu'il le trouvait trop gras pour un homme qui prêche la pénitence. Un particulier lui ayant rappelé qu'il l'avait vu autrefois, il dit : « Si tu me connais, tu ne dois pas me reconnaître. »

Un jésuite lui fit envisager son sort ; il parut ébranlé. Cet homme fier, qui avait affronté la mort dans la chaleur de l'emportement, ou dans l'ignorance du péril, n'en soutint qu'avec peine les approches. Les discours du confesseur achevèrent d'abattre cette ame féroce. Il avoua ses crimes, et il les pleura. Le 26 mai, il monta sur l'échafaud, qu'il le regarda sans orgueil et sans faiblesse; il remercia son confesseur, embrassa son bourreau, et s'étendit sur le lit douloureux qui l'attendait. « Ah! s'écria-t-il, en versant des larmes amères, quel instant, grand Dieu, et que j'aurais dû le prévoir! » On lui rompit les bras, les jambes, les cuisses et les reins. Il mourut avec beaucoup de courage.

MARILLAC, Maréchal de France.

Louis de Marillac, né en Auvergne en 1572, était neveu de Charles de Marillac, évêque de Vienne et chef du conseil privé de François Ier. Louis était aussi frère de Michel de Marillac, garde des sceaux de France.

Il servit avec distinction sous Henri IV et Louis XIII. Nommé maréchal de camp, en 1620, il fut chargé au siége de La Rochelle des travaux de la digue; employé ensuite à l'armée de Champagne, puis gouverneur de Verdun, il obtint enfin le bâton de maréchal en 1629, après la prise de la ville de Privas, où il s'était fait particulièrement remarquer.

Nous ne nous arrêterons point à rendre compte des affaires nombreuses auxquelles le maréchal de Marillac prit part, ni des faits d'armes par lesquels il se distingua pendant près de quarante années. Ces détails appartiennent à l'histoire de sa vie; nous ne parlerons que de ceux qui se rattachent à son procès.

Richelieu avait été élevé à la dignité de premier ministre par la reine-mère, qui croyait pouvoir régner toujours par lui; mais désabusée enfin sur le compte de cet homme aussi ingrat qu'ambitieux, elle épiait un moment favorable pour lui faire perdre la faveur du roi ; une maladie qui surprit Louis XIII à Lyon, à son retour de la conquête de la Savoie, offrit à Marie de Médicis l'occasion qu'elle cherchait depuis si long-temps. Réunissant chez elle toutes les personnes qui lui étaient dévouées, parmi lesquelles on voyait figurer le maréchal de Marillac, elle prit l'avis de chacune d'elles sur le sort que l'on réserverait au cardinal, en cas de mort du monarque. Les avis furent partagés entre une détention perpétuelle et la mort ; Marillac pencha pour cette dernière punition. Le ministre avait des espions partout ; il fut instruit de ce qui s'était passé dans ce comité, et après être sorti triomphant de cette affaire, il fit serment de traiter chaque personne de la même façon qu'elle avait résolu de le traiter lui-même.

Le roi ayant recouvré la santé, Marie de Médicis, d'après l'avis du conseil, demanda à son fils le renvoi du cardinal. Louis XIII y consentit, cependant il demanda encore quelques jours. La cour ayant quitté Lyon, revint à Paris ; les militaires allèrent rejoindre l'armée.

La reine-mère rappelant au roi sa promesse, fut étrangement suprise d'entendre son fils la prier de pardonner au premier ministre ; celui-ci eut l'imprudence d'entrer, sans être demandé, dans l'appartement où le roi était avec sa mère. Marie de Médicis, très scandalisée de cette audace, prodigua les épithètes les plus humiliantes à son ennemi. Etourdi de tout cequ'il entendait, le cardinal tomba aux genoux de la reine-mère et fit tout pour obtenir son pardon, qu'elle lui refusa. On se sépara. Le monarque, incertain sur le parti qu'il devait prendre, alla à Versailles, n'emmenant pas Richelieu. La reine-mère se croyait sûre du triomphe.

Cependant le premier ministre, qui n'avait plus d'espoir, se disposait à partir pour Brouage, dont il était gouverneur; il fut détourné de ce projet par le cardinal de La Vallette, qui l'engagea à faire tête à l'orage. Richelieu se rendit à Versailles.

Mais que faisait la reine-mère? Au lieu de suivre son fils dans cette résidence royale, où elle l'eût sans doute décidé à renvoyer le cardinal, elle recevait au palais du Luxembourg les complimens des courtisans toujours à l'affût des événemens politiques. C'est ce qui la perdit.

Tandis que ces choses se passaient au Luxembourg, Richelieu, arrivé à Versailles, se jetait aux pieds du roi. En politique rusé, il témoignait au monarque combien il était affligé d'avoir encouru la disgrâce de la reine-mère, et demandait la permission d'aller loin de la cour pleurer le malheur d'avoir déplu à sa bienfaitrice; mais le roi lui ordonnait de rester et de continuer à le servir comme il avait toujours fait, lui promettant de le défendre contre ses ennemis.

On ne tarda pas à savoir à Paris ce qui s'était passé à Versailles; ce fut alors à qui s'esquiverait le plus vite du Luxembourg. Marie de Médicis se vit bientôt seule, livrée à ses tristes réflexions.

Les personnes étrangères à toute cette intrigue appelèrent cette journée *la journée des dupes.* (11 novembre 1630.)

Dès qu'il eut ressaisi le pouvoir qui avait été si près de lui échapper, le cardinal ministre ne songea plus qu'à se venger ; les prisons furent remplies de ses ennemis, notamment de ceux qui avaient délibéré à Lyon sur le sort qu'on lui destinait. Le maréchal de Marillac, comme on peut le croire, ne fut point oublié. Il était alors à l'armée, où, ayant appris par une lettre de son frère le garde des sceaux, ce qui s'était passé entre la reine mère, son fils et Richelieu, il se remplissait l'imagination de grandeurs et de dignités. Mais le lendemain les choses changèrent de face.

Marillac était logé au château de Fouys avec les maréchaux de la Force et de Schomberg ; ils allaient se mettre à table tous les trois, quand arriva un huissier du cabinet nommé l'Epine, qui remit à Schomberg une lettre du roi contenant l'ordre d'arrêter Marillac. Impatient de lire cette lettre, dont il ignore le contenu, Schomberg se retire dans l'embrasure d'une croisée et la lit. Elle nous a paru assez singulière pour que nous la transcrivions ici en entier.

« Mon cousin,

« Mon cousin le maréchal de Marillac a écrit ici « des lettres très-insolentes contre vous ; mais il y

« a bien pis, je désire m'en assurer : j'écris au « sieur Duhallier qu'il l'arrête dans la Savoie s'il « y passe, et que je me suis confié en lui comme « en vous de cette affaire. Si vous jugiez qu'il prît « un autre chemin, je vous prie de le faire arrêter « vous-même. Je m'assure qu'il n'y a personne « en mon armée qui ne vous obéisse quand ils « verront la présente. Prenez garde qu'en venant « il ne s'accompagne de ses gardes et compagnies « qui sont sous son nom, lesquelles il faut laisser « en Italie ; car sachant en sa conscience sa dé- « loyauté, il pourra peut-être prendre garde à lui, « ou son frère pourra l'avertir. En un mot je vous « prie de faire en sorte que vous ou le sieur Du- « hallier ne manquiez pas d'exécuter ma volonté, « priant, sur ce, Dieu qu'il vous ait, mon cousin, « en sa sainte garde. Ecrit à Versailles, le 12 no- « vembre 1630. P. S. Le porteur ne sait aucune « chose de ce qu'il vous porte. Mon cousin, je vous « prie, sur tous les plaisirs que vous me sauriez « faire, ne manquez à exécuter ce que dessus.

« *Signé*, LOUIS.

« *Et plus bas*, BOUTHILLIER. » (1)

---

(1) Dès le lendemain de la disgrace de Marillac, les sceaux furent retirés à Michel de Marillac son frère, et donnés à Charles de l'Aubépine, conseiller d'état et chancelier des ordres du roi. Il avait été employé dans diverses ambassades sous le nom de *l'abbé De Preaux* et puis sous celui de *Châteauneuf*.

De la Force ayant suivi le maréchal Schomberg dans l'embrasure de la fenêtre, jeta les yeux sur cette lettre et y vit en marge ces mots écrits de la propre main du roi : « Mon cousin, vous ne manquerez pas d'arrêter le maréchal de Marillac, il y va de mon service. » La Force arracha la lettre des mains de Schomberg, le tira dans un passage qui conduisait à son appartement et lui dit : « Monsieur, lisez votre lettre en particulier, il y a quelque chose de plus important que vous ne croyez. » Schomberg suivit ce conseil; puis, rentrant dans la salle, il dit à Marillac et à tous les officiers qui s'y trouvaient. « Messieurs, s'il y a quelqu'un de vous qui veuille dîner, il peut se mettre à table, on a servi; pour moi je ne mangerai pas. » Se tournant ensuite vers Marillac : Nous irons tenir conseil chez vous après le dîner, et nous lirons les dépêches de Sa Majesté. En effet, les deux maréchaux se rendirent avec les officiers dans l'appartement de Marillac qui alla au devant d'eux. La Force prit alors la parole : « Monsieur, dit-il à Marillac, je suis votre ami, vous n'en devez pas douter, je vous conjure en cette qualité de lire et de recevoir les ordres du roi, sans murmurer et sans vous emporter ; peut-être que ce ne sera rien. Voyez, s'il vous plaît, cette apostille écrite et signée de la main de Sa Majesté. » De Schomberg ouvrit la lettre, la montra à Marillac et le pria de lire l'endroit où le roi ordonnait de l'arrêter. A cette nouvelle, le maréchal entra dans une violente colère contre le cardinal et lui prodigua les épithètes les plus outrageantes.

Le maréchal de La Force essaya vainement de le calmer. De Schomberg s'approcha alors de lui et lui dit à l'oreille : « Monsieur, puisque vous êtes malheureux, il vaut mieux quitter votre épée vous-même, retirez-vous dans le cabinet voisin ». C'est ce que fit Marillac. S'il eût su conserver son sang-froid, il aurait pu se sauver par la fenêtre de ce cabinet, au-dessous de laquelle, il y avait un amas de foin; il n'avait que sept pieds de haut à sauter; mais il était si occupé de son malheur et si outré de colère qu'il ne songeait qu'à l'injustice qu'on lui faisait et ne cherchait nullement à s'en garantir.

Un officier, nommé Pontis, qui était très-attaché au maréchal, fut commis à sa garde.

Le prisonnier écrivit une longue lettre au roi, que Schomberg mit dans le paquet qu'il adressait au monarque. Mais dans cette occasion, Marillac fit une grande faute, car le courrier qui était au cardinal entendit une grande partie de ce qu'il dit contre le premier ministre, ce qui ne contribua pas peu à rendre sa cause mauvaise auprès de cette éminence. Plus tard le maréchal lui adressa une lettre dans laquelle il rabattit beaucoup de sa fierté; cette lettre, toute humble qu'elle était, resta sans effet.

Dès que le maréchal de Marillac fut arrêté en Piémont, ses ennemis crièrent qu'il était criminel de lèse-majesté et que ses intelligences avec les ennemis de l'Etat seraient clairement prouvées. Mais après de grandes recherches dans tous ses papiers, on se réduisit à l'accusation de péculat et de vexations exercées sur les sujets du roi. On avait déjà porté quelques plaintes semblables contre le maréchal, et Richelieu offrit alors son crédit pour lui obtenir une abolition; mais Marillac avait rejeté la proposition avec hauteur, soit qu'il se crût innocent, soit qu'il craignît quelque piège de son ennemi secret, qui cherchait à le perdre de réputation, en lui persuadant d'implorer, comme criminel, la clémence du roi. Richelieu recueillit ces anciennes plaintes, mit ses créatures en campagne et ordonna de grandes perquisitions. Les commissaires, ennemis du maréchal, ramassent des témoins, grossissent les écritures, montrent plusieurs sacs remplis d'informations, et publient qu'ils ont trouvé de quoi faire couper la tête à quatre maréchaux de France. Voici à quoi se réduisirent les chefs d'accusation produits contre Marillac. « Malversations et profits illicites dans « la citadelle de Verdun; mauvais gouvernement « de l'armée du roi, malversations dans l'emploi « des deniers de sa majesté; abus et profits illicites « sur le pain de munition; fausseté des quittances « avec les comptables; divertissement de la somme « de 400,000 livres fournie par le roi au dédomma- « gement de ceux dont les maisons furent prises et « démolies pour bâtir la citadelle de Verdun; ap- « plication à son profit des deniers provenus de « la vente de certains offices; vexation du peuple « de l'évêché de Verdun, et de quelques pays « voisins.

Après qu'on eut tout préparé pour l'instruction du procès, le maréchal de Marillac qui avait été conduit en France, fut transporté du château de Sainte-Menehould à la citadelle de Verdun. La commission expédiée le 13 mai de l'année 1631 fut composée de quatre maîtres des requêtes, de deux présidens, de douze conseillers au parlement de Dijon. La nouvelle chambre devait s'assembler dans cette ville, mais les ennemis du maréchal qui enlevaient la connaissance de son affaire au parlement de Paris, crurent que la capitale d'une province serait encore un trop grand théâtre où l'on pourrait éclairer de trop près la conduite des juges.

Ceux-ci étant assemblés et deux d'entre eux nommés pour l'instruction du procès, on interrogea le maréchal et on le confronta aux témoins. Il offrit de prouver la fausseté de leur accusation, ce qu'on ne put lui refuser.

D'après la tournure que prenait l'affaire, le cardinal ministre vit que sa victime allait lui échapper; en conséquence il fit révoquer la commission et congédier les juges; puis le 11 mars 1632, il fit nommer une nouvelle commission. Des anciens juges, on ne retint que ceux dont les ennemis de Marillac étaient assurés, on en substitua d'autres qui étaient à la dévotion de Richelieu; au nombre de ceux-ci, nous citerons Paul-Hay du Châtelet, qui avait publié une satire sanglante contre les deux frères Marillac après la fameuse journée des dupes. Afin de mieux en imposer au public, on mit dans la commission quelques magistrats d'une intégrité connue.

Dès que Marie de Médicis et Gaston, frère du roi, apprirent qu'il y avait une seconde commission contre un officier de la couronne, dont le plus grand crime était de les avoir servis l'un et l'autre, ils firent menacer tous les juges de les prendre un jour à partie s'ils condamnaient Marillac à la mort. Gaston envoya dire aux deux rapporteurs du procès qu'il leur casserait la tête d'un coup de pistolet, s'ils s'éloignaient tant soit peu des règles de la justice dans les fonctions de leur charge. On assure même que la reine mère et Gaston projetèrent de faire enlever quelqu'un des plus proches parens de Richelieu, afin d'arrêter l'emportement de ce ministre par la crainte qu'on ne vengeât la mort de Marillac sur celui qu'on aurait entre les mains. Mais le cardinal persuada au roi d'ordonner à tous les domestiques de Marie de Médicis et du duc d'Orléans, de quitter incessamment Paris, et de défendre à qui que ce soit, sous les peines les plus sévères, de les recevoir dans sa maison.

La nouvelle chambre devait s'assembler d'abord au château de Pontoise; le maréchal y fut amené de Verdun. Puységur, officier aux gardes, reçut l'ordre d'accompagner le prisonnier avec cent hommes de son régiment. On lui offrit jusqu'à cent mille écus s'il voulait aider le maréchal à se sauver. Voici ce que Puységur raconte lui-même de l'arrivée de Marillac à Pontoise. « Le maréchal m'aperçut en descendant de carrosse, m'embrassa et me dit : monsieur de Puységur, vous étiez présent lorsque je fus arrêté, vous assisterez encore à ma mort ; ce n'est pas que je la mérite, mais mon persécuteur ne m'épargnera pas. Je mourrai de glaive ou de poison. Vous voyez un avocat auprès de moi; je ne m'en sers pas pour sauver ma vie, je suis assuré de la perdre; je pense seulement à mettre mon honneur à couvert. »

La remontrance des magistrats et la crainte qu'une religieuse carmélite de Pontoise, nièce du maréchal et fort considérée dans la ville, ne trouvât moyen de faire échapper son oncle, furent cause de la translation de la commission à Ruel, maison du cardinal entre Paris et Saint-Germain-en-Laye. Marillac avait cette fermeté, cette assurance qu'inspire une bonne conscience. Il disait souvent à Pontis, à qui le roi avait commandé d'aller à Ruel garder le maréchal qui souffrait avec peine auprès de lui Desreaux, lieutenant des gardes du corps : « De quoi peuvent-ils me convaincre, si non d'avoir été fidèle à mon roi? Pourvu que les règles de la justice soient observées, on ne me fera aucun mal. » Il paraissait tellement convaincu de son innocence, qu'il ne crut jamais que ses juges pussent le condamner à mort. Un jour que Pontis le conduisait à leur chambre, il s'appuya sur lui et lui dit avec gaîté : « Voyez-vous, monsieur, dans tout ce dont je me sens coupable, il n'y a pas de quoi fouetter un page. » Mais quel fut son étonnement, quand étant entré dans la chambre, il reconnut, à la disposition de ses juges, qu'ils prenaient pour règle de leur arrêt la volonté du cardinal son ennemi. Le maréchal sortit, convaincu qu'il porterait sa tête sur un échafaud. Dès ce moment il changea de telle sorte, qu'il n'était plus reconnaissable. La mort était peinte sur son visage et dans ses yeux, son corps s'affaiblit tellement qu'il ne pouvait presque plus se soutenir. Appuyé sur Pontis, il disait tout haut, mais d'un ton bien différent de celui dont il parlait en venant: « Où est le Dieu de la vérité qui connaît mon innocence. Seigneur, où est la providence? où est la justice? mon Dieu, venez à mon secours! »

Les informations faites contre Marillac à Verdun étaient dressées de manière qu'il paraissait du moins coupable de certaines actions qu'on ne pouvait excuser de péculat, en prenant les choses à la rigueur et dans la dernière précision. Mais comme la plupart des officiers se permettaient souvent les mêmes désordres, on ne les regardait dans le monde ni comme des crimes capitaux, ni comme un péculat véritable. De là vient que le maréchal protestait toujours de son innocence. Mais en le supposant légitimement convaincu de ce que des témoins, qu'il prétendait récusables ou subornés, déposèrent contre lui, sur les faits qui paraissaient plus criminels, il était question de savoir s'il méritait la mort. L'original de l'ancienne loi alléguée ne se trouvait point. Bullion, vendu à Richelieu, fit de si grandes recherches qu'il trouva cette loi dans les registres de la chambre des comptes.

Le 28 avril de la même année, les commissaires

envoyèrent chercher de grand matin le maréchal de Marillac afin de l'interroger dans les formes; il demanda qu'on lui laissât le temps d'entendre la messe et de communier; cela lui fut accordé. Il se présenta ensuite devant la chambre, et salua respectueusement tous les magistrats. Après s'être assis sur la sellette, il leur adressa un discours dans lequel il fit entendre de justes plaintes sur les violences apportées dans l'instruction de son procès, et dans l'information faite par les sieurs Moriq et Laffémas, commissaires. Il signala les moyens employés pour intimider les témoins qui refusaient de parler contre leur conscience, la rejection de ceux qui le disculpaient; l'altération et le déguisement des dépositions, l'enlèvement de ses papiers sans inventaire, la soustraction de ceux qui servaient à sa justification et particulièrement des lettres du roi ou de ses ministres, la cassation inouie et sans exemple de l'arrêt de la chambre de Verdun qui le recevait à la preuve des faits justificatifs; il parla du changement de ses premiers juges, et de l'affectation de le transférer successivement en divers endroits : il n'oublia pas les refus faits à la maréchale sa femme, à qui on ne voulut jamais permettre de parler au roi, ni au cardinal de Richelieu, et l'ordre inhumain envoyé à cette dame de se retirer dans un village, où elle mourut de chagrin (1). « Je ne me présente point, messieurs,

(1) Après l'assassinat de Henri IV, Louis de Marillac épousa Catherine de Médicis, demoiselle italienne issue d'une bran-

pour défendre ma vie, conclut Marillac, elle doit être à charge, quand on se trouve à mon âge dans un si triste état. Je l'ai si souvent exposée aux yeux de mon roi, que je ne dois pas être soupçonné de craindre la mort; soumis et résigné aux volontés de Dieu, je la souffrirai constamment de quelque part et de quelque manière qu'elle vienne. Je pense uniquement à mettre mon honneur et ma réputation à couvert des calomnies de mes ennemis, et à rendre, sans aucune flétrissure, au roi, s'il le désire, le bâton que j'ai reçu de lui comme une marque de la droiture de mes actions et de mon inviolable fidélité à le servir.»

Ce discours achevé, il présenta une requête de récusation générale, fondée sur ce que la commission des juges nommés n'était vérifiée dans aucune cour souveraine, et il demanda qu'il y fût fait droit. Dès le lendemain il y eut un arrêt du conseil du roi par lequel le maréchal fut débouté de sa requête de récusation générale, et de toutes celles qu'il avait données ou qu'il pourrait donner dans la suite. On lui enjoignit de répondre à ses commissaires, faute de quoi ils passeraient outre au jugement du procès. Il fut donc réduit à subir trois interrogatoires. Le secours du conseil qu'on

---

che de cette illustre maison, mais différente de celle du grand-duc de Médicis. Il s'acquit par cette alliance la protection de Médicis, régente du royaume. La reconnaissance l'attacha invariablement à cette princesse.

lui avait permis d'appeler, était plus nécessaire que jamais dans cette extrémité : on ne voulut pas souffrir qu'il eût la moindre communication avec son avocat. Lorsque les juges se préparerènt à passer aux opinions, le conseil et deux des plus proches parens de l'accusé présentèrent une nouvelle requête de récusation contre Duchâtelet : elle parut si bien fondée que les commissaires n'osèrent la rejeter; mais ne pouvant d'un autre côté contrevenir aux volontés du roi qui leur avait défendu de recevoir aucune récusation, il fut résolu que Châteauneuf, alors garde des sceaux, irait trouver le monarque à Saint-Germain. Le nouvel incident fut examiné au conseil, et Duchâtelet qui avait suivi Châteauneuf fut arrêté comme prisonnier. On ne connaît point la raison de cette arrestation; mais Duchâtelet fit répandre dans la suite que désirant se récuser, il avait suggéré lui-même cette requête, et que son artifice ayant été reconnu par le garde des sceaux qui ne l'aimait pas, le roi irrité l'avait fait conduire au château de Tours.

Ce grand procès, dont la discussion était si longue et si difficile, fut enfin terminé le samedi 8 mai. A cinq heures du soir les juges rendirent un arrêt de condamnation à mort, qui ne passa que d'une voix à compter selon la forme des jugemens criminels, parce que de vingt-trois juges qu'ils étaient, il y en eut treize, à la tête desquels étaient le garde des sceaux et Bullion conseiller d'État, qui condamnèrent le Maréchal de Marillac à être décapité. Les dix autres, entre lesquels Nesmond et Barillon, maître des requêtes, tiennent le premier rang, opinèrent les uns à l'absolution et les autres à des peines si légères qu'elles supposaient tacitement une décharge en faveur de l'accusé.

Dès que l'arrêt fut rendu, le garde des sceaux envoya Picot, exempt du grand prévôt, en porter la nouvelle au roi.

On cacha à Marillac sa condamnation; il ne l'apprit que le lundi suivant en allant à l'échafaud. Ses parens, en ayant eu connaissance avant lui, coururent à Saint-Germain implorer la clémence de Louis XIII. Ils s'adressèrent d'abord à Richelieu et le prièrent d'intercéder en faveur du maréchal. « Vous m'apprenez là une chose que je ne savais pas, répondit le Cardinal en jouant la surprise; je suis bien fâché de ce que M. de Marillac s'est mis en cet état par sa faute. Voyez le roi, il est bon. — Monseigneur, répliqua un des parens, n'aurez-vous pas la bonté de vous employer pour M. le Maréchal? — Je vous dis de voir le roi, répondit froidement Richelieu. »

On alla se jeter aux pieds de Louis à l'heure de son souper. Les parens du condamné lui demandèrent grâce et pardon pour le maréchal de Marillac, et le supplièrent de lui faire ressentir les effets de sa clémence. « Je verrai ce que j'aurai à faire, répondit l'insensible monarque; cependant retirez-vous. » Ils retournèrent le lendemain à Ruel. « Eh bien, Messieurs, leur dit le cardinal ministre, avez-vous parlé au roi? — Oui, monseigneur, s'écrièrent les parens; mais sa majesté nous a dit seulement qu'elle verrait ce qu'elle aurait à faire, et nous a commandé de nous retirer. — Je vous conseille de lui obéir, répliqua froidement Richelieu. » Un des parens, d'Incaville, ayant voulu faire quelques instances, Richelieu lui dit d'un ton aigre et impérieux : « Je vous avais conseillé de vous retirer, puisque le roi vous l'a dit; maintenant je vous l'ordonne de sa part. » Ces gentilshommes consternés, désespérant de la vie du Maréchal, revinrent à Paris, où tout se préparait pour l'exécution de l'arrêt. Ce jour même Desréaux avait reçu l'ordre de faire partir le maréchal le lendemain matin, qui était le lundi 10 du mois de mai 1632. Des lettres furent adressées au chevalier du guet, aux prévôts des marchands et aux échevins de la ville de Paris, aux lieutenans civil et criminel, enfin, au procureur du roi du Châtelet pour assister à cette exécution.

Le lundi donc, vers les sept heures du matin, Desréaux dit au maréchal qu'on allait le transporter de Ruel dans une prison d'État, et il le fit monter dans le carrosse du chevalier du guet où trois de ses gardes se mirent avec lui. La compagnie des chevau-légers du roi formait l'escorte. En entrant dans le carrosse, le maréchal s'aperçut que ce n'était point une voiture de la cour; et il en tira un mauvais augure; il dit tout haut : « Voilà qui va mal pour moi. » Le long du chemin il ne cessa de prier Dieu.

Arrivé au Roule, le cortége trouva deux compagnies du régiment des gardes qui l'y attendaient.

On marcha sans s'arrêter jusqu'à Paris. Le maréchal dit alors : « Si l'on me menait à la Bastille ou à Vincennes, on prendrait le chemin dehors la ville, mais je vois bien qu'on me mène à la Conciergerie et de là en Grève. » En passant dans la rue Saint-Honoré devant le palais du Cardinal : « Voilà, s'écria-t-il, une maison où l'on m'a promis bien des choses qu'on ne me tient pas aujourd'hui. » Quand le carrosse, qui avait suivi la rue de la Féronnerie, puis celle des Lombards, tourna la rue des Arcis, il dit : « Je vois bien que nous quittons le chemin de la Bastille pour prendre celui du Paradis, puisque nous allons à l'Hôtel-de-Ville et à la Grève. »

Dès le matin, les chaînes des avenues qui conduisent à cette place avaient été tendues, et la place elle-même était remplie de monde, car on savait déjà que le maréchal devait être exécuté ce jour-là. Devant le perron de l'Hôtel-de-Ville stationnait un détachement du régiment des gardes ; le long de l'eau une compagnie de Suisses formait la haie, et les trois autres côtés de la place étaient bordés par des compagnies des gardes françaises.

Le chevalier du guet avec ses archers, et les deux pères feuillans destinés pour assister et exhorter le maréchal à la mort, étaient déjà à l'Hôtel-de-Ville. Vers les dix heures, le maréchal arriva sur la place. Il demanda à un des gardes qui se trouvaient dans le carrosse, s'il y avait un échafaud de dressé. Non, monsieur, répartit celui-ci, il n'y en a point. Le carrosse s'étant arrêté auprès de la grande porte, Desréaux mit pied à terre ; on tendit ensuite la main au maréchal, qui descendit revêtu de son manteau de deuil qu'il portait retroussé sous son coude. Il se rendit à la chambre qu'on lui avait préparée dans l'Hôtel-de-Ville : le prévôt des marchands, les échevins, et les lieutenans civil et criminel l'y suivirent. « Messieurs, leur dit Marillac, après s'être reposé quelques instans, c'est une chose étrange qu'un homme de mon rang ait été poursuivi avec tant de rigueur et d'injustice. Dans tout mon procès, il ne s'agit que de foin, de paille, de bois, de pierre et de chaux ; on n'y trouverait pas en tout de quoi fouetter un page. Il y a quarante ans que je sers deux rois ; j'ai suivi continuellement Henri-le-Grand, et me suis trouvé auprès de lui en plusieurs sièges et en plusieurs combats à pied et à cheval. Je porte sur mon corps des marques honorables de mon courage et de ma fidélité ; on le verra quand je serai dépouillé. J'ai servi le roi son fils en beaucoup d'occasions importantes et périlleuses. J'ai commandé ses armées, et il a témoigné publiquement plus d'une fois qu'il était satisfait de ma conduite. Enfin, j'ai été honoré du bâton de maréchal de France. Je sais bien que je suis redevable de cette promotion glorieuse à la bonté du roi ; mais je puis dire aussi, sans vanité, que mes services méritaient quelque distinction. Bien loin de m'enrichir, j'ai dépensé la meilleure partie de mon patrimoine, et je puis jurer en vérité qu'il s'en faudra de beaucoup que je laisse autant que j'avais quand j'ai commencé de servir le roi. Comment est-il arrivé que je sois accablé de dettes après les concussions et le péculat qu'on me reproche? A la vérité, je me suis vu dans la nécessité de faire quelques levées sur le peuple pour nourrir l'armée que je commandais en Champagne; sans cela, elle se fût dissipée, et je n'aurais jamais pu la maintenir. Mais je n'en ai usé de la sorte qu'en vertu du pouvoir que le roi m'avait donné dans ses lettres. Je les ai produites pour ma justification; mes commissaires n'ont pas voulu y avoir égard.—Péculat! bon Dieu! bon Dieu! péculat!» s'écria plusieurs fois à la fin de ce discours l'infortuné maréchal.

Desréaux alors s'approcha de lui en disant: «Monsieur, j'ai ordre et commandement du roi de vous laisser ici entre les mains du chevalier du guet. — Voilà, lui répondit-il, un horrible échange; mais puisqu'il plaît au roi, il faut obéir, sa volonté soit faite.» Desréaux dit ensuite aux gardes du roi: «Retirez-vous, vous n'avez plus que faire ici.» Alors les gardes s'approchèrent du maréchal et le saluèrent avec respect. Leurs yeux étaient remplis de larmes, et ils avaient le cœur si attendri, qu'ils purent à peine lui adresser quelques paroles. «Adieu, mes braves compagnons, leur dit le maréchal, je vous remercie de vos soins et de la peine que je vous ai donnée..... » Les gardes s'étant retirés, le greffier de la commission entra: sur l'ordre du chevalier du guet, il fit à haute voix lecture de l'arrêt qui condamnait Marillac à être décapité.

La cassation de quelques autres arrêts rendus en sa faveur, tant au parlement de Paris qu'à la chambre de Verdun, s'y trouvait énoncée. Le maréchal interrompit la lecture en cet endroit. « On ne devait pas, dit-il, renouveler la mémoire de la cassation de ces arrêts; elle ne fait pas honneur au roi. Combien de violences et d'injustices a-t-on commises en conséquence? » Et quand le greffier vint à lire que le maréchal était dûment atteint et convaincu de péculat, de concussions, de levées faites sur le peuple. « Cela est faux! s'écria-t-il; je ne fis jamais rien de pareil. Un homme de ma qualité accusé de péculat! » Enfin, quand il entendit prononcer que ses biens étaient confisqués au roi, la somme de cent mille livres préalablement prise pour être employée à des restitutions. « Tout mon bien, dit-il, ne monte pas à cent mille livres. »

Le maréchal demanda s'il ne pourrait pas avoir une messe pour y communier. Le chevalier du guet lui répondit que cela ne se pouvait pas; puis il ajouta, en lui montrant le bourreau : «Monsieur, voilà l'exécuteur.—Eh bien! monsieur, que faut-il faire,» repartit le maréchal, regardant avec un sourire sur les lèvres cet homme qui était auprès de lui. «Mon ami, lui dit-il avec douceur, faites ce que vous voudrez, mon heure est venue. »

L'exécuteur lui ôta alors son chapeau et son manteau et voulut lui lier les mains. «Je voudrais bien avoir la permission de n'être point lié, dit le maréchal. — C'est l'ordre, repartit le chevalier du guet, j'en ai le commandement exprès dans ma poche. — Les autres de ma condition, répliqua le maréchal, ne l'ont point été, mais il faut obéir jusqu'au bout ; » puis il présenta les deux mains à l'exécuteur. Après que ce dernier les lui eut liées, il ajouta : « Quand je me considère en cet état, je me fais presque pitié à moi-même ; je ne sais si je ne fais pas aussi pitié aux autres. M. le chevalier du guet, n'êtes-vous pas touché de quelque sentiment de compassion? — Monsieur, répondit cet officier, j'ai un extrême regret de vous voir en ce triste état. — Ayez en regret pour le roi et non pour moi. — C'est pour vous, Monsieur, et non pour le roi, il ne fait que justice. — Je le sais bien; les intentions du roi sont bonnes ; mes ennemis m'ont noirci dans son esprit ; on m'impute des crimes que je n'ai jamais commis, et que je ne suis pas capable de commettre. Dieu m'est témoin. Ils ont abusé du nom et de la facilité du roi pour me perdre. Je leur pardonne de bon cœur la mort qu'ils me font souffrir. J'avoue à ma confusion, que mes péchés la méritent devant Dieu ; mais pour dire la vérité dans un état où je ne veux ni ne dois mentir, je ne la mérite point devant les hommes. Je suis obligé de parler de la sorte pour défendre mon innocence, le droit naturel me le permet et la religion ne me le défend pas. »

Le maréchal employa le peu de temps qui lui restait aux actes de dévotion ordinaires en pareilles circonstances. Il demanda à être enterré auprès de sa femme : « Je sens, dit-il, de très-grandes douceurs et une consolation indicible dans l'espérance que j'ai de la voir aujourd'hui. » En prononçant ces paroles, de grosses larmes sillonnaient ses joues : « J'ai, ajouta-t-il, une nièce carmélite à Pontoise, qui a le cœur de feu ma femme; je voudrais bien qu'on lui donnât le mien pour le faire enterrer auprès. »

Dès que le maréchal de Marillac était entré à l'Hôtel-de-Ville, on lui avait offert à manger d'heure en heure; il avait toujours refusé; cependant il se laissa vaincre par ceux qui l'avaient si souvent pressé de manger; il dit que puisqu'on le voulait, il prendrait un peu de vin. On lui en présenta dans lequel il fit mettre une grande quantité d'eau. Lorsqu'il eut bu il se pencha un peu et baisa, en signe de remercîment, la main qui venait de lui présenter à boire.

Trois heures étant sonnées, l'exécuteur, qui, après avoir lié le maréchal, s'était retiré, rentra dans la chambre et s'approcha de lui. Cette vue, quoique affreuse, n'altéra point le calme de son esprit. On n'aperçut aucune émotion sur son visage, ni dans le son de sa voix. Alors commença la fatale toilette. Lorsqu'elle fut achevée, le maréchal fit quelques pas vers la porte de la chambre pour aller au supplice. Le chevalier du guet l'arrêta au passage et l'avertit que le roi, par une grâce particulière, lui épargnait la confusion d'être conduit dans une charrette, ainsi qu'on avait coutume de le faire pour les criminels, et qu'on avait dressé l'échafaud de manière qu'il en rencontrerait l'échelle en mettant le pied hors du dernier degré de la maison de ville. « Dites au roi, répondit gravement le maréchal, que je le remercie très-humblement de cette faveur et de plusieurs autres que j'ai reçues de lui : assurez-le que je meurs son serviteur et que je lui demande pardon non seulement des véritables déplaisirs que je puis lui avoir donnés au cours de ma vie, mais encore de tous les mécontentemens qu'il peut avoir conçus contre moi, par les mauvais offices que mes ennemis m'ont rendus auprès de Sa Majesté. » Il dit ensuite au greffier qui l'attendait auprès de la porte pour lui lire une seconde fois son arrêt : « Je vous prie de me recommander à messieurs les juges et de leur dire de ma part que je les supplie de me pardonner tous les déplaisirs qu'ils ont reçus de moi. »

Lorsqu'il fut sorti de la chambre on le fit monter sur l'échafaud qui avait environ six pieds de hauteur, l'exécuteur voulut l'aider, mais il le repoussa du coude.

On vit sur l'échafaud deux hommes inconnus dont l'un était entièrement vêtu de rouge. Quels étaient ces deux hommes? On ne l'a jamais su. Quel dessein les avait amenés là? On ne l'a pas su davantage.

Le maréchal se confessa pour la troisième fois, et comme l'exécuteur, en lui bandant les yeux, lui demanda s'il ne lui pardonnait pas sa mort; il lui répondit : « Mon ami, ce n'est pas vous qui me faites mourir, mais je vous pardonne le coup, et ma mort à mes ennemis. » Ce furent les dernières paroles qu'il prononça. D'un seul coup l'exécuteur lui sépara la tête du corps; on entendit en même temps le coup de l'épée et le bruit que la tête et le tronc firent en tombant sur l'échafaud. La tête rebondit et tomba par terre; un soldat la rejeta sur l'échafaud.

Ainsi mourut à l'âge de soixante ans le maréchal de Marillac, qui parut dans ce moment terrible encore plus grand qu'à la tête des armées.

A peine le corps fut-il sans vie que les valets de l'exécuteur se jetèrent sur lui pour le dépouiller, mais le greffier s'y opposa.

Cependant un carrosse de deuil, où étaient quelques domestiques du maréchal, s'approcha de l'échafaud. On mit le corps et la tête dans le carrosse, et on les transporta rue Chapon, à l'hôtel de madame de Marillac, nièce du maréchal.

La tête fut recousue au cou; le corps, dont on retira le cœur pour le porter aux Carmelites de Pontoise, fut embaumé et mis dans un cercueil de plomb : il resta exposé dans une chapelle ardente jusqu'au lendemain mardi sept heures du soir. Pendant tout cet espace de temps, ses parens et ses amis, ainsi qu'un concours prodigieux de monde vinrent lui jeter de l'eau bénite, s'estimant tous heureux d'emporter les uns un morceau de linge trempé dans son sang, les autres quelques parcelles de la corde qui avait servi à le lier.

Le soir même le corps fut conduit à l'église des Pères Feuillans où, après avoir fait les prières d'usage, on le descendit dans le caveau de ses ancêtres.

Après l'exécution du maréchal, le cardinal dit aux commissaires : « Il faut avouer que Dieu donne aux juges des lumières qu'il n'accorde pas aux autres hommes, puisque vous avez condamné le maréchal à mort; pour moi, je ne croyais pas que ses actions méritassent un pareil châtiment. »

Ce trait seul suffirait pour peindre le cardinal ministre. Ses flatteurs ne craignirent pas d'insulter au maréchal mort. On n'oublia rien pour le décrier comme poltron, factieux et voleur. Les défenseurs de la reine mère en firent le modèle de toutes les vertus : c'étaient, disaient-ils, un bon chrétien, un grand homme d'état, un parfait chevalier, un habile général. Il y a un milieu à prendre entre ces deux portraits si peu ressemblans. Tous les honnêtes gens plaignirent la fin tragique de ce seigneur. La reine mère en fut si irritée, qu'elle menaça de faire un pareil traitement à Richelieu si jamais elle revenait en France avec l'autorité qu'elle y avait exercée avant sa disgrâce.

Il fallut attendre la mort de Louis XIII et du cardinal ministre pour revoir cette procédure monstrueuse. Le parlement alors s'en occupa sur la demande du comte de Maure, l'un des parens et des héritiers de Marillac, et la mémoire du maréchal fut pleinement réhabilitée.

MARTIN GUERRE.

Martin GUERRE, né dans la Biscaye en 1528, épousa, au mois de janvier 1539, dans sa onzième année, Bertrande de Rols, de la ville d'Artigues au diocèse de Rieux, du même âge que son mari; douce, sage et belle, elle n'avait pas moins de fortune que lui.

Ils approchaient de leur vingtième année et n'avaient point d'enfant. C'était pour eux une cause de chagrin. Les parens de Bertrande lui conseillaient de recourir à la justice pour se séparer de son mari; mais elle espérait que les messes qu'elle faisait dire, leurs fréquentes communions et l'usage des *fouasses* (pain cuit sous la cendre) les débarrasseraient enfin du *sort* qui mettait obstacle à l'objet de leurs vœux.

Le ciel exauça leur prière; ils eurent un fils auquel ils donnèrent le nom de Sanzi.

A quelque temps de là, Martin Guerre disparut. Parmi les causes attribuées à sa disparition, on en a cité deux principales : l'une qu'ayant fait un vol de blé à son père, il avait cru devoir se mettre à l'abri de sa colère; l'autre que las de sa femme et enclin d'ailleurs au libertinage, il avait voulu courir le monde pour y chercher des plaisirs qu'il ne trouvait plus chez lui.

Il s'enrôla. Le hasard lui fit rencontrer, dans la compagnie où il servait, un homme lui ressemblant parfaitement, avec lequel il se lia. Cet homme se nommait Arnauld Dutilh, dit Pansette, du lieu de Sagias. Assez mauvais sujet, il avait, dès ses jeunes ans, montré des inclinations perverses, s'était rendu familier au vol, et, ayant été condamné pour plusieurs crimes, s'était engagé afin d'échapper à sa condamnation. Martin Guerre lui fit la confidence de ses aventures et de son mariage, entrant même dans des détails qu'il n'appartient jamais à un mari de divulguer.

Après quelque années, Arnauld Dutilh obtint son congé ou déserta, et se présenta dans la famille de Martin Guerre sous le nom de celui-ci. Bertrande de Rols crut le reconnaître pour son véritable mari, le reçut comme tel et lui remit l'administration des biens de la communauté, dont il aliéna ensuite une partie.

Cependant Pierre Guerre, oncle de Martin Guerre, et plusieurs autres personnes élevèrent des doutes : Martin était plus grand et plus mince; il avait les jambes beaucoup plus grêles; sa tête penchait sur ses épaules, tandis que Dutilh marchait le corps droit et la tête haute.

Pierre Guerre était mécontent de son neveu prétendu, parce que celui-ci le poursuivait pour lui faire rendre compte de sommes dont il était reliquataire; il avait même osé attenter à sa vie. Un sentiment d'animosité personnelle le dirigeait donc dans la recherche de la vérité.

Les doutes de la famille furent communiqués à Bertrande de Rols, qui avait sans doute aussi sa conviction particulière, puisqu'elle fit prendre, en secret, acte chez un notaire de la déclaration d'un soldat de Rochefort qui, passant par Artigues, soutint qu'il connaissait Martin Guerre, que Martin était en Flandre, qu'il avait perdu une jambe au siége de Saint-Laurent, et que l'individu qui prenait son nom était un imposteur.

Malgré l'évidence, Bertrande-de-Rols répondait toujours à son oncle et aux gendres de celui-ci, qui la pressaient de livrer son faux mari à la justice : *je le reconnais mieux que personne; c'est lui ou le diable dans sa peau.*

L'entêtement de cette femme alla même si loin, que Dutilh, constitué prisonnier par ordre du sénéchal de Toulouse par suite d'une rixe violente, ayant obtenu sa liberté provisoire, à la charge de se représenter, elle le reçut avec les démonstrations de la plus vive tendresse, lui donna du linge blanc, lui lava les pieds, le reçut dans son lit.

Par une de ces bizarreries d'esprit qu'on ne peut expliquer, au moment où Bertrande accablait Dutilh de ses caresses, elle se rendait aux suggestions de son oncle et lui confiait une procuration pour le poursuivre à sa requête. Pourtant une fille était née de ses liaisons avec cet imposteur.

Dutilh ayant été arrêté par suite de la plainte rendue au nom de Bertrande, cette dernière s'empressa de lui faire passer dans la prison de Rieux un habit, du linge et de l'argent.

Bertrande demandait contre Dutilh, dans sa requête :

« Qu'il fût condamné à une amende envers le roi, à demander pardon à Dieu, au roi et à elle, tête découverte, pieds nus et en chemise, tenant une torche ardente en ses mains; disant que faussement, téméralrement, traîtreusement il l'a abusée en prenant le nom, et supposant la personne de Martin Guerre, dont il se repent et lui demande pardon; qu'il fût condamné envers elle à une amende de deux mille livres, aux dépens et à des dommages et intérêts. »

Dutilh, conduit devant le juge de Rieux, dit :

« Que nul malheur n'égale le sien, puisqu'il a une femme et des parens qui ont le cœur si mauvais que de lui contester son état et son nom pour le dépouiller de son bien, qui peut valoir sept à huit mille livres; que Pierre Guerre, qui lui intente ce procès, est guidé par une animosité dont la cupidité est la source; que les gendres de son oncle épousent sa passion; qu'ils ont suborné sa femme, et l'ont engagée, aux dépens de son honneur, dans cette accusation calomnieuse, inouïe et horrible dans la bouche d'une femme légitime. »

Après avoir fait son histoire, expliqué la cause de son absence, rendu compte de la vie qu'il a menée depuis, il ajouta :

« Je demande que ma femme me soit confrontée, persuadé qu'elle n'est pas capable d'étouffer entièrement la vérité, n'étant pas aveuglée par la passion qui transporte mes persécuteurs; je demande encore que mes calomniateurs soient condamnés, suivant les lois de l'équité, aux peines qu'ils invoquent contre moi; que Bertrande de Rols soit séquestrée dans une maison, et ainsi mise à l'abri de la subornation, et de toutes les impressions de Pierre Guerre et de ses gendres; enfin je demande à être renvoyé absous, avec dépens et dommages intérêts. »

Dans le long interrogatoire que le juge de Rieux lui fit subir, il satisfit à toutes les questions, rappela tout ce qu'il avait dit et fait comme Martin Guerre, tout ce qui avait rapport à Sanzi son fils, à sa famille, aux secrets de son intérieur, et cita des personnes pouvant confirmer ses dépositions.

Bertrande de Rols, interrogée, confirma tous les faits rapportés par Dutilh.

On entendit cent-cinquante témoins : 30 à 40 reconnurent l'accusé pour être Martin Guerre; 50 déclarèrent qu'il était Arnauld Dutilh; les autres n'osèrent pas prononcer, tant la ressemblance leur parut frappante.

Dutilh requit de nouveau le séquestre de sa femme, afin d'empêcher ses ennemis d'abuser de sa facilité : le juge y consentit.

Il fournit des reproches contre les témoins qui avaient déposé contre lui, et demanda le permission de publier un monitoire pour avoir révélation de la subornation de Bertrande de Rols et pour vérifier ses reproches aux témoins : le juge y consentit encore.

Mais on ordonna en même temps une enquête d'office sur les lieux, au Pin, à Sagias et à Artigues, de tous les faits concernant Martin Guerre, l'accusé, Bertrande de Rols, et touchant l'honneur et la réputation des témoins confrontés.

Les révélations du monitoire, et les dépositions des enquêtes, constatent la vertu de Bertrande de Rols, qui ne s'est pas démentie pendant l'absence de son mari.

Le juge avait aussi ordonné qu'il serait fait deux rapports sur la ressemblance ou la *dissemblance* qui pouvait exister entre l'accusé avec l'enfant de Martin Guerre, et les quatre sœurs de ce même Martin.

Il en était résulté que Sanzi ne ressemblait en aucune façon à l'accusé; mais que l'accusé ressemblait si parfaitement aux filles Guerre, que *deux œufs ne sont* pas plus semblables.

Enfin, le juge de Rieux rendit sa sentence, d'après laquelle Arnauld Dutilh, déclaré atteint et convaincu d'être un imposteur, fut condamné à perdre la tête, et avoir ensuite son corps mis en quatre quartiers.

Assurément ce juge n'avait pu condamner que par inspiration; car, *à ne suivre que les lumières humaines*, son jugement était plus que téméraire : où donc avait-il trouvé les preuves judiciaires de l'imposture? Le doute était sage au moins, et il n'était guère possible au juge, en se renfermant dans les justes limites de la raison, d'ordonner autre chose qu'un plus amplement informé.

Arnauld Dutilh se rendit appelant de cette sentence au parlement de Toulouse, qui pensa que cette affaire devait être plus mûrement examinée.

En conséquence, cette cour ordonna la confrontation de Pierre Guerre et de Bertrande de Rols, en pleine chambre, l'un après l'autre, avec Arnauld Dutilh.

Dans ces deux confrontations, Dutilh eut une contenance si assurée, un front si ouvert, que les juges crurent y lire qu'il était le véritable Martin Guerre, tandis que la décontenance de Pierre Guerre et de Bertrande de Rols leur parut l'indication du mensonge et de la fourberie.

Comme ces confrontations ne pouvaient pas être de parfaits tableaux de la vérité, la cour ordonna une enquête sur plusieurs faits importans, à laquelle seraient appelés d'autres témoins que ceux déja entendus.

Cette enquête ne servit qu'à jeter de nouvelles incertitudes dans l'esprit des juges. Des trente nouveaux témoins, neuf ou dix déclarèrent que l'accusé était le véritable Martin Guerre; sept ou huit que c'était Arnauld Dutilh; les autres balançant toutes les circonstances et les caractères de la ressemblance, dirent qu'ils ne pouvaient rien assurer de certain et de positif.

Les juges étaient dans une grande perplexité.

Quarante cinq témoins affirmaient que l'accusé était Arnauld Dutilh. Parmi eux était Carbon Bareau, oncle de Dutilh. Tous avaient eu de fréquens rapports avec lui.

Outre ce que nous avons dit déjà de la dissemblance quant à la taille, aux habitudes du corps et aux jambes, le cordonnier de Martin Guerre prétendait que ce dernier se chaussait à douze points, tandis que l'accusé ne se chaussait qu'à neuf; un autre témoin déposait que Martin était habile à l'escrime et à la lutte, et l'accusé n'y entendait rien.

On opposait encore à Dutilh la déposition du soldat de Rochefort; son manque de ressemblance avec Sanzi; son ignorance du langage basque.

D'un autre côté, quarante témoins, au milieu desquels les quatre sœurs de Martin Guerre, reconnaissaient Dutilh pour le véritable mari de Bertrande de Rols.

Et par dessus toutes ces causes de doute et de troubles, il faut compter l'aplomb de Dutilh, les détails dans lesquels il entre sur la vie privée de Bertrande de Rols, des membres des deux familles, sur ses relations avec chacun.

L'obscurité qui cachait la vérité dans cette affaire allait tourner au profit de Dutilh, à cause de l'intérêt que les juges attachaient à l'état du mariage, lorsque le véritable Martin Guerre arriva, après une absence de huit ans, avec sa jambe de bois, réclamant son nom, son état, sa femme et son bien.

Dans sa requête à la cour, il fit l'histoire de

l'imposteur, demanda à lui être confronté et à être interrogé.

Martin Guerre fut arrêté. On le confronta à ses sœurs, à Bertrande de Rols, aux principaux témoins qui avaient affirmé que Dutilh était Martin Guerre, enfin à l'accusé.

Dutilh soutient son rôle avec une efffronterie extrême; Martin Guerre balbutie, au contraire, sur certains points.

Interrogés séparément, ils répondent avec une égale justesse aux questions qui leur sont soumises.

La cour, pour dissiper jusqu'au moindre nuage, décide que les quatre sœurs de Martin Guerre, les maris de celles de ses sœurs qui sont mariées, Pierre Guerre, les frères d'Arnauld Dutilh, et les principaux témoins qui s'étaient obstinés à reconnaître celui-ci pour Martin Guerre, comparaîtront pour choisir entre les deux le véritable. Tous se présentent, excepté les frères d'Arnauld Dutilh, que les injonctions de la cour et les peines dont on les menaça, ne purent obliger à venir. La cour jugea qu'il y aurait de l'inhumanité à les contraindre à déposer contre leur frère : leur refus de comparaître déposait déjà contre lui.

Bientôt, sœurs, femme, parens, témoins reconnurent Martin Guerre et mêlèrent leurs larmes aux siennes, lui demandant pardon de leur erreur.

S'adressant à Martin Guerre, Bertrande dit :

« Qu'elle avait été entraînée par ses belles sœurs trop crédules, qui avaient reconnu que l'imposteur était son mari; que la grande joie qu'elle avait de le revoir aida à la tromper; qu'elle avait été confirmée dans son erreur par les indices que le traître lui avait donnés, et par des récits de faits si particuliers qu'ils ne pouvaient être sus que de son véritable mari; que dès qu'elle avait ouvert les yeux, elle avait souhaité que l'horreur de la mort cachât l'horreur de sa faute, et que si la crainte de Dieu ne l'eût retenue, elle n'aurait pas hésité à se tuer elle-même; que ne pouvant soutenir l'affreuse idée d'avoir perdu son honneur et la réputation d'être chaste, elle avait eu recours à la vengeance, avait mis l'insposteur entre les mains de la justice, et l'avait poursuivi si vivement qu'elle l'avait fait condamner par le premier juge à perdre la tête, et son corps après sa mort à être mis en quatre quartiers; que son ardeur à le poursuivre n'avait point été ralentie, après qu'il eut interjeté appel de la sentence. »

L'air touchant de Bertrande de Rols, ses larmes, sa beauté, avaient bien plus d'éloquence que son plaidoyer : l'expression de sa douleur, répandue sur son visage consterné, plaida merveilleusement pour elle. Le seul Martin Guerre, qui avait montré tant d'émotion aux témoignagnes d'amitié de ses sœurs, parut insensible à ceux de sa femme; et après l'avoir écoutée sans l'interrompre, il la regarda d'un air farouche, puis, prenant un maintien sévère, il lui dit d'un ton de mépris :

« Cessez de pleurer, je ne puis et ne dois point me laisser émouvoir par vos larmes : c'est en vain que vous cherchez à vous excuser par l'exemple de mes sœurs et de mon oncle. Une femme a plus de discernement pour connaître un mari, qu'un père, une mère et tous ses parens les plus proches, et elle ne se trompe que parce qu'elle aime son erreur. Vous êtes la seule cause du désastre de ma maison ; je ne l'imputerai jamais qu'à vous. »

Ce ne fut qu'avec le temps que Bertrande put obtenir le pardon de son mari.

Après une délibération fort longue, la cour prononça l'arrêt suivant :

« Vu le procès fait par le juge de Rieux à Arnauld Dutilh, dit Pansette, soi-disant Martin Guerre, prisonnier à la conciergerie, appelant dudit juge, etc. Dit a été que la cour a mis et met l'appelation du dit Dutilh, et ce dont à été appelé au néant : et pour punition et réparation de l'imposture, fausseté, supposition de nom et de personne, adultère, rapt, sacrilége, plagiat, larcin et autre cas par ledit Dutilh commis, résultant du dit procès, la cour l'a condamné et condamne à faire amende honorable au-devant de l'église du lieu d'Artigues, et illec à genoux, en chemise, tête et pieds nus, ayant la hart au col, et tenant en ses mains une torche de cire ardente, demandant pardon à Dieu, au roi et à la justice, aux dits Martin Guerre et Bertrande de Rols mariés : et ce fait, sera ledit Dutilh délivré ès-mains de l'exécuteur de la haute justice, qui lui fera faire les tours par les rues et carrefours accoutumés dudit lieu d'Artigues ; et la hart au col, l'amener au-devant de la maison dudit Martin Guerre, pour illec, en une potence, qui à ces fins y sera dressée, être pendu et étranglé, et après son corps brûlé. Et pour certaines causes et considérations à ce mouvant la Cour, elle a adjugé et adjuge les biens dudit Dutilh à la fille procréée de ses œuvres et de ladite de Rols, sous prétexte de mariage par lui faussement prétendu, supposant les nom et personne dudit Martin Guerre, et par ce moyen, décevant ladite de Rols, détraits les frais de justice; et en outre a mis et met hors de procès et instances lesdits Martin Guerre et Bertrande de Rols; ensemble ledit Pierre Guerre, oncle du dit Martin; et a renvoyé et renvoie ledit Arnauld Dutilh audit juge de Rieux, pour faire mettre le présent arrêt à exécution selon sa forme et teneur. Prononcé judiciellement le douzième jour de septembre 1560. »

Reconduit à Artigues, il fit prier le juge de Rieux de le venir trouver dans sa prison. Là il lui raconta fort longuement l'histoire de son imposture et avoua même plusieurs autres crimes.

L'arrêt reçut sa pleine et entière exécution le 16 septembre.

PIVARDIÈRE (De La),

ou

LE BIGAME.

Louis de la Pivardière, gentilhomme dont la noblesse était fort ancienne, mais la fortune très-médiocre, reçut le jour en Touraine. La succession de son père, partagée entre trois frères dont il était le cadet, lui donnait à peine de quoi subsister avec honneur dans sa province. Afin de se distinguer de ses deux frères, il joignit au nom de la Pivardière, qui leur était commun à tous les trois, celui de du Bouchet.

La Pivardière avait la taille médiocre, une physionomie assez ordinaire, quelque peu d'esprit, un assez bon caractère et un goût très vif pour les plaisirs.

Il crut devoir chercher dans le mariage un supplément à sa fortune. A cet effet il jeta les yeux sur Marguerite de Chauvelin, fille de François Chauvelin, chevalier et seigneur de Nerbonne, dans le Berri. Elle était veuve de Charles Menou de Billi, gentilhomme d'une maison aussi distinguée par son ancienneté que par ses services. Elle avait eu cinq enfans de son premier mariage, quatre garçons et une fille; celle-ci épousa en 1668, Charles Philippe Séguier, seigneur du Plessis.

Tout le bien de la veuve Menou consistait dans la terre de Nerbonne qu'elle avait recueillie de la succession de son père et dont le revenu ne s'élevait pas au-delà de mille livres. Du reste, elle avait les traits du visage peu réguliers, et elle était âgée de trente-cinq ans; mais son air était agréable et son maintien honnête. Elle aimait la société et recevait avec une grâce parfaite. L'humeur de la Pivardière lui plut; elle l'épousa sur la fin de l'année 1687.

Devenu par cette union seigneur de Nerbonne, de la Pivardière fut obligé de servir en cette qualité dans l'arrière-ban convoqué en 1689. Il obtint en 1692 une lieutenance dans le régiment de dragons de Sainte-Hermine. Pendant les fréquentes absences qu'il était obligé de faire pour suivre son régiment, soit à l'armée, soit dans les places frontières, il écrivait de temps en temps à sa femme et venait quelquefois lui rendre visite.

La chapelle du château de Nerbonne était érigée en prieuré, et cette seigneurie était chargée de quelques rentes en blé envers le prieur. A un quart de lieue du château s'élevait l'abbaye de Miseray, occupée par des chanoines réguliers de Saint-Augustin. Le voisinage forma une liaison d'amitié entre M. et madame de la Pivardière et le prieur de Miseray. L'église de l'abbaye étant beaucoup plus près de Nerbonne que l'église paroissiale de l'endroit, le seigneur et la dame du château, ainsi que leurs domestiques, allaient plus souvent entendre la messe à l'abbaye qu'à la paroisse. Enfin la liaison devint telle, que la chapelle de Nerbonne étant venue à vaquer, de la Pivardière y nomma son ami de Miseray. Ce fut une occasion de se voir plus souvent, ce chapelain étant obligé de venir dire une messe au château tous les samedis.

Tout le temps que la Pivardière resta dans son château, les fréquentes visites du prieur de Miseray ne lui furent point suspectes, mais quand il apprit que pendant les absences qu'il était obligé de faire pour le service du roi, les visites ne s'étaient point ralenties, il en conçut de l'inquiétude; un soupçon jaloux entra dans son ame : il se crut trahi. Il craignit pourtant le ridicule du personnage d'un mari jaloux. Il aima mieux s'absenter pour faire diversion à son chagrin, ou pour n'être pas témoin d'une liaison qu'il n'osait pas rompre.

Ayant quitté le service dès l'année 1695, sans le dire à sa femme, il se mit à voyager. Un jour d'été il arriva vers le soir dans la ville d'Auxerre; il y aperçut sur les remparts quelques jeunes filles qui folâtraient ensemble. Une d'elles fixa particulièrement son attention; elle était belle : il se sentit très-disposé à l'aimer. Il apprit qu'elle se nommait Marie-Élisabeth Pillard, qu'elle était fille d'un nommé Pillard, mort depuis peu, en laissant vacante une charge d'huissier, et que sa mère tenait une auberge dans la ville. Ces renseignemens firent concevoir à notre voyageur l'espoir d'une conquête facile. Son amour, qui s'accroissait à chaque instant, lui fit prendre la résolution de se fixer à Auxerre. Il quitta le nom de la Pivardière, pour ne conserver que celui de du Bouchet, et alla se loger chez la veuve Pillard. Il parvint à inspirer à la jeune fille la passion dont il était lui-même atteint; mais elle avait de la vertu : et comme elle l'assura que le mariage seul pouvait la déterminer à lui accorder plus que son cœur, de la Pivardière, plus amoureux que jamais, se détermina à devenir bigame. Il épousa sa maîtresse, qui lui apporta en dot la charge d'huissier dont il exerça sur-le-champ les fonctions.

Il goûta avec sa nouvelle femme tout le bonheur que pouvaient lui permettre les remords et l'inquiétude qui l'agitaient malgré lui.

Afin de procurer à l'objet de son amour, qui l'avait rendu père au bout de neuf mois, toute l'aisance qu'il était en son pouvoir de lui donner, de la Pivardière faisait tous les ans un voyage à Nerbonne; et, sous prétexte de se soutenir honorablement dans le service, auquel il feignait toujours d'être attaché, il tirait de sa femme tout l'argent qu'il pouvait, et le portait à la seconde qui se félicitait journellement de l'alliance qu'elle avait contractée.

Quatre années s'écoulèrent pendant lesquelles la demoiselle Pillard donna naissance à quatre enfans.

Mais il n'est point de félicité durable; de la Pivardière en fit la triste expérience.

Sa première femme avait conçu quelques soupçons sur sa conduite; il ne paraissait chez lui que rarement, et il s'en retournait toujours en emportant tout l'argent qu'il y avait au château. Au mois de juillet 1697, elle vit ses inquiétudes se réaliser par une lettre qu'elle reçut de Me Vignan, procureur au parlement de Paris. Ce procureur mandait qu'un capucin d'Auxerre lui avait écrit qu'on était fort en peine de savoir où était la Pivardière, et qu'une femme d'Auxerre lui avait demandé où elle pourrait lui faire tenir des hardes qu'elle avait à lui envoyer.

Une pareille lettre était bien faite pour inspirer de vives craintes à madame de la Pivardière; elle ne douta plus de l'infidélité de son mari. Elle était encore tout occupée de la nouvelle qu'elle venait de recevoir et des réflexions auxquelles elle avait donné lieu, lorsque de la Pivardière se mit en route pour Nerbonne. Le matin du 15 août de la même année, il se trouva au village de Bourg-Dieu, éloigné de sept lieues de son château; il y fut rencontré par un maçon nommé François Marsau, qui lui témoigna sa surprise de ce qu'il s'arrêtait dans ce lieu, et n'allait pas descendre chez lui. Échauffé plus que jamais par sa jalousie, comme s'il eût eu encore le droit d'être jaloux, il s'écria : « qu'il voulait attendre qu'il fût plus tard, et n'arriver à Nerbonne que sur le soir, pour y trouver le prieur de Miseray ; et qu'il aurait sa vie ou que le prieur aurait la sienne. »

Le soir, à cinq heures, ces paroles furent rapportées à madame de la Pivardière et au prieur de Miseray.

De la Pivardière arriva effectivement le soir à son château. Il trouva sa femme à table avec le prieur, et quelques gentilshommes du voisinage ainsi que leurs femmes. A l'arrivée du maître de la maison, tout le monde se leva. Le prieur lui témoigna plus d'amitié et plus de joie de son retour que tous les autres convives. Sa femme seule ne quitta pas son siége et montra une extrême froideur. « Est-ce ainsi, dit à de la Pivardiere une dame de la compagnie, qu'une femme doit recevoir son mari qu'elle n'a pas vu depuis long-temps? » Il répondit : «Je suis son mari, il est vrai, mais je ne suis pas son ami. » Il se tut ensuite, et se mit à table.

Le sombre accueil que madame de la Pivardière avait fait à son mari, jeta parmi les convives un sérieux qui mit bientôt fin au souper. Tout le monde se retira à dix heures et demie. Resté seul avec sa femme, de la Pivardière lui demanda la cause de sa froideur et de son mépris. « Va, lui répondit-elle avec l'accent de la colère, va demander à la femme que tu possèdes depuis peu, le motif de mon indignation. » Plus il s'efforça de lui persuader qu'il n'était point infidèle, plus elle s'opiniâtra à le croire. « Dans peu, dit-elle enfin, tu sauras si on fait un pareil outrage à une femme comme moi. » Après ces mots, elle alla s'enfermer dans sa chambre, et de la Pivardière se retira dans celle qui lui avait été préparée.

Depuis cet instant, il disparut.

Cette disparition subite causa un étonnement général, mais la surprise fut encore plus grande lorsqu'on apprit que son cheval, ses pistolets, ses bottes et son manteau étaient au château. Un bruit sourd se répandit bientôt qu'il avait été assassiné. Quatre personnes dirent avoir entendu tirer un coup de fusil la nuit du 15 au 16 août. Deux jeunes filles nommées l'une Catherine Lemoine, et l'autre Marguerite Mercier, toutes deux au service de madame de la Pivardière, tinrent même des propos qui semblaient confirmer l'opinion publique. Tout le monde était indigné de ce que les juges du lieu restaient dans l'inaction dans une affaire de cette importance.

Enfin, le bruit de cet assassinat s'étant répandu jusqu'à Châtillon-sur-Indre, Morin, procureur du roi de ce siége, rendit plainte le 5 septembre 1697; il demanda permission d'informer et de faire publier un monitoire. Le lendemain, Bonnet, lieutenant particulier de Châtillon et le procureur du roi, se transportèrent au village de Jeu (Nerbonne était de cette paroisse); le lieutenant particulier entendit quinze témoins dont la plupart déposèrent des circonstances de l'assassinat qu'ils avaient apprises des deux servantes de madame de la Pivardière. Ses enfans, ses domestiques et elle, ayant été chargés dans cette information, furent décrétés de prise de corps. La fille Lemoine fut arrêtée et conduite en prison. La fille Mercier avait pris la fuite.

Instruite à temps, madame de la Pivardière, qui protestait hautement de son innocence, pria Jacquette Doiselle, sa voisine, de retirer chez elle ce qu'elle avait de plus précieux; elle mit ensuite ses meubles chez différens paysans, et se cacha chez la dame d'Auneuil, son amie, pour attendre l'issue de la procédure et être en état de prendre le parti le plus sûr et le plus judicieux.

Une petite fille de la Pivardière fut amenée chez madame de Préville où elle raconta devant plusieurs personnes que « la nuit du 15 au 16 août, on la fit « coucher contre l'ordinaire, dans une chambre « haute; qu'elle fut éveillée la nuit par un grand « bruit et par une voix lamentable qui disait: ah! « mon Dieu, ayez pitié de moi; qu'ayant voulu « sortir au bruit elle trouva la porte fermée à la « clé; qu'elle avait vu, le lendemain, sur le plan- « cher de la chambre, où son père avait couché, « plusieurs marques de sang; et qu'elle avait vu « aussi sa mère quelques jours après, laver au « ruisseau du linge trempé dans du sang. » Ce récit dans la bouche d'un enfant, qu'on présume toujours être l'organe de la naïveté fit une impression profonde sur tous les esprits.

Les 14 et 29 du même mois de septembre on continua l'information. L'assassinat fut confirmé de plus en plus par un nombre de témoins. Le prieur de Miseray, dont il n'avait été nullement question jusqu'alors, se trouva chargé, ainsi que deux de ses domestiques qui l'avaient accompagné le 15 août au château de Nerbonne pour faire le service à table.

Marguerite Mercier, accusée par plusieurs témoins d'avoir assisté à l'assassinat, fut arrêtée à Romorantin sur les premiers jours d'octobre. Interrogée elle déclara « que sa maîtresse voyant son « mari endormi, éloigna tous ceux qui pouvaient « lui donner de l'ombrage, qu'elle envoya son fils « aîné du premier lit coucher chez le sieur de « Préville; qu'une fille qui gardait les bestiaux, « fut envoyée coucher dans un endroit éloigné « du corps de logis; qu'il n'y eut pas jusqu'à une « enfant de neuf ans qui lui fut suspecte; qu'elle « la mena elle-même dans une chambre haute, « où elle n'avait jamais couché, et que, la voyant « endormie, elle l'enferma à clé, et se rendit en « bas avec elle et l'autre servante; qu'enfin onze « heures de nuit (moment fatal destiné pour « ce cruel assassinat) étant passées, la dame « de la Pivardière s'étant aperçue que le prieur « de Miseray était dans la cour avec ses deux valets, « dont l'un, qui était le cuisinier, était armé d'un « fusil, et l'autre d'un sabre; comme apparemment elle n'avait pas assez de confiance en Catherine Lemoine, elle envoya cette fille chercher des « œufs dans la métairie voisine; que la dame de « la Pivardière joignit le prieur et ses deux valets; « que, suivant l'ordre de sa maîtresse, elle alluma « une chandelle dans la cuisine, et les conduisit

« sans bruit ; qu'on ouvrit la porte ; que le cuisi-
« nier tira le rideau du lit ; et qu'ayant remarqué
« que le sieur de la Pivardière était couché d'une
« manière qu'il était difficile de tirer sur lui, il
« monta sur un placet pour se donner de l'avan-
« tage, et lui tira un coup de fusil dans la tête ;
« que le malheureux sieur de la Pivardière, n'é-
« tant que blessé du coup, se jeta au milieu de la
« place, le visage couvert de sang ; qu'il demanda
« à plusieurs reprises la vie à ses assassins et à sa
« femme en particulier, sans les pouvoir fléchir ;
« que le valet le perça de plusieurs coups de sa-
« bre ; qu'étant effrayée des cris épouvantables
« de son maître, le voyant baigné dans son sang,
« elle ne put s'empêcher de pousser des soupirs ;
« mais qu'elle fut menacée du même sort, si elle
« se plaignait plus long-temps. »

Dans presque tous ses interrogatoires Marguerite Mercier rapporta les mêmes faits avec les mêmes circonstances. Elle ajouta ailleurs « que, peu
« de temps après, les valets du prieur emportèrent
« le corps sans qu'elle ait pu savoir ce qu'ils en
« firent ; que pendant leur absence la dame de la
« Pivardière apporta de la cendre elle-même, et
« lui fit frotter le plancher pour ôter les marques
« de sang ; qu'elle fit porter à la cave le lit et les
« draps trempés de sang ; qu'on ôta de la paillasse
« la paille qui en était teinte, qu'on la remplit
« d'une paille demi-battue ; que les valets du
« prieur retournèrent à Nerbonne deux heures
« après en être sortis, et que la dame de la Pi-

« vardière les régala, et but et mangea avec eux « et qu'après ce repas ils se retirèrent. »

Ce témoin avait nié jusque-là que le prieur de Miseray eût été présent à l'assassinat, mais elle le chargea enfin dans une circonstance où il était fort difficile de ne pas ajouter foi à sa déclaration. Étant tombée dangereusement malade, elle fit appeler un confesseur auquel elle recommanda de faire savoir à Jacquemont, lieutenant de l'official de Bourges, que le prieur de Miseray avait tué de la Pivardière. Elle demanda ensuite à parler aux juges et leur déclara « qu'elle avait déguisé la « vérité à l'égard de ce religieux; qu'il avait été « présent à l'assassinat, et avait lui-même arraché « la vie au sieur de la Pivardière par un dernier « coup. »

Catherine Lemoine déposa : « qu'étant des« cendue dans la cour, la dame de la Pivardière « trouva le cuisinier et valet du prieur de Miseray, « et dit : allez, un par le fossé, et l'autre, entrez « par la chambre, et envoya la répondante cher« cher des œufs pour faire manger auxdits hommes. « Elle en alla quérir chez François Hybert, mé« tayer de la grande métairie; elle apporta des « œufs au château; qu'ayant voulu connaître le « motif du coup de fusil qu'elle avait entendu, « elle entra dans la chambre, et trouva qu'on « achevait de poignarder le sieur de la Pivardière. « Qu'elle dit aux deux hommes, prenez le corps « avec ses habits, et allez enterrer le tout, sans nom« mer le lieu, et qu'ils le sortirent du château ; et

« après elle envoya la répondante chez le nommé « Pinceau, quérir du pain ; et trouva à son retour « les deux hommes qui mangeaient ; qu'après ils « s'en allèrent »

Plus de trente témoins, la plupart amis de madame de la Pivardière déposèrent du fait de l'assassinat, et à peu près des mêmes circonstances.

Le lieutenant particulier, après quarante-deux jours de l'assassinat, se transporta au château de Nerbonne, sur un avis qu'on lui avait donné, et dressa un procès-verbal pour constater quelques traces de sang qu'il trouva sur le plancher de la chambre de de la Pivardière.

Le prieur de Miseray se trouvant impliqué dans l'assassinat par la déclaration de Marguerite Mercier, fut décrété de prise de corps.

Tandis que l'on informait à Châtillon-sur-Indre de l'assassinat de de la Pivardière, et que l'on y réunissait les preuves de ce crime, on en accumulait d'autres à Romorantin qui tendaient à justifier que *l'assassiné* était vivant, et même que personne n'avait jamais attenté à ses jours.

En effet, de la Pivardière se portait à merveille.

Voici ce qui donna lieu à sa disparition. A peine s'était-il retiré dans la chambre, qu'il y fut rejoint par Catherine Lemoine : elle lui dit en confidence que s'il restait dans le château il courait risque d'être arrêté. De la Pivadière qui se sentait coupable de bigamie, et qui craignait que sa femme ne fût sur la voie pour découvrir ce crime, et qu'elle n'eût pris la résolution de le perdre, ne négligea point l'avis qui venait de lui être donné. Il partit avant quatre heures du matin, espérant se soustraire au danger par la promptitude de sa fuite, il laissa le cheval qu'il avait amené. Ce cheval boitait : il avait été forcé de le traîner par la bride en arrivant la veille au château. Obligé d'aller à pied et ne voulant emporter que son fusil, il laissa tout ce qui aurait pu le gêner dans sa marche. De là, le manteau, les bottes et les pistolets trouvés dans sa chambre.

De la Pivardière passa le 16 août, le lendemain de son prétendu assassinat, à Bourg-Dieu : il logea le 17 à Châteauroux dans l'auberge des Trois-Marchands; le 18 il coucha à Issoudun, à l'hôtellerie de la Cloche; puis il continua sa route jusqu'à Auxerre, où il se crut à l'abri de toute poursuite.

Cependant madame de la Pivardière faisait chercher son mari en tous lieux. L'avis qui lui avait été donné quelques jours avant l'arrivée de celui-ci à Nerbonne, lui fit présumer enfin, qu'il pouvait bien s'être retiré à Auxerre. On fit des perquisitions dans cette ville, et l'on apprit qu'il y était marié sous le nom de du Bouchet avec la nommée Pillard, et qu'il y exercait les fonctions d'huissier.

Lorsque de la Pivardière sut qu'on le cherchait de la part de sa première femme, la peur s'empara de lui; il prit la fuite. On le poursuivit jusqu'à Flavigni où on parvint à le rejoindre. Là on lui apprend que sa femme est accusée de l'avoir fait assassiner, et que les juges de Châtillon instruisent son procès. Sa frayeur alors change d'objet : ce n'est plus pour lui qu'il tremble ; c'est pour sa femme.

Sa seconde femme vient généreusement au secours de la première. Elle oublie sa propre injure, et songe à dérober à l'échafaud la rivale qui lui enlève un homme qu'elle n'a point cessé d'aimer malgré tous ses torts ; elle se détermine même à secourir cette infortunée.

Avant de partir pour Nerbonne, de la Pivardière passa devant deux notaires un acte constatant son existence, qu'il signa de sa propre main et qu'on fit légaliser. Il écrivit à sa femme et à son frère. On lui manda que sa présence était nécessaire à Nerbonne : il n'hésita point à partir, au risque de ce qui pourrait lui en arriver. Il trouva son château dans un état complet de dévastation, les plombs de la couverture, les portes, les chassis des croisées, tout avait été enlevé. Il se vit contraint d'aller loger chez son frère.

Il se présenta devant le juge de Romorantin et demanda que l'on procédât à sa reconnaissance dans tous les lieux circonvoisins de Nerbonne.

A Lucé, de la Pivardière fut reconnu par le curé, par les officiers de la juridiction et par une douzaine d'habitans. Au village de Jeu, il entra dans l'église au moment où l'on chantait les vêpres ; son arrivée causa une si grande rumeur, que le service fut interrompu. On le croyait mort ; l'apparition d'un spectre n'eût pas causé plus de frayeur ni de surprise ; enfin, quand on l'eut bien examiné, il fut reconnu pour le véritable de la Pivardière par plus de deux cents personnes, qui, à l'issue de vêpres, l'attestèrent avec serment au juge de Romorantin; le curé lui-même le reconnut, et son témoignage ne pouvait être suspect, car il était personnellement intéressé à la preuve de l'assassinat; ayant jeté un dévolu sur la chapelle de Nerbonne, desservie par le prieur de Miseray, qui, comme complice du crime, perdait tous ses bénéfices.

Il fut également reconnu par sa fille, âgée de neuf ans, la même qui avait déposé avoir vu du sang dans la chambre de son père, et sa mère laver des linges ensanglantés.

Il fut reconnu enfin à Miseray par des gentilshommes, des prêtres, des religieux et par une nourrice qui avait allaité ses enfans.

Le lieutenant particulier de Châtillon s'étant transporté aux étangs de Nerbonne pour y faire la perquisition du cadavre, de la Pivardière qui en fut averti, se présenta à ce juge et lui dit: « Ne cherchez point dans le fond de l'étang ce que vous trouvez sur le bord. »

Le juge fut saisi d'une si grande frayeur, qu'il courut à son cheval et prit la fuite au grand galop. Ce juge dit ensuite pour s'excuser, qu'il avait cru voir l'ombre de la Pivardière.

Toutes ces démarches n'eurent cependant pas le succès qu'elles avaient d'abord semblé promettre. Ce qui se passa dans les prisons de Châtillon plongea cette affaire dans les ténèbres d'où on la croyait près de sortir. Le juge de Romorantin, accompagné du prévôt de la maréchaussée de Châtillon, ayant confronté de la Pivardière aux deux servantes qui avaient déposé de l'assassinat, celles-ci soutinrent à leur maître qu'il était un imposteur, et elles alléguèrent des différences qui étaient, dirent-elles, entre de la Pivardière et celui qui le représentait. Cette déclaration donna lieu de croire que le lieutenant particulier leur avait défendu de reconnaître leur maître : l'une d'elles le déposa même précisément. Le lieutenant avait pris la précaution de faire tenir la prison fermée, avec ordre de n'y laisser entrer personne; et il protesta contre la violence que ferait le juge de Romorantin et le prévôt pour entrer.

Tandis que cette confrontation avait lieu, le substitut du procureur général au siége de Châtillon, requérait que de la Pivardière fût écroué, pour éclaircir entièrement la vérité; mais celui-ci, craignant que le crime de bigamie dont il s'était rendu coupable, ne le conduisît à l'échafaud, s'il était arrêté, ne jugea pas à propos de déférer à cette réquisition : il sortit de Châtillon en toute hâte, favorisé par le lieutenant général de Romorantin.

Il se fit reconnaître de toute sa famille et signa les procès-verbaux que le juge de Romorantin dressa de toutes ces reconnaissances.

Cependant le lieutenant particulier de Châtillon ayant dressé un procès-verbal du transport du juge de Romorantin dans la prison de Châtillon, continua l'instruction du meurtre d'un homme vivant. Mais les juges de cette ville regardèrent ce qui s'était passé comme un attentat à leur juridiction et à leur autorité; ils eurent recours en conséquence au procureur-général, et lui envoyèrent les informations et le procès-verbal pour lui rendre compte des faits. Ce magistrat prit fait et cause des juges de Châtillon; il donna sa requête à la Cour par suite de laquelle intervint un arrêt du 17 janvier 1698, qui « fit défense au juge de Romorantin « de passer outre, de faire aucune procédure, et « aux parties, de poursuivre ailleurs qu'au parle- « ment, sans préjudice de l'instruction du procès, « et ordonna que le lieutenant-général de Romo- « rantin et le prévôt de la maréchaussée seraient « ajournés pour comparaître en personne à la « Cour, pour y être ouïs et interrogés sur les faits » résultant du procès-verbal des juges de Châtillon. » Le procureur-général fit alors arrêter le prieur de Miseray : on mit les fers aux pieds à cet accusé. De la Pivardière intervint dans le procès comme prenant fait et cause de sa femme.

L'official de Bourges, à la requête du promoteur, qui avait intenté une accusation d'adultère contre le prieur de Miseray, l'avait condamné par contumace, antérieurement à son arrestation.

Le prieur de Miseray, de la Pivardière et sa femme prirent à partie le lieutenant particulier de Châtillon et le procureur du roi, et se rendirent appelans comme d'abus de la procédure et du jugement de l'official de Bourges.

L'archevêque de Bourges intervint pour prendre fait et cause de son official.

Pour bien saisir le motif qui avait dirigé la conduite du procureur-général, il ne faut pas perdre de vue qu'il se faisait à la fois deux procédures qui avaient sur le même objet, chacune un but tout-à-fait opposé. En effet, dans l'une, on cherchait à établir que de la Pivardière avait été assassiné par sa femme et par le prieur de Miseray; dans l'autre, on voulait au contraire prouver que ce même de la Pivardière était vivant, et que jamais on n'avait cherché à attenter à ses jours. La première était la conséquence d'une plainte rendue par le ministère public; l'autre n'était appuyée que d'un arrêt obtenu le 18 septembre 1697 de la chambre des vacations par madame de la Pivardière, qui la renvoyait par devant le lieutenant-général de Romorantin, pour être informé de la vie de son mari qu'on l'accusait d'avoir fait mourir.

Il n'était donc pas possible que le procureur-général laissât subsister une procédure aussi monstrueuse qui, si on ne l'eût arrêtée dans son cours, aurait pu envoyer des innocens au supplice et absoudre des coupables.

Madame de la Pivardière se mit en état. Son mari, en demandant dans ses conclusions l'absolution de cette dame, requit que Bonnet et Morin fussent déclarés pris à partie et condamnés à des dommages et intérêts; il demanda en outre, qu'attendu la bigamie dont il s'avouait coupable, il fût mis sous la protection et sauvegarde de la cour, qu'elle lui accordât un saufconduit de quatre mois, avec défense d'attenter à sa personne ; enfin que vérification fût faite de son écriture antérieure et postérieure au jour où on le supposait assassiné.

Le lieutenant-général de Romorantin et le prévôt de la maréchaussée de Châtillon, ayant comparu à la cour et subi l'interrogatoire, furent renvoyés dans les fonctions de leurs charges.

La cause fut portée en audience, enfin le 23 juillet 1698, après quinze jours de plaidoirie, et d'après les conclusions de Portail, alors avocat-général, intervint un arrêt par lequel il fut dit « qu'il y avait abus dans la procédure de l'official « de Bourges, que les témoins, ainsi que Catherine « Lemoine et Marguerite Mercier, seraient de nou- « veau confrontés au prieur de Miseray, que les té- « moins entendus par le juge de Lucé, autres néan- « moins que ceux qui avaient été récollés dans « leurs dépositions, et valablement confrontés « devant le juge de Châtillon, seraient récollés en « leurs dépositions, et confrontés auxdits accusés; « le tout pardevant le criminel de Chartres ; que le « procès serait fait et parfait tant à Marguerite « Chauvelin, femme de la Pivardière, qu'à ses deux « servantes, au prieur de Miseray, et à Renaud « son valet, par ledit juge de Chartres, à la re- « quête du procureur du roi au même siège, jus- « qu'à sentence définitive inclusivement ; sauf « l'exécution en cas d'appel. Il fut ordonné que « les procédures faites, tant au siège de Châtillon « que par le juge de Lucé, seraient portées au

« greffe de Chartres, et les prisonniers transférés « dans les prisons de cette ville... Quant à l'appel « interjeté par le procureur général, de la procé- « dure faite par le lieutenant criminel de Romo- « rantin, il fut déclaré nul; en conséquence, « le prétendu de la Pivardière fut débouté de son « intervention et de ses demandes; il fut ordonné « que les fers mis aux pieds du prieur de Miseray « lui seraient ôtés. Sur la prise à partie des juges de « Châtillon et sur les autres demandes, les parties « furent mises hors de cour. Faisant droit sur les « conclusions du procureur-général, il fut or- « donné que Louis du Bouchet, se disant de la « Pivardière, serait pris au corps et mené prison- « nier à Chartres pour répondre aux conclusions « que le procureur du roi en ce siège voudra « prendre contre lui. »

Cet arrêt, qui ordonnait que le procès serait fait aux accusés, n'était point un préjugé contre leur innocence; mais on ne pouvait les acquitter qu'après une instruction dans les règles, il fallait d'ailleurs que de la Pivardière fût présent, et puisqu'il refusait de comparaître, il devenait nécessaire de le décréter. Son absence favorisait l'opinion qu'on avait de son imposture : il ne pouvait risquer de se représenter étant prévenu du crime de bigamie. En voulant justifier sa femme il s'exposait à une mort certaine.

Toujours bonne, généreuse, sa seconde femme, soutenue par le crédit de personnes puissantes, alla se jeter aux genoux du roi et sollicita un saufconduit pour ce mari qui lui échappait, afin qu'à l'abri de l'autorité royale il pût se représenter, et obtenir l'entérinement des lettres de requête civile qu'on lui conseilla de prendre contre l'arrêt. Louis XIV la fit relever avec bonté, et ayant appris qui elle était, il lui dit : « Une fille faite comme vous méritait un meilleur sort. » Il lui accorda, en admirant sa générosité, le saufconduit qu'elle demandait.

Ce saufconduit, daté de Versailles, le 26 août 1698, fut renouvelé plusieurs fois pendant le cours du procès.

Muni de cette sauvegarde, de la Pivardière se constitua volontairement prisonnier au For-l'Évêque à Paris le 1 septembre suivant, pour justifier, dit-il dans son écrou, « qu'il est véritablement Louis de la Pivardière, écuyer, sieur du Bouchet, mari de dame Marguerite de Chauvelin. »

Ayant pris des lettres en requête civile, contre l'arrêt du 23 juillet, il en poursuivit l'entérinement. Il obtint d'abord un arrêt du mois de février 1699, qui ordonna qu'il serait procédé à sa reconnaissance.

Pendant l'instruction, Bonnet, juge de Châtillon, mourut. Les héritiers demandèrent et obtinrent qu'il fût mis hors de cour.

Enfin, l'affaire étant portée en audience, Me Nivelle, célèbre avocat, plaida pour de la Pivardière. Me. Terrasson parla pour le cuisinier de madame de la Pivardière, accusé d'avoir été l'assassin du mari. Me. Gondouin, avocat du prieur de Miseray et Me. Martinet, avocat de madame de la Pivardière adhérèrent aux conclusions de Me. Nivelle, et employèrent ses moyens.

Me Robert, avocat du sieur Morin, substitut du procureur-général à Châtillon, plaida ensuite. On reconnait aisément l'intérêt que ce magistrat avait d'empêcher l'entérinement des lettres en forme de requête civile, attendu que si les parties étaient remises au même état qu'elles étaient avant l'arrêt, cela faisait renaître la reprise de prise à partie et le replongeait dans un nouveau procès dont la fin pouvait lui être désavantageuse.

Le mercredi 22 juillet 1699, lorsque tous les avocats des parties eurent conclu, d'Aguesseau, alors avocat-général et depuis chancelier de France, prit la parole et dans un discours plein de force, conclut en faveur de de la Pivardière et des accusés.

Les juges furent long-temps aux opinions. On suivit les conclusions de d'Aguesseau. Bailleul, président, qui prononça l'arrêt, ajouta *dépens réservés et les amendes confisquées pour les requêtes civiles rendues.*

L'arrêt est conçu en ces termes.

« Après que Nivelle, avocat pour de la Pivar-
« dière, Terrasson, avocat pour Renaud, etc. etc,
« ont été ouïs; ensemble maître d'Aguesseau pour
« le procureur-général du roi, pendant quatre
« audiences, la Cour a donné acte à la partie de
« Nivelle de la reconnaissance de sa personne;
« et en conséquence, ayant égard aux lettres en

« forme de requête civile, et icelles entérinant, a « mis toutes les parties en tel état qu'elles étaient « avant l'arrêt du 23 juillet 1698. Ce faisant, or- « donne que la partie de Nivelle sera élargie et « mise hors des prisons; à ce faire les greffiers et « geôliers contraints par corps; quoi faisant, dé- « chargés, et seront les amendes consignées sur les- « dites requêtes civiles, rendues tous dépens ré- « servés. Fait en parlement, etc.

De la Pivardière fut seul élargi, parcequ'il s'était constitué volontairement prisonnier; quant aux autres accusés, si on eût ordonné qu'ils fussent mis en liberté, on aurait prononcé irrégulièrement, les parties ne pouvant être mises que dans le même état où elles étaient avant l'arrêt.

On ordonna que le procès serait fait aux deux servantes, à cause de leurs faux témoignages. L'instruction fut renvoyée pardevant le lieutenant-général d'Issoudun. Dans le cours du procès Catherine Lemoine mourut. Sa mort éteignit la poursuite de son crime.

Le fonds du procès fut enfin jugé. Cette affaire, qui avait occupé le public pendant quatre ans, sur laquelle les préjugés et les intérêts avaient varié plusieurs fois, se termina par arrêt du 14 juin 1701, au rapport de de Sarron. « Marguerite « Mercier fut condamnée à faire amende honora- « ble, nu-pieds, la corde au cou, tenant en ses « mains une torche ardente du poids de deux « livres, au-devant de la principale porte de Châ- « tillon-sur-Indre; et là, étant à genoux, dire

« et déclarer à haute-voix, que méchamment et « comme mal avisée, elle a fait les fausses déclarations mentionnées au procès, dont elle se « repent et demande pardon à Dieu, au roi et à « la justice. Ce fait, battue et fustigée nue de « verges par les carrefours et lieux accoutumés « de ladite ville de Châtillon; et à l'un d'iceux « flétrie d'un fer chaud marqué d'une fleur de lys « sur l'épaule dextre; bannie à perpétuité du ressort du parlement, avec injonction de garder « son ban, sous les peines portées par les lois; ses « biens situés en pays de confiscation, confisqués « au profit de qui il appartiendra, sur iceux préalablement prise la somme de 50 livres d'amende « envers le roi. Faisant droit sur les appellations « comme d'abus, la Cour déclare la procédure « de l'official de Bourges nulle et abusive, en ce que « le nom de la femme de la Pivardière est compris « dans la sentence du 1er février 1697, par laquelle le prieur de Miseray avait été déclaré « convaincu d'adultère. La procédure faite par le « lieutenant-général de Romorantin déclarée nulle; « et cependant la Pivardière, sa femme, le prieur « de Miseray, Renaud et Mercier, ses valets, déchargés de l'accusation contre eux intentée; « ordonne que les écrous faits de leurs personnes « seront rayés, et sur le surplus de toutes les autres « demandes et requêtes, toutes les parties mises « hors de Cour. »

Cet arrêt, tout en mettant fin aux inquiétudes et aux persécutions dont madame de la Pivardière avait été si long-temps la proie, ne lui rendit point la confiance de son mari, qui, toujours atteint de jalousie ne voulut jamais retourner à Nerbonne. Il obtint du duc de la Feuillade dont il était parent, un emploi qui lui coûta la vie dans un combat qu'il livra étant à la tête d'une brigade, à des contrebandiers qu'il voulait arrêter.

Sa première femme ne lui survécut pas long-temps. Un matin on la trouva morte dans son lit.

Le prieur de Miseray qui avait rompu tout commerce avec elle, mourut fort âgé dans son prieuré.

Quant à Marie Élisabeth Pillard, seconde femme de de la Pivardière, après avoir perdu les enfans qu'elle avait eus de lui, elle contracta successivement deux autres mariages qui furent plus heureux que le premier.

RAVAILLAC.

Quand, aux jours des massacres qui éterniseront sa mémoire, l'infâme Charles IX fit venir Henri de Béarn et lui dit : *Mort ou messe!* la vie de ce prince était déjà menacée.

Pierre Barrière eut le projet de l'assassiner. Vendu par l'italien Banchi, auquel il s'était confié, il fut arrêté, tenaillé, rompu vif le 26 août 1593, payant chèrement, comme on le voit, une pensée coupable.

Jusque là pas de sang encore.

Mais un an plus tard, Jean Châtel alla trouver Henri chez sa maîtresse Gabrielle, car Henri était un prince qu'à la cour on disait aimable et qu'à la ville on nommait débauché, et lui porta un coup mal assuré. Cet ancien élève des Jésuites subit le supplice de ces temps barbares : il fut tenaillé, écartelé, brûlé le 29 septembre 1595.

Les tentatives d'*Arger*, de *Ridicovi*, d'un *capucin milanais*, d'un *vicaire* de St. Nicolas-des-Champs, de *Charles*, qui se disait fils de Char-

(1) Henri, selon ses historiens, échappa dix-sept fois au poignard, et succomba à la dix-huitième.

les IX, n'eurent d'autre résultat *que celui de conduire leurs auteurs à la potence.*

Le succès de ce grand coup était réservé à la main de Ravaillac.

François Ravaillac, né en 1578, fils d'un praticien d'Angoulême, suivit d'abord la profession de son père et prit ensuite l'habit chez les Feuillans. Chassé du cloître pour ses visions et ses extravagances, accusé plus tard d'un crime dont on ne put le convaincre, et ayant perdu un procès de succession, Ravaillac tomba dans la misère et se fit maître d'école à Angoulême.

Les sermons, les écrits des ligueurs avaient, dès sa jeunesse, exalté son imagination en le poussant à la haine contre Henri IV, huguenot, ennemi du pape.

Fanatisé par ses propres inspirations, il forma le projet de venger la religion offensée par une abjuration qu'il croyait n'être pas plus sincère que celle de 1572. Il partit pour Paris.

Le 14 mai 1610, il était à la porte du Louvre, attendant une occasion favorable.

« Il semblait que le roi eût épuisé toute sa bonne humeur le jour du couronnement. Le lendemain de cette cérémonie, il sentit un redoublement de tristesse et de mélancolie, dont il était accablé. Il alla le matin entendre la messe aux Feuillans, où il fut fort long-temps à faire ses prières. L'après-midi il se mit deux fois sur un lit pour calmer l'agitation où il était, et ne pouvant reposer, il se leva deux fois; il appela l'exempt de ses gardes, auquel il demanda d'un air inquiet, quelle heure il était. Celui-ci ayant répondu qu'il était quatre heures, ajouta : « Sire, je vois V. M. triste et pen-« sive; il vaudrait mieux prendre un peu l'air, « cela la réjouirait. — Vous avez raison, dit le « roi, faites préparer mon carrosse, j'irai voir à « l'Arsenal le duc de Sully qui est indisposé. » Le carrosse était prêt, il sortit du Louvre accompagné des ducs d'Epernon et de Montbazon, du maréchal de Lavardin, et des sieurs de Roquelaure, de la Force, de Mirabeau et de Liancourt, premier écuyer. Le cocher lui ayant demandé où il souhaitait aller, il répondit d'un ton chagrin : *Mettez-moi hors d'ici.* Lorsqu'il fut sous la première porte, il renvoya sa garde, et fit lever des deux côtés les mantelets du carrosse, circonstance remarquable, parce que sans cela il aurait peut-être évité le malheur qui le menaçait.... Il se livrait à une profonde rêverie, lorsque son carrosse fut arrêté au bout de la rue de la Ferronnerie, par un embarras que formaient deux voitures, l'une de vin et l'autre de foin. Les valets de pied du roi quittèrent le carrosse, les uns pour faire débarrasser le passage, et les autres pour gagner la rue St. Denis par les charniers des Innocens : alors un scélérat, nommé Ravaillac, natif d'Angoulème, qui avait suivi le carrosse.... met le pied sur un des rayons de la roue de derrière, du côté où était le roi; il s'appuie d'une main sur la portière, et de l'autre il frappe le roi d'un couteau tranchant des deux côtés. Lorsque Henri reçut le premier coup, qui avait glissé entre la deuxième et la troisième côte, il s'écria : *Je suis blessé ;* mais l'assassin redoublant à l'instant, tue le roi, qui expire sans proférer d'autre parole. Le meurtrier était si acharné contre ce prince, qu'il donna encore un troisième coup ; mais il ne porta que dans la manche du duc de Montbazon.

« Ravaillac, qui avait eu la hardiesse et la persévérance d'attendre le roi dans la cour du Louvre, depuis le commencement de la journée (1), et de le suivre jusqu'à la rue de la Féronnerie, n'eut pas la résolution de prendre la fuite... Il demeura immobile auprès du carrosse, tenant à la main son couteau... Il fut arrêté sur-le-champ, et il aurait été mis en pièces, si le duc d'Epernon et quelques autres personnes... n'eussent pris la précaution de le faire mettre sous une sûre garde.

« Les seigneurs qui étaient dans le carrosse le font retourner du côté du Louvre, en disant que le roi est blessé (2). »

Le premier coup était mortel pourtant, le second ne l'était pas.

On conduisit Ravaillac à l'hôtel de Retz, qui était situé rue du Petit-Bourbon, en face ou sur

---

(1) Il a avoué dans son interrogatoire avoir dit, en voyant sortir le carrosse : *Ah! je te tiens!*

(2) *Histoire de la vie de Henri IV*, par M. de Bury. Paris, 1767, t. IV, p. 190-194.

l'emplacement de la colonnade du Louvre; il y resta deux jours, gardé par des archers.

Il demanda *si le roi était mort;* on lui répondit que non, qu'il se portait bien. Il reprit :

Je ne comprends pas comment il peut se bien porter; car je lui ai donné un mauvais coup.

Quelqu'un l'interrogeant pour savoir qui l'avait engagé à assassiner le roi, il répondit :

Je vous mettrais dans un furieux embarras, si j'allais dire que c'est vous.

On le fit sortir de l'hôtel de Retz pour l'enfermer dans la tour de Montgommeri, de la Conciergerie.

Il dit aux présidens Jeannin et Bullion, chargés de l'interroger :

« Je m'appelle François Ravaillac; je suis natif « d'Angoulême. J'ai trente-deux ans. Je n'ai jamais « été marié : mon métier est d'apprendre à lire et « à écrire aux jeunes garçons. J'ai été quatorze « ans solliciteur de procès. Je suis venu à Paris « pour un procès que j'ai gagné, depuis long- « temps, au parlement, où je poursuivais la taxa- « tion des frais. Ni moi, ni aucun des miens, n'a- « vons jamais reçu aucun tort du roi. Ce n'est « donc ni un désir particulier de vengeance, ni « l'instigation de personne, mais une tentation de « l'enfer, qui m'a porté à le tuer; et je suis venu à « Paris dans la ferme résolution d'exécuter l'atten- « tat. Sorti ce matin de mon auberge, entre les « six et sept heures, je me suis rendu tout seul à « l'église de Saint-Benoît pour entendre la messe;

« puis je suis revenu chez moi, toujours rempli « de mon dessein. »

Les juges, les confesseurs, les gens de toute espèce, lui ayant plusieurs fois demandé s'il avait été excité à son crime par séduction, il répondit jusqu'au dernier soupir, sans jamais hésiter ni varier, qu'il n'y avait été excité par personne.

Il reconnut le couteau avec lequel il avait tué le roi. Il l'avait volé, dix ou douze jours auparavant, dans une auberge, près des Quinze-Vingts, où il était entré dans le dessein de s'y loger ; mais l'hôte l'avait refusé. Il dit que le jour de la Pentecôte et celui de Noël, il s'était rendu au Louvre, non dans le dessein d'attenter alors à la vie du roi, mais pour lui parler et l'exciter à déclarer la guerre aux huguenots.

Ayant été interrogé plus au long, le 17 de mai, par Achille de Harlai, premier président, Nicolas Potier, président ordinaire, Jean Courtin et Prosper Bauyn, conseillers, nommés tous les quatre commissaires par la Cour, il répondit :

« Il y a environ trois semaines que je suis à « Paris de ce dernier voyage. Le désir de retour« ner dans ma patrie m'en avait fait reprendre le « chemin; mais, lorsque je fus à Etampes, celui « de tuer le roi s'étant rallumé dans mon cœur, « me fit aussitôt retourner en arrière. Je ne pou« vais souffrir que ce monarque ne forçât point « les huguenots à embrasser la religion catholi« que, chose que je croyais aisée. Mais, avant « d'exécuter mon dessein, je voulus parler au roi,

« pour voir si je pourrais l'engager à ce que je dé-
« sirais. Je fus, pour cet effet, plusieurs fois au
« Louvre. J'allai même à l'hôtel de madame d'An-
« goulême, pour tâcher de trouver quelqu'un qui
« me présentât à sa majesté. N'ayant pu réussir
« de ce côté, je formai la résolution de m'adresser
« au cardinal du Perron; mais je ne pus venir à
« bout de parler qu'à ses aumôniers.

« J'ai déclaré au père d'Aubigny, jésuite, quan-
« tité de visions qui m'agitaient fort. Les Feuillans,
« dont j'ai porté l'habit six semaines, m'ont ren-
« voyé à cause de ces visions. J'ai éprouvé comme
« des sensations de feu, de soufre et d'encens;
« j'ai cru. en chantant des psaumes, entendre des
« trompettes de guerre; et, la nuit, en souf-
« flant mes tisons pour les rallumer, il m'a semblé
« voir sortir de mon soufflet des hosties de com-
« munion.

« Pour me guérir de cette maladie d'esprit, le
« P. d'Aubigny m'exhorta à réciter le chapelet, à
« prier Dieu, et à m'adresser à quelque grand
« pour être présenté au roi.

« Au sortir des Feuillans, il me prit envie d'être
« jésuite. Je m'adressai au père d'Aubigny, mais
« inutilement.

« Après Noël, je rencontrai le roi dans son car-
« rosse, auprès des Innocens, et lui criai:

« *Sire, au nom de notre Seigneur Jésus-Christ*
« *et de la sacrée Vierge-Marie, qu'il me soit permis*
« *de dire un mot à votre majesté!*

« Mais on me repoussa avec un coup de gaule,

« et je ne pus lui parler. Déterminé, en consé-« quence, à retourner dans mon pays, je l'exécu-« tai, en renonçant à la pensée de tuer ce monar-« que. Mais elle se réveilla, lorsqu'à Pâques der-« nier, je revins à Paris à pied, en huit jours.

« Dans l'auberge près des Quinze-Vingts, où on « refusa de me loger, je volai le couteau qui me « parut propre à mon dessein, et je le gardai en-« gaîné dans ma poche. Ayant renoncé, de nou-« veau, à mon horrible pensée, je repartis, et « l'épointai en chemin, dans une charrette où je « me trouvais. Mais à Etampes, pressé plus vive-« ment que jamais par la tentation, née de l'idée « que le roi ne forçait point les huguenots à ren-« trer dans le sein de l'église, et accrue par le bruit « qui se répandait, qu'il voulait faire la guerre au « pape et transférer le saint-siége à Paris, j'y re-« vins encore pour tâcher de le rencontrer. Je « refis la pointe à mon couteau avec une pierre, « et j'attendis, pour faire le coup, que la reine « eût été couronnée et fût retournée au Louvre; « persuadé qu'alors l'assassinat du roi produirait « dans le royaume moins de confusion et de pré-« judice.

« Je me suis rendu plusieurs fois au Louvre, « pour l'assassiner là même. Le vendredi, jour où « je fis le coup, je l'épiai entre les deux portes; « et, voyant qu'il partait dans son carrosse, je le « suivis jusque vis-à-vis des Innocens, presqu'à « l'endroit même où le hasard me l'avait fait ren-« contrer ci-devant, et où il avait refusé de m'en-

« tendre. Là, voyant son carrosse arrêté par cer-
« taines charrettes, et le roi ayant la tête et le
« corps penchés vers le duc d'Epernon, je lui
« portai deux coups dans le côté, en avançant le
« bras par-dessus une des roues.

« Je reconnais maintenant que j'ai commis une
« faute énorme, dont je demande pardon à Dieu,
« à la reine, au dauphin, et à tous ceux qui peu-
« vent en ressentir du préjudice.

« Le couteau, tranchant des deux côtés par la
« pointe, et à manche de corne de cerf, m'a été
« ôté par un gentilhomme à cheval.

« J'ai été uniquement excité à l'attentat par la
« voix générale des troupes, qui assuraient que,
« si le roi, qui communiquait ses projets à tout
« le monde, voulait faire la guerre au pape, elles
« l'y serviraient et mourraient pour lui. Cela m'a
« fait succomber à la tentation de le tuer, parce
« que le pape et Dieu sont une même chose.

« A Etampes, réfléchissant sur les propos des
« soldats, je sentis réveiller en moi le désir de lui
« donner la mort. J'avais entendu dire, entre au-
« tres, au sieur de St.-Georges, que, si le roi
« voulait faire la guerre au pape, il lui obéirait;
« et que, si sa majesté la faisait injustement, le
« péché retomberait sur elle.

« La carte qu'on a trouvée sur moi, et où sont
« représentées les armes de France avec deux lions,
« dont un tient une clé, et l'autre une épée, je
« l'ai apportée d'Angoulême, avec le dessein de
« tuer le roi. C'est que, me trouvant dans cette

« ville, chez un nommé *Béliard*, j'entendis dire « que le nonce avait déclaré au roi, de la part de « *Sa Sainteté*, que, s'il faisait la guerre, ce pon- « tife l'excommunierait, et que le roi avait ré- « pondu :

« *Mes prédécesseurs se sont employés pour établir « les souverains pontifes sur leur trône : si le pape « m'excommunie, je le détrônerai.*

« Je résolus donc de tuer ce monarque, et j'é- « crivis, pour cet effet, sur les deux lions, ces « paroles :

« Garde-toi de souffrir qu'on fasse en ta présence,
« Au nom du Tout-Puissant, la moindre irrévérence.

« Dans la prison, l'archevêque d'Aix et quantité « d'autres personnes m'ont pressé d'avouer qui « m'avait poussé à commettre ce crime; j'ai ré- « pondu que c'était ma seule volonté. Ma réponse « est la vérité; et tous les tourmens possibles ne « sauraient me faire déclarer autre chose. Si leur « violence devait m'y forcer, j'en ai éprouvé un effet « assez rigoureux de la part d'un huguenot, qui, « de son autorité privée, lorsque j'étais prison- « nier dans l'hôtel de Retz, m'écrasa les pouces. »

Les commissaires lui ayant demandé dans quel temps il avait été à Bruxelles, il répondit qu'il n'était jamais sorti du royaume, et qu'il ne savait pas où la ville de Bruxelles était située.

Le lendemain, 18 mai, il persista dans ses réponses sans varier. Il dit qu'il avait dans son école, quatre-vingts écoliers, qui lui fournissaient de quoi vivre et faire ses voyages à Paris; qu'il avait encore son père et sa mère, qui, la plus grande partie de l'année, mendiaient leur pain; que, non content de l'aisance que lui procurait sa profession, il avait songé à venger l'honneur de Dieu, qu'il préférait à toute autre chose.

Les commissaires ayant représenté à Ravaillac que son crime était une action diabolique; il répondit :

« C'est une tentation qui vient à l'homme par « son péché. Je suis marri de m'y être laissé aller. « Mais, puisque la chose est faite, j'ai confiance « en Dieu qu'il m'accordera la grâce de persévé- « rer jusqu'à la mort dans une foi, une espérance « et une charité parfaites. Sa passion est beaucoup « plus efficace pour me sauver, que le crime que « j'ai commis n'est grand pour me damner.

« Je n'ai osé déclarer mon dessein ni à curés, ni « à autres prêtres, parce que j'étais très-sûr qu'ils « m'auraient fait arrêter et livrer à la justice, pour « la raison que, quand il s'agit de choses concer- « nant l'état, ils ne gardent jamais le secret, à « cause de l'obligation où ils sont de le révéler. « Craignant donc qu'on ne me fît mourir pour la « simple intention, je me suis abstenu de commu- « niquer mon dessein à qui que ce soit; ce dont « je demande pardon à Dieu. Je priai seulement « d'une manière vague un religieux de St.-Fran- « çois de me dire si, dans le cas où un homme se « sentant tenté de tuer un roi s'en confesserait, « le prêtre serait obligé de le déclarer. Mais il ne

« décida pas mon cas, parce que nous fûmes in-
« terrompus par des religieux du même ordre,
« qui survinrent. Enfin, je n'ai jamais parlé à
« d'autres de pareille chose, et d'autres ne m'en
« ont pas parlé non plus.

« Si quelqu'un, soit Français, soit étranger,
« m'eût tenu quelques propos là-dessus, je ne
« suis pas si abandonné de Dieu pour vouloir
« mourir sans le déclarer; car je crois qu'il n'y
« aurait point de paradis pour moi. Mon crime
« serait double, d'autant mieux que je serais cause
« que le roi, la reine principalement, toute la
« maison de France, la cour, la noblesse, le peu-
« ple, encourraient l'indignation divine; parce
« qu'ils soupçonneraient injustement tantôt un
« sujet de Sa Majesté, tantôt un autre. Or, je ne
« saurais croire qu'il y en ait d'assez mal avisé,
« pour penser à autre chose qu'à servir fidèlement
« leur prince.

« Ni Français, ni étranger, ni qui que ce soit
« ne m'a donc tenu le moindre propos là-dessus.
« Je ne m'en suis non plus ouvert à personne. Je
« me regarderais comme le plus misérable de tous
« les hommes, si je m'y étais laissé porter par au-
« cune autre raison que celle que j'ai déclarée tant
« de fois : savoir la persuasion où j'étais, que le
« roi voulait faire la guerre au pape. Peut-être que
« si j'eusse parlé à ce monarque, la tentation eût
« cessé; mais le démon a profité de ma faiblesse
« pour m'y faire tomber. »

Le matin du 19 mai, Ravaillac soutint un nouvel interrogatoire. On lui fit les mêmes questions que ci-devant; et, sans varier dans ses réponses, il ajouta :

« Je prie de bon cœur le roi, la reine, la cour, « la France, de croire que je sens ma conscience « nette de la faute qu'ils commettent, en voulant « se persuader que j'ai été animé par quelque im- « pulsion étrangère. J'ai toujours dit que ce des- « sein était né dans moi, et s'y était accru. Je les « supplie donc de cesser de nourrir l'erreur où ils « sont, que j'ai d'autres complices que moi-même.

« Si j'avais été induit par argent ou par quel- « que respect humain, je n'aurais pas fait trois fois « le voyage d'Angoulême à Paris, villes distantes « l'une de l'autre d'environ cent lieues, exprès pour « exhorter le roi à ramener dans le sein de l'église « catholique les huguenots, race tout-à-fait con- « traire à la volonté de Dieu et à celle de cette « sainte église; car quiconque se laisse malheureu- « sement corrompre par l'avarice, pour assassiner « son prince, ne songe point à l'avertir. J'ai été « trois ou quatre fois au Louvre, pour prier in- « stamment M. de la Force, capitaine des gardes, « je l'en prends à témoin, de me présenter au roi. « Mais il me refusa, et m'écarta toujours, comme « un papiste outré.

« Mon dessein était de parler au roi, et de lui « déclarer ma tentation, pour y renoncer entière- « ment. Je confesse que j'ai été porté à le tuer par « un mouvement volontaire, particulier, contraire « à la volonté de Dieu, père de tout bien et de toute

« vérité, de ce Dieu ennemi du démon, père du « mensonge. Je reconnais que je n'ai pu résister à « cette tentation, parce qu'il n'est pas au pouvoir « des hommes de s'abstenir du mal.

« Maintenant que j'ai déclaré la vérité en entier, « et sans aucune réserve, j'espère que Dieu, tout « bon et tout miséricordieux, m'accordera le pardon « de mes péchés, parce qu'il est beaucoup plus « puissant pour effacer la faute, moyennant la con-« fession, et l'absolution du prêtre, que les hom-« mes n'ont de pouvoir pour l'offenser. »

Ravaillac, fondant en larmes, pria la Sainte-Vierge, saint Pierre, saint Paul, saint François, saint Bernard et toute la cour céleste d'être ses intercesseurs auprès de la majesté divine, pour qu'elle garantît son âme de l'enfer.

« J'espère, dit-il, participer aux mérites de « notre Seigneur Jésus-Christ. Je le supplie hum-« blement de m'associer à ceux des trésors qu'il « infusa dans le pouvoir apostolique, lorsqu'il « dit :

Tu es Petrus....

« Je communiai le premier dimanche de ca-« rême : mais je ne communiai point le jour de « Pâques, qui fut celui de mon départ d'Angou-« lême. A la place, je fis célébrer la messe dans l'é-« glise de Saint-Paul, ma paroisse, comme me re-« gardant indigne de m'approcher de cet auguste « sacrement plein de mystères et de vertus incom-

« préhensibles, parce que je me sentais pressé plus « que jamais de la tentation de tuer le roi. »

On lui demanda quelle dévotion il avait au sacrifice de la messe, puisqu'il était dans le dessein de commettre un crime aussi horrible....

Il rêva quelque temps, se montra embarrassé pour répondre; puis il dit :

« L'amour que j'ai pour le saint sacrifice de l'au-« tel, m'a porté à le faire offrir. Ma mère com-« munia à la messe que je fis dire, et j'espérais que « je participerais à sa communion. »

Après avoir fait cette réponse, il versa un torrent de larmes; puis il continua ainsi :

« Je demandai alors à Dieu; et je ne cesse de « lui demander la grâce de participer, jusqu'à ma « mort, aux saintes communions des religieux, « religieuses et séculiers catholiques qui commu-« nient dans la foi de la Sainte-Mère-Église, et re-« çoivent le précieux corps de notre rédempteur. « Je prie Dieu que la réception qu'ils en font, me « soit attribuée, comme étant membre avec eux, « dans un seul Jésus-Christ. »

On trouva sur lui un cœur de coton, et un papier sur lequel était écrit le nom de Jésus, avec un chapelet que lui avait donné un chanoine d'Angoulême.

Après avoir signé son second interrogatoire, il écrivit ces vers au-dessous de sa signature :

Que toujours dans mon cœur,
Jésus seul soit vainqueur.

Pour l'engager à nommer ses complices, le premier président lui dit :

« La cour vient d'envoyer chercher à Angou-
« lême votre père et votre mère, qu'on fera mou-
« rir cruellement en votre présence, puisque vous
« ne voulez rien déclarer. Les lois divines et hu-
« maines autorisent une pareille rigueur, quand il
« s'agit d'un crime aussi énorme que le vôtre. »

Il répondit qu'on n'avait jamais rien pratiqué de semblable. Il parut cependant fort troublé de la menace qu'on venait de lui faire ; mais il ne confessa rien de plus qu'auparavant.

Le père d'Aubigny, jésuite, qui avait confessé Ravaillac, fut aussi interrogé par le premier président, pour savoir s'il lui avait avoué son crime.

Le jésuite répondit :

Je ne me souviens jamais de ce qu'on m'a dit en confession.

Les excès où l'on se porta contre Ravaillac font honte à l'humanité. Les bouchers proposèrent de l'écorcher vif.

Parmi les juges, il y en eut qui demandèrent l'emploi de la question de Genève pour le forcer à déclarer ses complices. Cette question était une des plus terribles qu'on ait imaginées. Quelques conseillers remontrèrent qu'il n'était pas besoin de recourir à des tortures étrangères, et qu'on avait en France des instrumens propres à faire parler les criminels.

Il se trouva quelques magistrats qui eurent la simplicité de dire, que quand la question de Genève serait la meilleure du monde, *on ne pouvait chrétiennement s'en servir, parce que cela venait de la part des hérétiques.*

L'avis de ces conseillers prévalut.

Le 27 mai, Ravaillac, conduit devant la grand'-chambre, entendit à genoux la lecture de son arrêt. En voici la teneur :

« Vu par la cour, les grand'chambre, tournelle « et de l'édit, assemblées, le procès criminel fait « par les présidens et conseillers à ce commis, à la « requête du procureur-général du roi, à l'encon- « tre de François Ravaillac, praticien de la ville « d'Angoulême, prisonnier en la conciergerie du « palais, informations, interrogatoires, confes- « sions, dénégations, confrontations de témoins; « conclusions du procureur-général du roi, ouï et « interrogé sur les cas à lui imposés; procès-verbal « des interrogatoires à lui faits à la question le « 25 de ce mois, pour la révélation de ses com- « plices. *Tout considéré :* dit a été que la cour a dé- « claré et déclare ledit Ravaillac dûment atteint et « convaincu du crime de lèse-majesté divine et hu- « maine au premier chef, pour le très-méchant, très-

« abominable et très-détestable parricide commis
« en la personne du feu Henri IV, de très-bonne
« et très-louable mémoire; pour réparation duquel
« l'a condamné et condamne à faire amende hono-
« rable devant la principale porte de l'église de
« Paris, où il sera mené et conduit dans un tom-
« bereau; là, nu en chemise, tenant une torche
« ardente du poids de deux livres, dire et déclarer
« que malheureusement et proditoirement, il a com-
« mis ledit très-méchant, très-abominable et très-
« détestable parricide, et tué ledit seigneur roi
« de deux coups de couteau dans le corps, dont il
« se repent, et en demande pardon à Dieu, au roi
« et à la justice; de là, conduit à la place de Grève,
« et sur un échafaud qui y sera dressé, tenaillé
« aux mamelles, bras, cuisses et gras de jambes,
« sa main dextre, y tenant le couteau duquel il a
« commis ledit parricide, arse et brûlée du feu de
« soufre; et sur les endroits où il sera tenaillé, jeté
« du plomb fondu, de l'huile bouillante, de la
« poix-résine brûlante, de la cire et du soufre fon-
« dus ensemble. Ce fait, son corps tiré et démem-
« bré à quatre chevaux, ses membres et corps con-
« sommés au feu, réduits en cendres jetées au vent :
« a déclaré et déclare tous ses biens confisqués au
« roi. Ordonne que la maison où il a été né sera
« démolie; celui à qui elle appartient, préalable-
« ment indemnisé, sans que sur le fond puisse être
« fait à l'avenir autre bâtiment; et que, dans quin-
« zaine après la publication du présent arrêt, à son
« de trompe et cri public dans la ville d'Angou-

« lème, son père et sa mère vuideront le royaume, « avec défenses d'y revenir jamais, à peine d'être « *pendus et étranglés* sans aucune forme ni figure « de procès. Défendons à ses frères et sœurs, oncles « et autres, de porter ci-après le nom de Ravail- « lac; et leur enjoignons de le changer sur les « mêmes peines; et au substitut du procureur-gé- « néral du roi de faire publier et exécuter le pré- « sent arrêt, à peine de s'en prendre à lui; et « avant l'exécution d'icelui Ravaillac, ordonne « qu'il sera derechef appliqué à la question pour « la révélation de ses complices. »

On fit prêter serment à Ravaillac de dire la vérité, et on l'exhorta à prévenir la torture en déclarant qui l'avait induit à la *scéléralesse* qu'il avait commise, et à qui il en avait parlé. Il répondit sur la damnation de son ame, que ni homme, ni femme, ni qui que ce fût, n'en avait rien su.

Appliqué à la torture, il s'écria à différentes reprises :

Mon Dieu! ayez pitié de mon ame! pardonnez-moi ma faute! mais ne me la pardonnez point, si j'ai quelque complice et que je ne les déclare pas... Par le serment que j'ai fait, par ce que je dois à Dieu et à la justice, je n'ai dit mot de mon dessein ni à confesseur, ni à personne.

Les tourmens de la question étant plus forts, il jeta des cris terribles, en disant :

Mon Dieu! recevez cette pénitence pour les

grands péchés que j'ai commis dans ce monde!... Par la foi que je dois à Dieu, je ne sais rien de plus de ce que j'ai confessé... De grâce... ne me faites pas désespérer de mon ame!

Le bourreau mena Ravaillac à la chapelle pour le faire dîner. Là, les docteurs Filesac et Gamache lui parlèrent long-temps sur son salut, et l'exhortèrent de la manière la plus pressante et la plus adroite, à faire l'aveu de la vérité. Ils lui représentèrent qu'il y était obligé, sous peine de damnation, à cause de l'intérêt que le roi et l'état avaient de connaître les complices. Il leur répondit :

« Je ne suis pas assez malheureux pour cacher « quelque chose dans ce genre, tandis que je suis « pleinement persuadé que mon silence m'exclurait de la miséricorde divine, dans laquelle je « mets mon espérance; outre que, par la déclaration des complices, j'eusse abrégé des tourmens « inouis. J'ai péché énormément en succombant à « la tentation de tuer mon souverain. J'en demande pardon au roi, à la reine, à la justice, « à tout le monde. Je les conjure de prier Dieu « que mon corps porte la peine de mon ame. »

Il répéta plusieurs fois la même chose. *Je veux*, ajouta-t-il ensuite, *que ma confession soit imprimée et publiée.*

Les deux docteurs publièrent en conséquence que la confession de Ravaillac se réduisait à ce qu'il n'avait été induit par personne à commettre son forfait, et qu'il n'avait communiqué son dessein à qui que ce fût ; qu'il connaissait l'énormité de sa faute, dont il espérait l'expiation de la miséricorde divine, infiniment plus grande que cette même faute ; miséricorde qu'il avouait qu'il ne pouvait se promettre, s'il cachait des complices.

Le moment de l'exécution étant arrivé, on mit Ravaillac dans un tombereau, pour aller faire amende honorable devant l'église de Notre-Dame, et pour être conduit, de là, sur la place de Grève. On eut une peine extrême à l'y faire parvenir, parce que le peuple en fureur voulait le massacrer. S'il eût été traîné au lieu du supplice, sur une claie, suivant l'usage observé jusqu'alors à l'égard des criminels de lèse-majesté, on n'eût jamais pu empêcher le peuple de se jeter sur lui, tant il était acharné.

Il arriva à la Grève sur les quatre heures ; et, quoiqu'il fût très-bien escorté, on fut près d'une demi-heure à le faire arriver jusqu'à l'échafaud, à cause de la multitude du peuple. Les princes de la maison de Guise étaient aux fenêtres de l'Hôtel-de-Ville, avec beaucoup d'autres seigneurs ; et autour de l'échafaud il y avait quatre à cinq cents gentilshommes à cheval. Les deux confesseurs étaient près de l'échafaud, montés sur chacun un cheval, pour exhorter le criminel à se repentir de ses fautes et à déclarer ses complices. Ils montèrent ensuite sur l'échafaud même.

Après une courte prière, Ravaillac fut couché sur le dos par l'exécuteur, qui lui lia les deux pieds et les deux bras à quatre chevaux, laissant son corps serré et lié entre deux petits poteaux qui étaient au milieu de l'échafaud. Dans cette situation, les docteurs, le greffier, et l'exécuteur même, le pressèrent vivement de confesser la vérité; mais voyant qu'il gardait toujours le silence, un des docteurs commença à entonner le *Salve* : le peuple irrité, refusa de continuer, et vomissant mille imprécations contre Ravaillac, empêcha que cette antienne fût chantée. Plusieurs voix firent entendre ces mots : *Point de prières pour un méchant qui est damné comme Judas!* Alors l'exécuteur *le tenailla par tout le corps avec des tenailles ardentes; sa main droite, dont il tenait le couteau avec lequel il avait assassiné Henri IV, fut mise sur le feu et brûlée lentement jusqu'au-delà du poignet, et, durant ce supplice, l'exécuteur versait dessus, de temps en temps, des cornets de soufre. Lorsque sa main fut brûlée, on versa du plomb fondu sur les plaies que les tenailles avaient faites, ensuite de l'huile bouillante et de la poix-résine brûlante, de la cire et du soufre fondus ensemble.* A chaque tourment, on l'exhortait, mais toujours en vain, à avouer ses complices. On anima ensuite les chevaux, qui le tirèrent avec violence pendant une heure au moins. Un gentilhomme qui était présent, voyant qu'un des chevaux était presque hors d'haleine, descendit du sien, détacha l'autre, mit à sa place celui sur lequel il était monté, et l'aida lui-même à tirer.

L'exécuteur voyant que Ravaillac était près d'expirer, acheva de séparer les membres de son corps avec des couperets. Le peuple se jeta sur les morceaux du cadavre et les emporta dans différens quartiers de la ville pour les brûler. O! peuple!

ROBERT (Comte d'Artois).

L'histoire du procès de Robert, comte d'Artois, est d'autant plus intéressante, que ce procès exerça une grande influence sur la guerre cruelle qui faillit mettre le royaume de France sous la domination des Anglais.

Robert d'Artois, troisième du nom, dont il est ici question, était fils de Philippe d'Artois, et petit-fils de Robert II, comte d'Artois.

Indépendamment de Philippe, Robert II avait eu de son mariage avec Amicie de Courtenay, une fille nommée Mathilde ou Mahaud, mariée à Othon IV, comte de Bourgogne. Ayant survécu à son père, elle prétendit qu'elle devait hériter du comté d'Artois, à l'exclusion de Robert III son neveu, enfant de Philippe. Ses prétentions étaient fondées sur ce qu'elle était la plus proche héritière, et sur la coutume du pays qui n'admettait pas la *représentation* (1).

(1) En terme de jurisprudence, la représentation est l'image d'une personne qui n'est plus; c'est-à-dire que la personne que la loi place au lieu du défunt, exerce tous les droits qu'il exercerait s'il était encore vivant.

On forma opposition, au nom des enfans de Philippe, à la demande de l'investiture du comté d'Artois, formée par Mathilde et son mari. Celui-ci était alors tout puissant en cour; aussi la loi de la province et la faveur lui obtinrent de Philippe-le-Bel ce qu'il désirait. Cependant, la grâce ne fut pas pure et simple : le roi y ajouta les clauses que ce serait sans préjudice du droit que les enfans de Philippe prétendaient y avoir, et sur lequel les oppositions était fondée.

Robert d'Artois eut à peine atteint sa vingt-unième année, âge auquel les nobles acquéraient alors leur majorité, qu'il intenta un procès à sa tante, devenue veuve, et demanda que le comté d'Artois lui fût rendu.

Le parlement était sur le point de juger l'affaire, lorsque les parties choisirent Philippe-le-Bel pour arbitre, et prirent l'engagement de payer une somme de cent mille livres en cas de refus de se soumettre à la décision du monarque. Elle fut favorable à Mathilde. Le comté d'Artois lui fut adjugé pour elle et ses héritiers, par jugement du 3 octobre 1309; Robert y acquiesça, n'osant point résister à la décision du roi. Cette crainte le retint tant qu'il n'eut pas occasion de faire éclater le désir qui le dominait de s'emparer de ce comté.

La comtesse Mathilde avait pour principal ministre Thierri de Hérisson, prévôt d'Aire et depuis évêque d'Arras. La noblesse se souleva contre lui. Quelques seigneurs du Vermandois, de la Champagne et de la Picardie se joignirent aux révoltés.

Il n'est pas certain que Robert ait ouvertement pris parti dans cette querelle, mais on soupçonne qu'il la favorisa. Quoi qu'il en soit, Mathilde eut recours au roi Louis X, dit le *Hutin*, qui enjoignit à tous les seigneurs de venir lui rendre raison de la hardiesse qu'ils avaient eue de prendre les armes sans y avoir été autorisés. Ils comparurent. Louis leur accorda leur grâce et ordonna que l'Artois serait gouverné suivant les lois et coutumes qui y étaient en usage du temps de Louis IX.

Le calme se rétablit, mais il ne fut pas de longue durée. La mort de Louis le Hutin mit en 1316 la France dans une espèce d'interrègne. Les Artésiens reprirent les armes, et Robert, trouvant cette conjoncture favorable, fit revivre ses prétentions. Il passa en Artois, se mit ouvertement à la tête des troupes rebelles et s'empara du comté. Avesnes, Hesdin, Arras, lui ouvrirent leurs portes. Saint-Omer résista; ses habitans demandèrent aux députés de Robert, « *si le roi l'avait reçu à Comté?* ceux-ci ayant dit qu'ils ne savaient : *A donc*, ré-« pondirent ceux de la ville, *nous ne sommes mie* « *faiseurs de comtes d'Artois, mais si le roi l'eut* « *reçu à Comté, nous l'amissions autant qu'un* « *autre.* »

Ces mouvemens intéressaient trop le repos des provinces voisines pour que Philippe, comte de Poitiers, alors régent du royaume, qui régna plus tard sous le nom de Philippe-le-Long, ne s'empressât pas de les apaiser. Il fit déclarer « qu'il mettait le comté d'Artois dans sa main, comme séquestre, en attendant qu'on jugeât le procès entre la comtesse Mathilde et Robert. » Il chargea le connétable de Chatillon à faire mettre bas les armes à la noblesse qui s'était soulevée. Il ne fut point obéi; on cita Robert au parlement; il refusa de s'y rendre. Le régent eut alors recours à la force: il se mit à la tête d'une armée considérable et marcha vers la frontière de la Picardie.

Ne se sentant pas en état de supporter une longue résistance, Robert consentit que l'affaire fût mise en arbitrage, ou traitée par les voies ordinaires de la justice.

On convint de part et d'autre : « de choisir des « arbitres, et que, s'ils ne pouvaient terminer le « différent; il serait décidé par la cour des pairs « et grands du royaume, juges naturels de cette « affaire; que la question sur la propriété du com- « té d'Artois serait remise au même état où elle au- « rait pû être à la mort de Robert II, que ce « comté serait incessamment mis en séquestre, « entre les mains du comte de Valois et du comte « d'Evreux, qui en recevraient les revenus; que « Robert d'Artois, qui avouait être l'auteur de la « confédération, se constituerait prisonnier à Pa- « ris, mais à condition qu'on écouterait les dé- « fenses de cette noblesse, qui prétendait n'avoir « rien fait de contraire, ni au service de l'état, ni « au respect dû à la majesté royale. »

Robert tint sa parole. Il se rendit à la prison du Châtelet, d'où il passa à celle de Saint-Germain des Prés.

Après un nouvel examen très-scrupuleux, il fut rendu un jugement solennel au mois de mai 1318 qui, conformément à la décision de Philippe-le-Bel, adjugea une seconde fois l'Artois à la comtesse Mathilde. Il fut ordonné « *que ledit Robert* « *aimast ladite comtesse comme sac hière tante;* « *et la comtesse ledit Robert comme son bon ne-* « *veu.* »

Non seulement Robert ratifia ce jugement par des lettres expresses à cet effet, mais le comte de Richemont, son oncle, le comte de Vannes, son beau-frère, et tous les princes du sang s'engagèrent, par d'autres lettres particulières, à faire observer cette décision, et d'agir même contre celle des deux parties qui voudrait l'attaquer.

Un arrêt si authentique semblait avoir ôté à Robert d'Artois, les moyens de renouveler ses prétentions; aussi le règne de Philippe-le-Long et de Charles-le-Bel, son successeur se passèrent sans qu'il parût aucune demande de sa part, mais l'avènement de Philippe de Valois au trône, lui fit naître de nouvelles idées et réveilla ses anciennes espérances. Robert avait contribué de tout son pouvoir à l'élévation de ce prince, auquel Edouard III, roi d'Angleterre, disputait le trône de France. Il se flattait que la reconnaissance du nouveau roi aplanirait tous les obstacles qu'il prévoyait bien devoir s'élever contre la réussite de ses projets. Il avait épousé d'ailleurs la sœur de Philippe, et il se voyait dans une si haute faveur qu'il crut que le moment de réussir était enfin arrivé.

Non content d'avoir obtenu de Philippe de Valois, dès la première année de son règne, l'érection de sa terre de Beaumont-le-Roger en pairie, pour le dédommager de la perte du comté d'Artois, Roger songea à mettre tout en usage pour recouvrer une propriété qui était l'apanage de sa maison. La ratification qu'il avait faite du jugement du mois de mai 1318, les engagemens que les princes du sang avaient pris pour le faire observer ne purent l'arrêter.

Il ne possédait aucun titre pour procéder en justice réglée ; afin d'y suppléer, il ne se présentait point d'autre expédient que celui de produire de fausses pièces et de se procurer de faux témoins. C'est le parti que l'ambition et les mauvais conseils déterminèrent ce prince à embrasser. Il ignora d'abord toute la noirceur du projet dans lequel on l'engageait, et il ne vit la profondeur du précipice où on le conduisait, que lorsque sa fierté ne lui permit plus de reculer.

Voici le développement de cette manœuvre.

Une malheureuse femme nommée Jeanne Divion, perdue de réputation, qui commettait le crime avec la même facilité que son imagination le projetait, fut l'auteur de ce mystère d'iniquité. La voix publique l'accusait d'un commerce criminel avec Thierri de Hérisson, évêque d'Arras. Ce prélat avait fait en mourant des legs considérables, mais la comtesse Mathilde, exécutrice du testament, jugea que des libéralités acquises par un concubinage scandaleux étaient proscrites par les bonnes mœurs et les lois. Elle refusa non seulement à cette femme la délivrance de ses legs, mais elle la fit même chasser de la province.

Animée du désir de la vengeance et de retrouver à quelque prix que ce fût la valeur des legs dont on la privait, la malheureuse Divion se rendit à Paris où était alors Robert. Elle trouva les moyens de s'introduire auprès de la comtesse de Beaumont, femme de ce prince. Elle lui dit : « L'évêque d'Ar-« ras était dépositaire de plusieurs lettres qui éta-« blissent les droits du prince votre époux, sur le « comté d'Artois. Son attachement pour Mathilde « à laquelle il devait son évêché, et dont il avait eu « toute la confiance, ne lui avait pas permis de les « mettre au jour. Mais enfin, pressé, à l'article de « la mort, par sa conscience, il les a déposées dans « nos mains avant que d'expirer et m'a chargée de « vous les remettre, pour faire valoir les droits de « votre époux, et le faire rentrer dans l'héritage « de ses pères. »

La comtesse de Beaumont, que la renommée avait instruite des mœurs et du caractère de Jeanne Divion, reçut une pareille ouverture avec assez d'indifférence. Cette froideur déconcerta Jeanne; mais elle ne voulut pas perdre le fruit du crime qu'elle avait commis ou qu'elle méditait.

Bien convaincue que la comtesse de Beaumont ne goûterait point son roman, elle se retourna du côté de la comtesse Mathilde. Elle lui offrit de lui révéler d'importans secrets et de lui fournir la preuve complète de tous les faits qu'elle avancerait.

Elle ne fut pas plus heureuse à Arras qu'elle ne l'avait été à Paris. La comtesse Mathilde rejeta ses offres avec mépris.

Il ne lui restait plus qu'une ressource, c'était de tenter directement l'ambition de Robert lui-même; c'est le parti qu'elle embrassa. Elle parvint à se faire présenter à lui, et lui fit le récit de tout ce qu'elle avait tenté de persuader à la comtesse sa femme. Il l'écouta ; ces offres firent sur son cœur tout l'effet que cette intrigante s'en était promis. Il la somma d'effectuer sa promesse en lui prodiguant des caresses et des offres égales au service important qu'il en attendait.

Elle partit secrètement pour Arras d'où elle rapporta la prétendue lettre de l'évêque. Dans cet écrit, Thierri de Hérisson demandait pardon, d'avoir caché pendant toute sa vie les droits de Robert sur le comté d'Artois : il s'avouait dépositaire : « Des lettres qui en furent faites alors, « et dont les doubles enregistrées par devers la « cour, furent (disait-il dans cette lettre), par « un des grands seigneurs jetées au feu, et après ne « fut placé ès registres de la cour. »

Les titres mentionnés dans cette prétendue lettre devaient être, 1° le contrat de mariage de Philippe avec Blanche de Bretagne, en faveur duquel le comte d'Artois céda la propriété de ce comté à son fils et à ses héritiers ; 2° une ratification de ce transport ; 3° les lettres patentes de Philippe-le-Hardi, roi de France, confirmatives des précédentes.

A la vue de ce précieux écrit, dont Robert ne soupçonnait pas la fausseté, il se crut assuré du gain du procès qu'il résolut dès lors d'entreprendre une troisième fois. Il publia hautement le dessein où il était de réclamer ses droits.

Ces bruits ne tardèrent point à parvenir jusqu'à la comtesse Mathilde; elle en fut alarmée. Elle sut en même temps que Robert fondait l'attaque qu'il se disposait de renouveler, sur des titres trouvés après la mort de l'évêque d'Arras; elle n'ignorait pas que Jeanne Divion était capable de tout. La démarche même que celle-ci avait faite auprès d'elle, après avoir été rebutée par la comtesse de Beaumont, lui paraissait une preuve de la réalité de ses craintes.

Ces circonstances combinées la déterminèrent à faire arrêter les servantes de Jeanne qui étaient restées dans la maison que leur maîtresse avait encore à Arras, ayant toujours conservé l'espoir d'y rentrer à la faveur du stratagême qu'elle avait conçu.

Dès qu'elle fut instruite de l'emprisonnement de ses domestiques, Jeanne Divion en porta ses plaintes à Robert qui, toujours abusé, eut recours à l'autorité du roi pour les faire mettre en liberté; mais pendant leur détention, la comtesse Mathilde avait appris de leur bouche une partie des intrigues de leur maîtresse.

Cependant, Robert ayant formé la demande, le roi nomma des commissaires pour procéder à l'information. Ces commissaires entendirent un grand nombre de témoins.

Ce n'était pas assez d'avoir fait déposer sur l'existence des titres dont Robert se prévalait, il fallait au moins produire les originaux mentionnés dans la lettre de Thierri de Hérisson, et Jeanne Divion ne pouvant les fournir, puisqu'ils n'existaient pas, il reconnut alors qu'il avait été le jouet d'une intrigante, mais il était trop fier pour revenir sur ses pas; il s'emporta contre elle, et la menaça de la faire *ardre*. Elle le fléchit par ses soumissions et le flatta de l'espoir de réussir avec des titres supposés, s'engageant de les lui fournir, et si bien fabriqués que le faux serait imperceptible aux yeux les plus clairvoyans. Robert n'appercevant pas d'autre moyen pour se tirer d'embarras, consentit à tout; car il n'imaginait rien de plus honteux que de se dédire.

La difficulté n'était pas de faire de faux titres; il était aisé de supposer une écriture dont celui qu'on en dirait l'auteur était mort depuis un grand nombre d'années. Mais il y avait un grand obstacle à surmonter, c'était d'y apposer les sceaux. Un ouvrier du palais fit des tentatives vaines pour les imiter; il fut forcé d'y renoncer. On eut recours alors à un autre expédient; ce fut d'acquérir par des preuves réitérées la facilité de détacher avec le secours d'un *coutel chaud*, des sceaux de pièces originales, et de les adapter aux fausses pièces. Enfin, lorsque Jeanne Divion, aidée d'une de ses servantes fut parvenue à donner à la fraude une apparence de vérité, elle remit à Robert les titres qu'il désirait avec tant d'ardeur.

La comtesse Mathilde ne fut nullement étonnée, ni abattue du résultat de l'enquête. Certaine que c'était le fruit de la subornation, elle entreprit d'en prouver la fausseté. Malheureusement, elle mourut le 27 octobre 1329, et le bruit se répandit qu'elle avait été empoisonnée.

Jeanne, sa fille aînée, veuve de Philippe le Long, continua les poursuites commencées par sa mère; et, en qualité de son héritière, obtint la jouissance provisionnelle de l'Artois; mais le même genre de mort qui avait emporté la mère emporta la fille. Un officier de sa bouche qui avait appartenu à la comtesse Mathilde lui présenta un verre d'hypocras dont elle mourut quelques heures après, avec tous les symptômes du poison.

Jeanne, fille aînée de cette princesse et de Philippe le Long, et femme du duc de Bourgogne, se présenta au roi comme héritière du comte d'Artois et pour être reçue à en faire l'hommage. Jusque là Robert s'était contenté de faire entendre ses faux témoins; ses faux titres n'étaient point encore achevés: lorsqu'il les eut en sa possession, il forma opposition à la demande du duc et de la duchesse de Bourgogne. Le roi, qui n'avait aucun soupçon sur sa mauvaise foi, entérina sa requête, et donna jour pour procéder; mais le duc et la duchesse s'inscrivirent en faux contre ces pièces, et demandèrent au roi qu'il s'en saisît. Elles furent donc déposées, quelque désir que le monarque eût de garantir sa sœur et son beau-frère de la honte dont ils étaient menacés. Il essaya cependant de détourner Robert d'une démarche dont les suites ne pouvaient que lui être funestes. N'ayant pas réussi, il se vit enfin forcé de laisser un libre cours à la procédure.

Il ne fut pas difficile de découvrir, à la seule inspection, la fausseté de tous les actes produits par le comte Robert : il ne resta plus aucun doute à cet égard lorsque l'on eut arrêté quelques-uns de ses complices, et quand on se fut emparé surtout de Jeanne Divion que l'on mit dans la prison de Nesle. Elle y subit un interrogatoire devant le roi. Toute son impudence s'évanouit en présence de son souverain ; on sut par ses déclarations l'histoire véritable de ces titres, par qui ils avaient été écrits et scellés, à la sollicitation de qui on y avait travaillé, entre les mains de qui ils avaient été déposés pour les produire en public.

Tous les coupables chargèrent Robert et la comtesse sa femme.

Muni de tous ces renseignemens, Philippe de Valois, dont le vœu le plus cher était de sauver sa sœur et son beau-frère, prit celui-ci à part, lui exposa tout ce qu'il savait, et l'avertit que s'il ne renonçait point à ses prétentions la preuve de son crime serait juridiquement constatée. Toutes ses exhortations furent sans effet ; cependant il ne perdit point patience, il parla encore une fois à son beau-frère en présence de plusieurs princes du sang et de quelques prélats ; Jeanne Divion et ses complices furent conduits à cette conférence. Ils répétèrent en présence du comte tout ce qu'ils avaient avoué dans leurs interrogatoires : mais rien ne put vaincre l'opinâtreté de Robert. Force fut alors au roi de laisser aller le cours de la procédure. Les formalités étant remplies et les délais expirés, le parlement s'assembla au Louvre, Philippe de Valois y *séant, assisté des pairs et des grands du royaume*. Le comte Robert ne craignit point de s'y trouver. Par arrêt du 13 mars 1330, rendu sur les conclusions du procureur général, les titres produits par le comte furent déclarés faux, et il fut ordonné qu'ils seraient *cancellés* et *dépiécés* (bâtonnés et lacerés) ce qui fut exécuté sur le champ.

Il n'était pas possible, après un arrêt qui venait de déclarer les titres faux, que le comte Robert s'opiniâtrât à en faire usage. Il renonça donc authentiquement, et l'on dressa procès-verbal de ses déclarations.

Il fut ordonné qu'on ferait le procès à Jeanne Divion, ainsi qu'à ses complices, il ne manquait plus que quelques formalités pour convaincre Robert qu'il était du nombre de ces derniers, et qu'il était même l'instigateur du crime. Les princes et les autres membres du parlement en étaient tellement convaincus, qu'ils furent d'avis qu'on l'arrêtât à l'instant même; mais le roi, qui voulait épuiser dans cette affaire toutes les ressources de la clémence fit suspendre les poursuites pendant quatre mois.

On employa ce délai à ramener le coupable à son devoir. On lui représenta que son crime étant avéré, il ne pouvait échapper à la condamnation qui le menaçait qu'en demandant un pardon qu'on était prêt à lui accorder.

Il demanda alors à se justifier devant le roi. Philippe répondit « qu'il n'avait point voulu faire, « et qu'il ne ferait en affaire de cette importance « aucune démarche sans l'avis de son conseil, dont « les membres étaient pour la plupart liés par « le sang et par l'amitié à Robert, et dont il n'a- « vait rien à redouter. »

Le comte s'emporta en injures et en menaces. Il protesta hautement que s'il avait contribué à placer Philippe-de-Valois sur le trône, il allait tout mettre en œuvre pour l'en faire tomber.

« La loi salique, disait-il, qu'il avait fait valoir « avec tant de zèle, n'était qu'une chimère, dont « on ne trouvait de trace nulle part; et la succes- « sion au trône devait être réglée par la loi civile, « comme les autres possessions de l'Etat. C'était « par la loi civile qu'on voulait lui ravir le comté « d'Artois; pourquoi Philippe ne serait-il pas sou- « mis à la même règle? »

Cependant, afin de se mettre à l'abri des poursuites qu'il sentait bien lui-même ne pouvoir plus éviter, il fit embarquer secrètement ses équipages à Bordeaux, pour les faire passer en Angleterre, et se retirer à Bruxelles, auprès du duc de Brabant, avec plusieurs de ses amis.

La comtesse sa femme ne fut pas plus modérée

dans ses discours et dans ses plaintes contre le roi son frère. De la Normandie, où elle s'était réfugiée, elle ne s'occupait qu'à soulever les peuples contre lui, et à procurer l'évasion aux plus coupables d'entre les faussaires et les complices de son mari. Mais tous ses soins ne purent empêcher que la plupart ne fussent arrêtés, entre autres Jean Aubri, dominicain, confesseur de Robert.

Nous citerons à cette occasion un fait qui nous a paru assez plaisant.

Lorsque le comte Robert présenta la pièce fabriquée comme une confirmation émanée de Philippe-le-Bel, il déclara qu'il la tenait d'*un homme noir*. Cela était vrai en partie. Robert avait d'abord montré et donné cette pièce au dominicain, et l'avait ensuite retirée de ses mains, après avoir exigé, sous le sceau de la confession, qu'il dît la lui avoir fournie.

Quand on interrogea le dominicain, il crut que sa conscience l'obligeait de faire plutôt une fausse déposition, que de révéler ce qu'il croyait un secret de la confession. Mais il fut traduit au tribunal de l'évêque de Paris, qui le menaça de la question, s'il ne découvrait la vérité. Le jacobin déclara que si les docteurs et les jurisconsultes étaient d'avis qu'il pouvait en conscience révéler ce secret, il dirait tout ce qui lui avait été confié. La décision de ceux que l'on consulta fut unanime à cet égard. L'évêque reçut donc la déposition de Jean Aubri; et ce fut par ce moyen que l'on apprit une partie des artifices du comte Robert.

Plus les dépositions des prisonniers le chargeaient, moins il avait le désir de se représenter, comme le roi et son conseil l'en pressaient. Quoique les preuves s'accumulassent journellement, aucun acte ou procédure ne fut dirigé contre lui pendant les quatre mois qui lui avaient été accordés. Son opiniâtreté laissa expirer ce délai, sans qu'on pût le fléchir. Enfin, Philippe de Valois, instruit de ses intrigues à la cour de Bruxelles, de ses liaisons avec ses ennemis, et même d'attentat contre sa personne, laissa à la justice son cours ordinaire. Le procureur-général eut ordre de poursuivre. Les pairs du royaume furent ajournés pour assister au jugement. Le 8 août 1331, le parlement rendit un arrêt qui enjoignait à Robert de comparaître devant le roi et sa cour garnie de pairs, au jour de Saint-Michel suivant.

Robert n'ayant point comparu, on donna défaut contre lui.

Cependant le procès contre Jeanne Divion étant instruit, on la jugea. Cette malheureuse, convaincue de débauches, d'empoisonnemens et de subornations de témoins, fut condamnée à être brûlée. Elle subit sa condamnation le lendemain 6 octobre de la même année 1331. Avant de marcher au supplice, elle renouvela ses aveux dans son testament de mort.

On prononça deux nouveaux ajournemens contre Robert, à un mois de distance l'un de l'autre; mais il refusa constamment d'y déférer. Le troisième devait être fatal, et les pairs furent convoqués pour y assister. Voulant néanmoins prévenir l'arrêt qui ne pouvait manquer de le condamner par contumace, il envoya ses procureurs ; comme leur commission portait de ne se présenter que le mardi 18 février 1331 (1), quoique l'ajournement fût au lundi 17, ils ne furent pas reçus *à comparaître en droit*, et ce même jour on prononça le défaut fatal contre le comte Robert.

Philippe de Valois, cependant, fléchi par les instances de Jean, duc de Normandie, son fils aîné, et du roi de Bohême, reçut à son audience, et *hors de jugement*, les deux envoyés de Robert, écouta leurs raisons, et leur répondit. Quoique les trois ajournemens fussent suffisans pour faire juger la contumace, il accorda un quatrième délai, dont il fixa le terme au mercredi avant *Pâques fleuries*. Mais Robert suivant toujours le plan de conduite qu'il s'était tracé, loin de venir à la cour le jour qui lui avait été prescrit, se lia au contraire de plus en plus avec les ennemis du roi qui étaient à Bruxelles. Il forma une conjuration dans les règles, faisant prêter serment à ses complices de le défendre envers et contre tous. Le quatrième délai étant expiré, le parlement s'assembla au Louvre, le 19 mars 1331. Ce lit de justice fut des plus solennels. Les rois de Bohême et de Navarre s'y trouvèrent avec tous les

(1) L'année ne commençait alors qu'à Pâques; le mois de février 1331 ne venait qu'après celui d'août.

princes du sang et un grand nombre de prélats et de barons.

Le roi s'étant placé sur son trône, le procureur-général prit la parole, fit le récit de tous les faits de la procédure, et après avoir fait aussi un juste éloge de la patience et de la modération du monarque, il conclut à ce que *Robert d'Artois, comte de Beaumont, fût condamné en corps et en biens; c'est à savoir, le corps mis et livré à mort, et les biens confisqués et acquis au roi.*

L'arrêt prononça seulement le bannissement hors du royaume, et la confiscation des biens.

Ce jugement ne fit qu'augmenter l'animosité de Robert contre son souverain. Il se vit bientôt contraint de quitter Bruxelles, le roi ayant engagé l'archevêque de Cologne, l'évêque de Liége ainsi que le roi de Bohême à déclarer la guerre au duc de Brabant, qui donnait asile à un sujet rebelle et banni.

L'état où se trouva alors Robert, vagabond, toujours déguisé, toujours errant avec un petit nombre de malheureux attachés à son sort, et craignant sans cesse de tomber entre les mains des émissaires de la justice, exalta sa fureur au dernier point. Il travailla à *envouster* le roi, la reine et le duc de Normandie; c'est-à-dire qu'il chercha à les faire périr au moyen de trois petites figures en cire qui représentaient ces trois personnages, et qu'il piquait au cœur avec une épingle brûlante. Nous n'avons pas besoin d'ajouter que cette opération était plus criminelle par l'intention, que par l'effet qu'elle pouvait avoir. Le peu de succès que Robert en obtint, le détermina à faire assassiner le roi, le duc de Bourgogne, le chancelier Guillaume de Sainte-Maure, le seigneur de Brie, maréchal de France, et le duc de Bar qu'il regardait comme ses plus cruels ennemis.

Cet horrible projet ayant été découvert, et ne trouvant plus d'asile assuré dans le comté de Namur où il s'était retiré, Robert accomplit enfin la résolution qu'il avait formée depuis long-temps : il se déguisa en marchand et passa en Angleterre, malgré toutes les précautions prises pour empêcher son embarquement. Edouard III le reçut avec de grandes démonstrations de joie, lui assigna des terres et des pensions, et concerta avec lui les moyens de s'emparer du royaume de France.

Il ne tint pas à Robert que cet exécrable dessein ne s'exécutât.

Une conduite aussi criminelle contre son roi et contre sa patrie, contraignit Philippe de Valois de le déclarer son ennemi, par lettres données au bois de Vincennes, le septième jour du mois de mars 1336, mais ce ne fut qu'après lui avoir laissé tout le temps nécessaire de se reconnaître, et cinq ans après l'arrêt de son bannissement.

Nos lecteurs doivent être curieux de connaître la fin du comte Robert. Nous allons laisser parler l'histoire à ce sujet.

« *Robert de Brus* s'était emparé de la couronne

« d'Ecosse, et en avait dépouillé *Robert de Bail-*
« *leul*. Le fils de celui-ci s'offrait de rendre l'E-
« cosse feudataire de la couronne d'Angleterre,
« pourvu que les Anglais prissent son parti contre
« *David de Brus*. Le roi d'Angleterre abandonna
« à ce prix ce jeune prince qu'il avait déjà regar-
« dé comme son beau-frère. David, après avoir
« perdu une armée de quarante mille hommes,
« fut contraint de quitter la partie et se sauva en
« France avec sa mère. Ils furent encore mieux
« reçus du roi, que *Robert d'Artois* ne l'avait été
« en Angleterre.

« Philippe fit plus encore; car le roi d'Angle-
« terre assiégeant en personne Berwick, défendu
« par les partisans de David, il envoya une flotte
« de dix vaisseaux au secours des Ecossais; mais
« les vents contraires l'empêchèrent d'aborder,
« et elle fut contrainte de relâcher aux côtes de
« Flandre.

« C'est ainsi que les deux rois se donnaient,
« l'un à l'autre, des prétextes de guerre, moins
« cependant dans le dessein de s'y engager, que
« pour faire entendre qu'ils ne l'appréhendaient
« pas; mais ce n'était pas assez pour satisfaire
« la haine de Robert d'Artois contre le roi de
« France.

« Il attendait avec impatience que les affaires
« d'Ecosse lui permissent d'inspirer à Edouard de
« plus grands desseins. Philippe sentit enfin le
« danger par les avis qu'il recevait journellement
« des mauvais desseins du roi d'Angleterre. Ce-

« pendant on négocia de part et d'autre. Le roi de « France ne voulait entendre à rien que celui « d'Angleterre n'abandonnât Robert d'Artois, et « Edouard demandait pour préliminaire à tout « accommodement, que Philippe refusât toute « protection à David. Pendant que l'on négociait « pour prévenir la guerre dont on était menacé, « les deux rois travaillaient à se former, chacun de « leur côté, une ligue puissante. »

Parut alors la déclaration du 7 mars 1336, que nous avons citée plus haut, et qui portait entre autres dispositions, « défense à tous les vassaux liges et féaux de la couronne, de quelque état qu'ils fussent, demeurant dans le royaume ou hors du royaume, sus peine de confiscation de bien et de corps, de donner conseil ou secours à Robert d'Artois, de le souffrir en leurs terres, et, s'il y était, de l'arrêter prisonnier et de l'envoyer au roi pour en faire justice. » Ces mots, *vassaux demeurant hors du royaume*, ne pouvaient regarder que le roi d'Angleterre, qui était vassal de la couronne de France, et qui avait donné asile au proscrit. C'était donc le menacer ouvertement de la saisie du Ponthieu et de la Guienne, s'il continuait à protéger *Robert d'Artois*.

Reprenons l'histoire.

« D'autre part, le roi d'Angleterre redemandait « quelques places en Guienne, qui avaient été en- « levées au roi son père par Philippe-le-Bel, et « disait qu'il avait autant de droits de soutenir

« Robert d'Artois, que le roi de France prétendait « en avoir de protéger le jeune roi d'Ecosse.

« En conséquence de la déclaration du 7 mars « 1336, le roi envoya commission au sénéchal du « Périgord et du Quercy, pour mettre en sa main « le duché de Guienne et tous les domaines que le « roi d'Angleterre possédait en tous ces quartiers. « Il adressa une pareille commission au bailli d'A- « miens, pour saisir le comté de Ponthieu.

« Ces commissions furent juridiquement signi- « fiées aux commandans des frontières du roi « d'Angleterre, tant en Guienne qu'en Picardie.

« Cette saisie fut la cause de la guerre sanglante « qui mit la France à deux doigts de sa perte. « Robert d'Artois fit entendre au roi d'Angleterre « qu'elle était nulle, et détermina ce prince à « prendre la qualité de roi de France, et à écarte- « ler les armes de France avec celles d'Angleterre. « Et c'est depuis ce temps que ces armes sont res- « tées écartelées comme nous les voyons encore « aujourd'hui, et que les rois d'Angleterre n'ont « cessé de mettre au nombre de leurs titres celui « de roi de France.

« Edouard ayant mit Robert d'Artois à la tête « d'une partie des troupes qu'il envoya en Bre- « tagne, celui-ci entreprit, pour première expé- « dition, le siége de Vannes, qu'il emporta par la « valeur et par l'adresse. Cette ville était défendue « par une garnison commandée par quatre cheva- « liers bretons : savoir, les seigneurs Henri de « Léon, Olivier de Clisson, et les sires de Tour-

« nemine et de Lohéac. Ils soutinrent un assaut « pendant un jour avec un grand courage de part « et d'autre : la nuit le fit cesser; mais Robert « d'Artois, après avoir laissé reposer ses troupes « pendant quelques heures, fit recommencer l'at- « taque en deux endroits, et fit allumer tout à « coup des feux pour l'éclairer. Ces deux attaques « n'étaient qu'une feinte pour y attirer les forces « de l'ennemi, pendant qu'on escaladait la ville « d'un autre côté, et que l'on s'en rendait maître « aux cris mille fois répétés de *victoire!*

« Les quatre chevaliers qui s'étaient sauvés du « carnage, honteux de s'être ainsi laissé surpren- « dre et battre, résolurent de rétablir leur hon- « neur. Ils rassemblèrent tous leurs amis, tous les « gentilshommes leurs vassaux, avec tous les pay- « sans de leurs terres, et joignant quelques troupes « que leur donna Charles de Blois, ils parvinrent à « former un corps de douze mille hommes, avec « lequel ils allèrent se jeter brusquement sur Van- « nes, où ils entrèrent par les brèches qui n'avaient « pas encore été réparées. La garnison fut taillée « en pièces, et Robert d'Artois dangereusement « blessé. Après la prise de la place, ses gens ce- « pendant l'enlevèrent et le conduisirent à Henne- « bon. Mais comme il n'y avait pas là de bons chi- « rurgiens, il se fit transporter en Angleterre. « L'air de la mer et l'agitation du vaisseau le mi- « rent en si mauvais état, qu'il mourut en arrivant « à Londres.»

Edouard témoigna l'amitié qu'il avait pour lui,

en lui faisant faire de magnifiques obsèques dans l'église de Saint-Paul, où il fut enterré. Edouard fit plus; il jura de venger sa mort sur la Bretagne et sur la France.

Les Français et les Bretons ne savent que trop que ce prince fut fidèle à son serment.

SIRVEN.

Toute une famille gémissait dans les fers à Toulouse, sous le poids d'une accusation de parricide, quand au mois de janvier de l'année de 1762, une autre accusation de la même nature fut formée dans la même province contre un malheureux père, sa femme et ses deux filles. Bientôt après, le fanatisme, cherchant de tous côtés des victimes, traîna Calas sur l'échafaud. Innocent comme lui, Sirven, sa femme et ses enfans subissaient le même sort, si une prompte fuite ne les eut dérobés au supplice qui leur était également destiné.

Sirven était établi depuis plus de vingt ans avec sa fille à Castres. Il y exerçait les fonctions de feudiste, c'est ce qu'on appelle ailleurs commissaire à terrier. La confiance des seigneurs de ce canton mettait dans ses mains les titres de leur naissance et de leur fortune.

Sa femme et lui suivirent la religion protestante: ils transmettaient à leurs trois filles, dans le secret et l'intérieur de leur maison, la croyance qu'ils avaient reçue de leurs ancêtres.

Le 6 mars 1760, on enleva Elisabeth, l'une de ces filles, âgée de vingt-deux ans : on la traîna dans une communauté que tenaient à Castres des filles qu'on appelait *les dames régentes*, ou *les dames noires*, sans aucun décret de justice, sans aucun ordre pour l'arrêter.

Cette infortunée, qui ne cédait qu'à la séduction et à la violence, ne tarda pas à tomber malade; son père la redemanda avec instance, il ne fut point écouté. Un mois après, en sortant de l'église paroissiale, Elisabeth rencontra sa mère : elles se jetèrent dans les bras l'une de l'autre et confondirent leurs larmes. Une dame régente survint et entraîna Elisabeth dans les murs qui la retenaient captive. Pendant près de sept mois sa famille ne put obtenir la consolation de la voir une seule fois.

Cependant le 9 octobre de la même année, on fit dire à Sirven qu'Elisabeth refusant absolument de se faire catholique, on allait la lui rendre; en effet, le même jour, la victime rentra sous le toit paternel. Mais dans quel état! Ce n'est plus une jeune fille brillante de fraîcheur et de santé qu'embrasse sa famille, c'est un spectre décharné, couvert de meurtrissures et de plaies; c'est une insensée à qui la rigueur des traitemens qu'on lui a fait endurer a ôté l'usage de la raison.

La folie d'Elisabeth se changea promptement en fureur : elle poussait des hurlemens horribles, et retombait dans un accablement qui était suivi bientôt de nouveaux accès. Sirven fut obligé de lui assujétir les bras par un habillement étroit, de lui ôter même l'usage de ses mains, de faire mettre un cadenas aux volets de sa chambre, de prendre, en un mot, toutes les précautions qui étaient de nature à l'empêcher de se nuire à elle-même. La calomnie lui fit un crime de toutes ces précautions. On l'accusa auprès de l'intendant de la province de tenir Elisabeth renfermée depuis six mois, de *l'avoir mise dans un sac*, et de l'accabler de mauvais traitemens pour l'empêcher de se faire catholique.

Vers la fin de juin 1761, le subdélégué de Castres notifia à Sirven ces imputations, et peu de temps après il lui annonça que le curé et un médecin iraient examiner les sentimens et l'état de la malade. Malzac, médecin, qui la traitait depuis long-temps, alla faire la visite ordonnée, et sur son rapport le curé ne crut pas seulement devoir se déplacer. Ainsi la démence d'Elisabeth fut alors irrévocablement constatée par la notoriété publique.

Sirven avait annoncé au subdélégué qu'il était chargé d'aller faire, à Saint-Albi, le terrier d'Esperandieu, seigneur de cette paroisse, et qu'il irait s'établir dans son château avec sa famille. En conséquence, il remit au mari de sa fille aînée, marchand à Castres, la maison dont il l'avait dotée au mois d'avril 1760. Il s'y était réservé un appartement, tant il pensait peu, même depuis la détention d'Elisabeth, à quitter la ville, comme on l'en a faussement accusé depuis. Il en sortit avec la permission du subdélégué.

Etabli à Saint-Albi avec sa femme et ses filles, Sirven alla plusieurs fois à Castres chercher la réponse à un mémoire qu'il avait prié le subdélégué de faire passer à l'intendant, dans lequel il lui rendait un compte exact de toute sa conduite. Il alla même jusqu'à Montpellier la demander, et il eut lieu de croire qu'enfin la calomnie y avait été reconnue et méprisée.

On n'en revint pas moins à la charge. Dans le mois d'octobre 1761, le vicaire et les consuls de Saint-Albi se rendirent au château d'Esperandieu et donnèrent l'ordre d'envoyer Elisabeth à l'église. Sirven était absent. Sa femme ne leur demanda seulement pas de quelle part ces ordres étaient notifiés; elle se contenta de leur montrer cette infortunée, et ils virent quelle indécence, quel danger même il y aurait de l'exposer en public. Elle offrit, au surplus, comme son mari, l'avait déjà fait, de la remettre au vicaire. Celui-ci, témoin d'un nouveau trait de folie, refusa de s'en charger.

Voulant prévenir toute imputation contre lui, s'il continuait de garder sa fille dans sa maison, et tout danger pour elle s'il la laissait sortir, Sirven se détermina à la remettre entre les mains de l'évêque de Castres; mais avant d'exécuter ce projet, il voulut en faire part à madame d'Esperandieu qui s'intéressait vivement à sa famille; il se rendit en conséquence au château d'Ayguefoude qu'habitait cette dame. Ce château était situé à l'extrémité du village. Elle confirma Sirven dans sa résolution et le retint à souper et à coucher. C'était le 15 décembre. Le 16 au matin, il attendait en lisant le lever de madame d'Esperandieu, lorsqu'un exprès dépêché par le consul Galiber arriva à la hâte, et lui annonça que sa fille avait disparu. Sirven part, accourt à Saint-Albi, où sa femme et ses deux autres filles éplorées étaient au milieu de leurs amis et d'une foule d'habitans, qui s'efforçaient de calmer leur douleur. Déjà on avait fait des recherches dans tout le bourg, mais le brouillard avait empêché de les étendre jusque dans la campagne : dès qu'il fut dissipé, le consul et la famille de la malheureuse Elisabeth envoyèrent dans tous les lieux du voisinage.

Le 4 janvier 1752, vingt jours après l'évasion d'Elisabeth, on vint dire à Sirven que des enfans l'avait trouvée noyée dans le puits des communaux de Saint-Albi.

Aussitôt après la découverte du cadavre, le haut justicier de Mazamet se transporta sur les lieux, accompagné d'un médecin et d'un chirurgien qui dressèrent leur rapport.

Il en résulta dans l'opinion de tous les spectateurs qu'Elisabeth, dans un accès de fureur, s'était précipitée dans le puits. Sa mort parut tellement n'être qu'un malheur, que le procureur fiscal alla prier le vicaire de l'enterrer, et que le médecin et le chirurgien demandèrent leur paiement, comme ayant consommé leur ministère.

Le juge qui avait promis de venir le 5 janvier pour faire inhumer le cadavre ne se présenta point. La nuit s'avançait; le premier consul, son parent, alla le trouver à Mazamet, et rapporta la permission verbale de faire procéder à l'enterrement. Sirven s'y refusa ne voyant point de permission écrite ; il se retira chez lui ; des parens du consul vinrent l'en presser encore ; il leur répondit avec cette réserve qu'inspire le malheur, qu'il ne pouvait ni ne devait s'en mêler : il ignorait même où était le cadavre. Les consuls, qui l'avaient en leur possession *dans leur maison de ville*, le firent enterrer ; ils attestèrent hautement, ainsi que tous ceux qui travaillèrent à l'inhumation, que ce fut de la permission et autorisation du juge de Mazamet, et sa sentence ne contenait en effet ni contre eux ni contre la famille Sirven aucune charge à cet égard, aucune condamnation.

Cependant le 6 janvier au matin, ce même juge vient à Saint-Albi, il poursuit comme un crime cet enterrement que lui-même avait permis ; il informe, il entend des témoins. Il commence ensuite, sur le fait même de la mort, une information dans laquelle les témoins attestent tous la démence d'Elisabeth.

Ce n'est pas tout, on enlève à la famille Sirven l'avantage du premier rapport par un second qu'on y substitue et qui le détruit en grande partie. Tout y est changé ou altéré. On y voit que la tête paraissait ébranlée, qu'on avait trouvé du sang caillé à la nuque du cou, qu'il n'y avait point d'eau dans l'estomac, et que la morte était dans un état complet de virginité. On inféra de ce dernier fait qu'elle n'avait eu aucune faiblesse qui, par la crainte des suites, l'eut portée à se donner la mort ; et que ce n'étaient point des scélérats qui l'avaient précipitée dans le puits après avoir attenté à sa vertu. On conclut d'un autre côté, que si elle n'avait point d'eau dans l'estomac, c'est qu'elle avait été jetée dans le puits après avoir été étouffée ; qu'il n'y avait donc ni suicide, ni assassinat ordinaire, et que sa mort était un crime dont il fallait chercher d'autres causes.

C'est ainsi que le fanatisme préparait par degré la ruine de Sirven.

Le 9 janvier, le procureur fiscal donna un réquisitoire pour entendre les dames de Castres, ainsi que Sirven l'avait demandé. Il n'osa pas encore y insinuer l'accusation de parricide; il n'osa pas même supprimer l'imputation de suicide, quelque facilité que lui donnât le second rapport ; mais il établit dans ce réquisitoire une sorte d'incertitude entre l'assassinat et le suicide ; incertitude qu'il fit bientôt disparaître pour y substituer la plus horrible des accusations.

Pour trouver la vérité, il aurait dû faire entendre principalement les domestiques de madame d'Espérandieu et de son mari, témoins nécessaires, ils pouvaient lui donner des lumières sur l'évasion d'Elisabeth ; ils auraient en même temps constaté *l'alibi* de Sirven ; on l'en pressa vainement. Le défenseur de Sirven se plaignit au juge par une lettre, très-forte, qu'il paraissait n'écrire qu'au sujet du procureur fiscal, mais qui instruisait le juge lui-même et qui, rappelant ces deux magistrats à l'équité et à leurs devoirs, ne décelait que trop les vues qui dès-lors les animaient.

Cette lettre ne produisit aucun effet; afin d'éviter un éclat fâcheux contre ces deux juges, Sirven se rendit partie civile, comme vengeur naturel de la mort de sa fille, et il acquit ainsi le droit de faire entendre lui-même les témoins. Le juge l'admit en cette qualité le 11 janvier, en même temps que le procureur fiscal continuerait sa procédure.

Devenu partie civile, Sirven poursuivit vivement l'instruction. Le 15 du même mois dix-sept témoins furent entendus; leurs dépositions établirent la démence de sa fille; elles prouvèrent en même temps qu'il était au château d'Ayguefoude lors de son évasion.

Sirven se rendit à Castres, où il avait plusieurs témoins à faire entendre, surtout les dames Régentes; elles redoutaient extrêmement, et pour plus d'une raison, d'avoir à paraître en justice. Elles espérèrent d'en être dispensées en adressant de leur propre mouvement une espèce de déclaration apologétique qu'elles donnèrent d'avance. Dans cette pièce dressée avec le plus d'art qu'elles purent toutes ensemble y apporter, elles s'efforcèrent, autant qu'il était en elles, de faire présumer Sirven coupable, en assurant qu'elles auraient donné des instructions à une infortunée qui ne pouvait ni penser, ni parler, ni entendre. « Elisa-« beth, disaient-elles, leur donna par intervalle « des traits de folie ou d'imbécillité, tant le jour « que la nuit; mais enfin, l'ayant vue toujours

« dans le même état, elles prirent le parti de la « rendre à ses parens. »

Cette déclaration ne rendit Sirven que plus ferme à les obliger à déposer. Il attendait paisiblement à Castres l'arrivée du juge, lorsque le 20 janvier, de grand matin, il voit accourir tout éplorée sa femme suivie de la plus jeune de ses filles ; la consternation, la terreur, étaient peintes sur leurs visages: « Le juge nous accuse d'avoir assassiné Elisabeth : vous, vos deux filles et moi nous sommes décrétés, on veut nous perdre. »

Sirven et sa femme voulaient d'abord se rendre en prison avec leurs enfans, convaincus qu'ils étaient qu'on ne pouvait sérieusement leur imputer un parricide. Leurs amis les en empêchèrent. « Ignorez-vous ce que peuvent les passions, la haine, le fanatisme, contre le malheureux sans défense? Les Calas vont périr, on ne parle que de parricides; vous êtes protestans, on vous impute comme un point de votre religion, d'égorger vos enfans quand ils veulent abjurer. Votre juge est déclaré contre vous : vous remettre en ses mains, c'est demander votre supplice, fuyez et ne différez pas. »

Sirven leur opposa en vain la maladie de sa femme et de ses filles, la grossesse avancée de l'une d'elles, sa mauvaise santé, la rigueur de la saison, les montagnes, les chemins couverts de neige: « Fuyez, lui dirent-ils : aimez-vous mieux périr sous la main des bourreaux? »

Il céda et prit la fuite avec sa famille. La maison d'un gentilhomme, sensible à leurs malheurs, fut leur premier asile; ils en partirent à pied dans le milieu de la nuit, se traînant par un temps affreux vers des montagnes inaccessibles où l'innocence fuyait pour épargner un crime à la justice. Ils se cachèrent tout le jour. La nuit suivante ils se remirent en marche, s'arrêtant ensuite à quelque distance, dans l'horreur des ténèbres et des rochers. Sirven appela ses enfans et leur déplorable mère que ses yeux ne pouvaient voir; ses bras les rencontrèrent, elles s'y jetèrent avec effroi; il les serra long-temps contre son sein; forcés de se disperser, pour échapper plus sûrement à leurs persécuteurs, ils ne pouvaient s'arracher l'un à l'autre, ni parler, ni respirer. Ils ne purent que mêler leurs larmes dans un adieu qu'ils crurent éternel. Un froid mortel glaça le cœur de Sirven, en pensant qu'il abandonnait sa femme et ses filles, seules, sans secours et sans appui, à tous les périls qui les menaçaient. Quant à lui, accablé de désespoir, il erra le reste de la nuit parmi les rochers sans savoir ce qu'il devint; et quand le jour parut, il fut encore étonné de se trouver seul. Reprenant peu à peu ses forces, après une longue et pénible marche il arriva en Suisse vers Pâques.

Sa femme et ses enfans n'arrivèrent à Lausanne qu'au mois de juin suivant. Leur route sur les montagnes, au milieu des glaces, dans le cœur de l'hiver, fut une suite continuelle de périls. Épuisées de fatigues, accablées de craintes, elles périssaient de leurs maux présens et de ceux qu'elles voyaient devant elles. Sa fille aînée surtout, très-avancée dans sa grossesse, fut mille fois près de perdre la vie. Elle accoucha avant terme, sur des précipices et dans des douleurs dont la violence et la durée n'ont point d'exemples.

Dans cet état affreux de désespoir et d'abjection, des peuples généreux offrirent des secours et un asile à cette malheureuse famille. Madame Sirven et ses deux filles vécurent à Lausanne, au canton de Berne, et Sirven à Genève, des pensions que ces deux républiques leur firent.

Voltaire, le protecteur des infortunés, devint aussi celui des Sirven, dès qu'il apprit leur désastre. Non content de les secourir de ses propres dons, il attira sur eux ceux de plusieurs souverains, notamment le roi de Prusse, le roi de Pologne, l'impératrice de Russie, et disposa l'Europe entière à s'attendrir sur les malheurs de cette famille.

Tandis que Sirven fuyait sa patrie, des cohortes d'huissiers fondaient sur ses demeures de Castres et de Saint-Albi, et sous le nom de *saisie-annotation*, enlevaient et dispersaient ses effets. Il possédait pour environ dix-huit mille livres de bien, seul fruit de ses travaux, unique espoir de la subsistance de ses enfans... Que lui en resta-t-il?

Le lendemain du départ de cette malheureuse famille, le juge, que rien n'arrêtait plus, donna contre elle une proscription sanguinaire sous le nom de monitoire, copiée exactement sur celui qui fut si funeste aux Calas. Mais ce monitoire ne remplissant pas les vues de ses auteurs, le juge et le procureur fiscal en dressèrent précipitamment un second le 29 du mois de janvier, dans lequel rien ne fut épargné pour susciter des calomniateurs et des crimes aux Sirven. Ce second monitoire ne produisit pas plus de charges que le premier. Il y a lieu de croire qu'un troisième, qu'ils publièrent quinze jours après, n'eut pas plus de succès; car le juge et le procureur fiscal, après avoir suivi leur procédure dans le premier mois de l'absence des accusés, la laissèrent languir et presque entièrement tomber; ils s'efforcèrent même de se garantir autant que possible des actions que ces accusés pourraient intenter, si un jour ils venaient à reparaître. Dans cette vue, ils donnèrent au procès l'apparence d'une affaire publique, en paraissant y mettre comme parties le maire et les consuls de la ville de Mazamet, à laquelle appartenait la haute justice.

Au mois d'octobre, les confrontations furent faites par le juge de Mazamet, qui cependant n'osa pas juger, et laissa passer les mois de novembre, décembre 1762 et janvier 1763, sans faire aucune instruction. La seule qu'il fit dans le mois de février fut de répéter le médecin et le chirurgien en leur rapport.

Enfin, le 29 mars 1764, après quinze mois d'inaction, il appela deux juges de deux petites justices de canton, au lieu d'en inviter dans la sénéchaussée de Castres un nombre proportionné à l'importance de l'affaire, et en une matinée il leur fit lui-même le rapport de ce procès, si chargé d'instructions et de témoins; puis il prononça une sentence de mort, dont voici l'extrait :

« Avons déclaré la contumace bien instruite « contre ledit Pierre-Paul Sirven, Toinette Léger, « sa femme, Jeanne Sirven et sa sœur, femme du « nommé Perié, marchand de Castres; et adjugeant « au profit d'icelle, avons déclaré lesdits Pierre-« Paul Sirven, et ladite Léger, sa femme, dûment « atteints et convaincus du crime de parricide, « dont ils sont accusés. Pour réparation duquel « les avons condamnés à être pendus et étranglés, « jusqu'à ce que mort naturelle s'ensuive, à une « potence qui sera pour cet effet dressée en la « place publique de cette ville, comme aussi avons « déclaré lesdites filles Sirven, sœurs, dûment « atteintes et convaincues, et complices dudit « crime de parricide, dont elles sont accusées : « pour réparation duquel les avons condamnées « d'être présentes à l'exécution de leurs père et « mère; après quoi bannies à perpétuité de la « ville et juridiction dudit Mazamet; à elles en-« joint de garder leur ban sous les peines portées « par l'ordonnance : avons aussi condamné lesdits « Sirven père, mère et filles, solidairement, aux « dépens envers ledit procureur fiscal, que nous « avons liquidés à la somme de 616 livres 18 sols « 9 deniers; et avons déclaré le surplus de leurs « biens acquis et confisqué en faveur de qui il « appartiendra, préalablement prise la somme de « 25 livres, en faveur de sa majesté, en cas que « la confiscation n'ait pas lieu au profit de sa ma-

« jesté, distraction aussi faite du tiers d'iceux en « faveur des enfans condamnés, si point y en a; « et sera notre présente sentence exécutée contre « lesdits Pierre Paul Sirven et Léger, par effi-« gie, etc. »

Le lecteur remarquera comme nous quel assemblage de contradictions et de cruautés est renfermé dans cette sentence. Quoi! un père aura porté sur sa fille des mains homicides, sa femme aura partagé ses fureurs; ils en seront convaincus, et la justice ne leur infligera que des peines destinées aux criminels ordinaires! Leurs deux autres filles auront trempé leurs mains dans le sang de leur sœur, elles seront complices du plus exécrable des forfaits, et leur unique punition sera d'aller expier un parricide dans un paisible bannissement!

Que conclure de tout cela? que le juge de Mazamet lui-même, n'ayant osé prononcer contre des fugitifs les supplices auxquels la loi les condamnait pour un tel crime, ne les a point trouvés coupables.

Qui ne reconnaîtrait encore dans ce jugement un nouvel hommage rendu à l'innocence des Sirven, par le silence le plus absolu gardé sur l'enlèvement du cadavre : pas une simple suspicion, soit contre cette famille, soit contre les deux consuls qui en étaient dépositaires et qui le firent enterrer. Cependant, c'était sur cet enlèvement prétendu que le juge avait élevé tout l'édifice de son accusation ; que devenait-elle quand il en détruisait lui-même le fondement ?

La loi ordonnait que ce jugement serait exécuté par effigie, néanmoins, l'atrocité du crime imputé aux Sirven ayant paru au parlement de Toulouse mériter une condamnation émanée de lui-même, la sentence rendue par le juge de Mazamet fut portée à ce parlement qui, par une ordonnance délibérée du 5 mai 1764, en autorisa l'exécution figurative.

Elle fut faite le 11 septembre de la même année à Mazamet.

Cet horrible jugement excita dans tout le Languedoc une indignation générale, un soulèvement universel. Une multitude de citoyens distingués, d'amis de l'humanité, nobles, notables habitans, prêtres, curés du pays (1), adressèrent aux Sirven les certificats les plus expressifs, et les invitèrent à traduire le juge de Mazamet au pied du trône. A ces suffrages nationaux, se joignirent ceux des étrangers qui rendirent compte de la conduite de ces infortunés, pendant le temps de leur exil, et tous ensemble mêlèrent dans leurs déclarations, les éloges de la vertu aux témoignages de l'innocence.

Le patriarche de Ferney, que nous avons déjà

---

(1) Ceux-ci crurent que le premier devoir, dans toutes les religions, est d'être juste.

cité, demanda justice pour les Sirven, et finit par l'obtenir. Malheureusement madame Sirven, consumée par la douleur, épuisée par les fatigues, ne jouit point du plaisir de voir son innocence hautement proclamée. Elle mourut loin de sa patrie, sans avoir auprès d'elle ni ses enfans ni son mari pour lui fermer les yeux.

MADAME TIQUET.

Angélique-Nicole Carlier, née à Metz, en 1657, d'un libraire de cette ville, resta orpheline à l'âge de quinze ans, et partagea avec son frère unique la succession de son père, qui s'élevait à un million. Le frère devint capitaine aux gardes.

Riche, belle, gracieuse, d'un esprit fin, délicat, agréable, Angélique pouvait prétendre aux plus hauts partis.

Un conseiller au parlement, Tiquet s'était rangé au nombre des prétendans à sa main.

Quoiqu'il ne fût pas celui à qui la fortune donnât les espérances les plus fondées, il parvint à l'emporter sur ses rivaux, au moyen de prévenances envers la tante d'Angélique et d'attentions fort galantes envers cette jeune personne. Ainsi, par exemple, il lui offrit, le jour de sa fête, un bouquet de fleurs mêlées de diamans, valant quinze mille livres.

Deux enfans, un fils et une fille, semblèrent serrer les liens de leur tendresse pendant les trois premières années de leur mariage.

Les goûts de madame Tiquet la portaient au faste; elle s'y livrait sans précaution, sans pensée d'avenir, persuadée d'ailleurs que la fortune de son mari égalait la sienne.

Loin de là, le conseiller ne possédait guère que sa charge; il avait même contracté des dettes pour préparer les voies de son union : force lui fut donc de faire sentir à sa femme qu'il y avait nécessité d'apporter des bornes à ses dépenses.

De l'estime qu'elle avait pour son mari, Angélique passa au mépris; le mépris se changea bientôt en dégoût, et le dégoût en haine. Une circonstance particulière vint ajouter encore à ses mauvaises dispositions.

Carlier, son frère, avait introduit chez elle un capitaine aux gardes de ses amis, nommé Mongeorge, livré à la dissipation et aux plaisirs. En comparant ce jeune militaire, qui excitait ses goûts, à son mari dont le caractère était passablement sévère, elle le trouva charmant, et se laissa aller à une passion coupable.

Tiquet manifesta une jalousie fort vive, qui n'eut d'autre résultat que de le rendre plus odieux à sa femme.

Le premier pas étant fait, celle-ci ne mit plus de bornes à ses honteux déréglemens, si ce n'est seulement que sauvant, quant à son amant, les apparences d'une bonne conduite, elle conserva son cœur, malgré ses débauches, lui restant, elle, constamment attachée.

Les créanciers de Tiquet se montrèrent exigeans et intentèrent contre lui une action judiciaire.

Profitant de ces poursuites, Angélique se pourvut en séparation de biens.

La guerre étant ainsi déclarée, Tiquet se plaignit des nombreuses infidélités de sa femme, de sa liaison en quelque sorte publique avec Mongeorge, demanda et obtint une lettre de cachet pour faire enfermer sa femme.

Toutefois, voulant user de ménagemens à son égard, par calcul sans doute; croyant aussi la rendre plus sage par la crainte de perdre sa liberté, Tiquet l'engagea à suspendre sa procédure en séparation, et plaça sous ses yeux la lettre de cachet dont il était muni : Angélique la saisit et la jeta au feu. Tiquet fit des démarches pour en obtenir une seconde; mais on se moqua de lui.

Angélique suivit dès-lors avec une grande persistance sa séparation, que le Châtelet prononça enfin.

Les époux continuèrent de vivre sous le même toit, chacun dans un appartement séparé. Ils vécurent de la sorte pendant trois ans, sans que leur antipathie donnât lieu à aucune scène publique; et nous disons publique, parce que, dans l'intérieur, le mari ne cessait ses remontrances, ses sermons, ses brusqueries, et que la femme les souffrait d'autant moins volontiers qu'ils lui venaient d'un homme qui lui était insupportable. Fatiguée de son état, elle prit l'affreux parti de se défaire de son mari, afin de le pouvoir remplacer par son amant.

Elle confia son projet à *Jacques Moura*, son portier, qu'elle acquit par ses libéralités, et aussi, dit-on, par des faveurs. Ce misérable appela au complot *Auguste Cattelain*, domestique attaché aux hôtels garnis, et qui se mettait quelquefois au service des étrangers venus à Paris : Cattelain fut entraîné par les moyens employés pour suborner Moura.

Il est prouvé au procès qu'on accusa de complicité *Claude Desmarques*, soldat au régiment des gardes ; *Philippe Langlet*, dit *Saint-Germain* et *Claude Roussel*, tous deux domestiques de la dame Tiquet ; *Jeanne Lemmirault*, et *Marie-Anne Lefort*, femme de chambre ; *Jean Desmarques*, pauvre gentilhomme, ci-devant employé dans les gabelles en Poitou ; *Jeanne Bonnefond*, fille débauchée ; *Madeleine Millotet*, veuve de *Léon*, écuyer, autrement dite *la Châtelain ; Marguerite le Fèvre*, cuisinière de la dame Tiquet ; *Jean Loiseau*, son cocher ; *Marie Biarche*, femme de *René Chesneau Grandmaison*, soldat dans la compagnie des grenadiers de Mongeorge ; *Grandmaison ; Seigneure*, neveu de ce dernier ; *Saint-Jean*, soldat, et trois individus que la justice ne put saisir.

Le soir fixé pour l'exécution du complot, tout ce monde était aposté sur le passage de Tiquet, qui n'aperçut rien des dispositions prises ; mais Angélique fit dire qu'elle avait changé d'avis, chacun se retira et fit acheter chèrement son silence.

Tiquet, dont la jalousie augmentait sans cesse, ayant appris que son portier, malgré ses ordres, laissait pénétrer Mongeorge chez sa femme, chassa ce domestique et se décida à garder lui-même sa porte, la fermant à la nuit, de manière que personne ne pût entrer ni sortir sans s'adresser à lui. Quand il sortait, il emportait la clé, et la mettait sous son oreiller pendant la nuit.

On pense avec raison que ces mesures étaient peu propres à ramener Angélique; plus difficilement elle voyait son amant et plus sa haine pour son mari gagnait d'intensité. Elle résolut donc de s'en débarrasser à quelque prix que ce fût. Abandonnant son ancien projet, elle ne voulut, pour l'exécution du nouveau, n'avoir que son cher portier pour unique confident.

Une occasion favorable se présenta prochainement. Son mari étant indisposé, elle lui fit porter, par son valet de chambre, un bouillon qu'elle avait préparé. Ce domestique, ayant deviné son dessein, affecta de faire un faux pas, laissa tomber la tasse, demanda son congé et sortit. Il révéla plus tard le crime involontaire, qu'on avait voulu lui faire commettre. Tiquet ne sut rien du secret. Ce coup manqué, Angélique revint au dessein d'assassinat.

Elle entra un jour chez madame Jumelle de Berneville, veuve du comte d'Aunoy, où se rendait bonne et nombreuse compagnie. Elle était fort émue. On lui demanda la cause de son trouble. « Je viens de passer, dit-elle, deux heures « avec le diable. — Vous avez eu là vilaine com« pagnie. — Quand je dis que j'ai vu le diable, « je veux dire une de ces fameuses devineresses qui « prédisent l'avenir. — Que vous a-t-elle prédit?

« — Rien que de flatteur. Elle m'a assuré que, « dans deux mois, je serais au-dessus de mes en- « nemis, hors d'état de craindre leur malice, et « que je serais parfaitement heureuse. Vous voyez « bien que je ne peux pas compter là-dessus, « puisque je ne serai jamais tranquille pendant la « vie de M. Tiquet, qui se porte trop bien pour « que je compte sur un si prompt dénouement. »

Rentré chez elle, elle y passa la soirée avec madame de Sénonville, qui a déclaré n'avoir remarqué dans madame Tiquet aucun air d'inquiétude, aucune distraction, enfin aucun de ces mouvemens qui auraient pu annoncer qu'elle sut ce qui allait se passer.

Tiquet était, de son côté, chez madame de Villemur, sa voisine. Madame de Sénonville avait résolu de ne se retirer que quand Tiquet serait rentré et couché, afin de lui faire la petite malice de l'obliger à se relever pour ouvrir la porte. Mais Tiquet étant resté, ce soir là, chez madame de Villemur plus tard qu'à son ordinaire, madame de Sénonville, ennuyée d'attendre, s'en alla.

Les domestiques de Tiquet commençaient à s'inquiéter de ce que leur maître dépassait de beaucoup l'heure à laquelle il rentrait habituellement, lorsqu'on entendit le bruit de plusieurs coups de pistolets tirés dans la rue. Les domestiques coururent et reconnurent que c'était aux jours de leur maître qu'on avait voulu attenter; il n'était pas mort. Il se fit porter chez madame de Villemur.

Angélique, instruite de l'événement, vola chez cette dame; mais on ne put décider son mari à la voir. Des cinq blessures qu'il avait reçues, il y en avait une, auprès du cœur, que le chirurgien jugea fort dangereuse.

Le commissaire du quartier, appelé, reçut la plainte de Tiquet. Cet officier lui demanda quels étaient ses ennemis, et il lui répondit *qu'il n'en avait pas d'autre que sa femme*. Cette réponse fixa les soupçons sur Angélique, et, en conséquence, on informa contre elle.

Dans la visite qu'elle fit, le lendemain, à la comtesse d'Aunoy, chez qui la curiosité la conduisait, ses discours ni ses manières ne donnèrent prise aux interprétations. La comtesse lui ayant demandé si son mari connaissait ses assassins, elle répondit : « Quand il les connaîtrait, il ne les nommerait pas; « c'est moi qu'on assassine aujourd'hui. » La comtesse reprit : on devrait s'assurer du portier qui a été chassé; c'est sur lui que le public réunit tous ses soupçons.

Il paraît que ce propos lui donna confiance, car les avis lui vinrent de toutes parts, pendant huit jours, qu'elle serait infailliblement arrêtée. Le huitième jour, un théatin l'alla trouver, et lui dit qu'il n'y avait pas un moment à perdre, que l'ordre de l'arrêter était donné, qu'il ne lui restait que le temps de se couvrir de la robe de théatin qu'il lui apportait, de se jeter dans une chaise à porteur qu'il avait laissée dans sa cour; que les porteurs la remettraient dans un endroit où une chaise de poste l'attendait pour la conduire sûrement à Calais, d'où on la ferait passer en Angleterre. Elle répondit que la fuite était la ressource des coupables; que son innocence la mettrait à l'abri du supplice dont on la menaçait; que Tiquet était l'auteur des bruits injurieux répandus sur son compte; mais que c'était un piége qu'il lui tendait pour l'engager, par une fausse alarme, à prendre la fuite et à le laisser maître de son bien. Elle remercia le théatin, et persista dans la résolution d'attendre les événemens.

Madame de Sénonville l'alla voir le lendemain; mais comme elle voulait se retirer, Angélique la pria de rester. « On va venir m'arrêter dans un « instant, lui dit-elle, et je voudrais bien ne pas « me trouver seule dans une pareille scène. » A peine eut-elle cessé de parler, que Deffita entra escorté d'une troupe d'archers. — « Vous pouviez, « monsieur, vous dispenser de vous faire si bien « accompagner; je vous attendais, je n'avais garde « de m'enfuir; je vous aurais suivi, quand vous « auriez été seul. » — Elle le pria ensuite d'apposer les scellés dans son appartement.

Après avoir embrassé son fils, âgé de huit à neuf ans, elle lui donna de l'argent pour qu'il pût se divertir, et l'exhorta à ne pas s'alarmer; puis, elle monta dans sa voiture avec le lieutenant-criminel. En passant dans le petit marché, elle reconnut une dame de ses amies qu'elle salua gracieusement. Elle avait conservé, au milieu de son escorte d'archers, ce même maintien qu'elle avait dans les actions ordinaires de la vie. On eût dit qu'elle allait faire des visites.

Cependant, elle parut émue à la vue du Petit-Châtelet, où on la déposa d'abord. On la conduisit ensuite au Grand-Châtelet. On mit beaucoup de promptitude à parfaire ce procès.

Auguste Cattelain, soit qu'il fût poussé par les remords de sa conscience, soit qu'il fût irrité de n'avoir pas eu part à la somme qu'il imaginait bien qu'on avait donnée aux nouveaux assassins, alla, de son propre mouvement, déposer que, trois ans auparavant, madame Tiquet lui avait donné de l'argent pour assassiner son mari, et que la négociation s'était faite par le ministère du portier qui avait été chassé.

Sur cette dénonciation, Cattelain et le portier furent arrêtés et confrontés à la dame Tiquet.

Il ne se trouva pas contre elle de preuves du dernier assassinat; mais on en eut assez pour la convaincre de la machination du premier.

En conséquence, par sentence du Châtelet, du 3 juin 1699, elle fut condamnée, conformément à l'ordonnance de Blois, de mai 1570, et à celle de 1670, et, sur la poursuite de Tiquet, à « avoir la « tête tranchée en place de Grève, et Moura, son « portier, à être pendu, comme convaincus d'a- « voir, de complot ensemble, médité et concerté « de faire assassiner le sieur Tiquet; et, pour par- « venir audit assassinat, fourni, à plusieurs fois « différentes, à Cattelain, les sommes de deniers « mentionnés au procès. Leurs biens confisqués

« au profit de qui il appartiendra ; sur iceux préa-
« lablement pris la somme de 10,000 livres au
« profit du roi, en cas que la confiscation ne lui
« appartînt pas, et 100,000 livres de réparations
« civiles, dommages et intérêts envers le sieur Ti-
« quet, dont la jouissance lui est adjugée sa vie
« durant, et la propriété à ses deux enfans. Con-
« damnés tous les deux à être appliqués à la ques-
« tion pour avoir révélation de leurs complices ;
« sursis au jugement du procès à l'égard des autres
« accusés, même de ceux qui sont en fuite, jus-
« qu'après l'exécution des deux condamnés. »

Tiquet interjeta appel de cette sentence, en ce qu'elle n'adjugeait qu'une somme de 100,000 livres en propriété à ses enfans, chargée de l'usufruit à son profit. Il demanda qu'outre cette somme, on lui adjugeât celle de 15,000 livres, et que sa femme y fût condamnée solidairement avec les autres accusés.

Sur cet appel intervint l'arrêt suivant :

« Vu par la Cour le procès criminel fait au Châ-
« telet par le prévôt de Paris et son lieutenant, à
« la requête de messire Claude Tiquet, conseiller
« en ladite Cour, demandeur et accusateur, con-
« tre dame Angélique-Nicole Carlier, épouse sé-
« parée quant aux biens dudit sieur Tiquet : Jac-
« ques Moura, ci-devant portier de ladite dame
« Tiquet ; Claude Desmarques, ci-devant soldat
« au régiment des Gardes, dans la compagnie du
« sieur de la Barre ; Auguste Cattelain, servant

« les étrangers; Philippe Langlet; dit St.-Germain, laquais de ladite dame Tiquet; Jeanne « Lemmirault, femme de chambre, et Claude « Roussel, autre laquais de ladite dame; Jean « Desmarques, pauvre gentilhomme, ci-devant « employé dans les Gabelles en Poitou; Marie-Anne le Fort, femme de chambre de ladite « dame; Jeanne Bonnefond, fille débauchée, prisonnière en la conciergerie du Palais; Madeleine Millotet, veuve Léon, écuyer, autrement « dite la Châtelain: Marguerite le Fèvre, servante à la cuisine chez la dame Tiquet; Jean Loiseau, cocher de ladite dame, et Marie Biarche, « femme de René Chesneau Grandmaison, soldat « dans la compagnie des Grenadiers du sieur de « Mongeorge, défendeurs et accusés; et encore contre ledit Grandmaison, et le nommé Seigneure « son neveu; Saint Jean, soldat dans la compagnie du sieur de Villiers, un autre quidam « vêtu de brun; deux autres quidams absens, « fugitifs, contumax et défaillans; sentence rendue sur ledit procès par ledit juge, le 3 juin des « présens mois et an, par laquelle lesdits Carlier « et Moura auraient été déclarés duement atteints « et convaincus d'avoir de complot ensemble médité et concerté de faire assassiner ensemble ledit sieur Tiquet; et pour parvenir audit assassinat, fourni, à plusieurs fois différentes, audit « Cattelain, les sommes de deniers mentionnées « au procès; pour réparation de quoi, et autres « cas dudit procès, condamne, savoir ladite Car-

« lier d'avoir la tête tranchée sur un échafaud qui « pour cet effet sera dressé en la place de Grève, « et ledit Moura pendu et étranglé, tant que mort « s'en suive, à une potence qui pour cet effet « sera plantée en ladite place de Grève; son corps « mort y demeurera vingt-quatre heures, puis « porté au gibet de Paris; tous et un chacun leurs « biens acquis et confisqués au Roi, ou à qui il « appartiendra; sur iceux préalablement pris la « somme de 10,000 livres au profit du Roi, au cas « que confiscation n'ait pas lieu, et cent mille li- « vres de réparations civiles, dommages et inté- « rêts envers ledit sieur Tiquet, dont il aura la « jouissance sa vie durant, et la propriété appar- « tiendra aux deux enfans de son mariage; et aux « dépens du procès : et avant l'exécution, seront la « dite Carlier et ledit Moura appliqués à la question « ordinaire et extraordinaire, pour apprendre « par leur bouche la vérité d'aucuns faits résultans « du procès, et les noms de leurs complices, sursis au « jugement du procès à l'égard de tous les autres « accusés, et même à l'égard des contumax, jus- « qu'après ladite exécution; à la prononciation « de laquelle sentence ladite Carlier et ledit « Moura en auraient interjeté appel; requête du- « dit sieur Tiquet, à ce que, où la Cour déclarerait « ladite dame son épouse, convaincue, il fût reçu « appelant de ladite sentence, en ce qu'elle n'ad- « juge que la somme de cent mille livres en pro- « priété à ses enfans, et l'usufruit au suppliant; « émendant, adjuger, outre ladite somme, celle

« de quinze mille livres, et l'y condamner solidairement avec tous les autres complices; sur « laquelle requête aurait été ordonné qu'en ju« geant il y serait fait droit. Ouïs, interrogés la« dite Carlier et ledit Moura sur leurs causes d'ap« pel, et lesdits Claude et Jean Desmarques, Cat« telain, Loiseau, Roussel, le Fort, Bonnefond, « Millotet, le Fèvre, Biarche, sur les cas résul« tans du procès; le tout considéré : la Cour a dit « qu'il a été bien jugé par le lieutenant criminel, « mal et sans grief appelé par lesdits Carlier et « Moura, et l'amenderont; faisant droit sur l'ap« pel interjeté par ledit Tiquet, ayant aucune« ment égard à sa requête, ordonne que sur les « biens confisqués de ladite Carlier il sera préala« blement pris la somme de vingt mille livres de « réparations civiles, outre les cent mille livres « adjugées par ladite sentence, desquelles vingt « mille livres la propriété appartiendra audit « Tiquet; condamne lesdits Carlier et Moura aux « dépens de cause d'appel : et pour exécution du « présent arrêt, ladite Cour renvoie lesdits Car« lier et Moura par devant ledit prévôt de Paris, « et son lieutenant criminel au Châtelet. Fait le « 17 juin 1699. »

Auguste Cattelain fut dans la suite condamné aux galères perpétuelles. A l'égard des autres accusés, les uns furent renvoyés sur un plus amplement informé, et les autres mis hors de Cour et de procès.

Tiquet, guéri de ses blessures, alla à Versailles, accompagné de ses deux enfans, se jeter aux pieds du roi. « Sire, lui dit-il, j'implore votre clémence « pour madame Tiquet. Ne soyez pas plus sévère « que Dieu même, qui est disposé à lui pardonner. « Votre justice est-elle plus offensée que je ne le « suis? Je lui pardonne : mes enfans lèvent pour « leur mère leurs mains pures et innocentes vers « vous, sire. Le crime est expié par les transes et « horreurs que madame Tiquet, comme une vic- « time prête à être sacrifiée à la justice, a déjà « éprouvées. En voulant punir le crime, ne pu- « nissez pas l'innocence. » Le roi fut inflexible. Alors Tiquet se retrancha à demander la confiscation du bien de sa femme, qu'il obtint; gâtant ainsi le mérite de son action, parce qu'il ne mit point d'intervalle entre cette dernière demande et la première.

Le frère de madame Tiquet employa des gens du premier rang pour demander la grâce de sa sœur. Le roi aurait pu céder à leurs prières; mais l'archevêque de Paris représenta à ce prince que l'impunité de ce crime l'allait rendre extrêmement fréquent; que la sûreté de la vie des maris dépendait de la punition de madame Tiquet; que déjà il était commun, et que le grand pénitencier avait les oreilles rebattues des confessions de femmes qui s'accusaient d'avoir attenté à la vie de leurs époux. Cette remontrance détermina le roi à laisser faire un grand exemple à la justice.

Les reposoirs qu'on avait faits dans les rues pour

la solennité de la Fête-Dieu, furent cause qu'on renvoya l'exécution de madame Tiquet au vendredi. Ce jour-là on la conduisit à la chambre de la question. Pendant qu'elle y allait, elle demanda si son affaire ne finirait point. On lui répondit : Bientôt. On ne l'avait point avertie de son arrêt. De la Chetardie, curé de Saint-Sulpice, l'était allé voir, et avait tâché de lui inspirer les sentimens de religion les plus propres à l'état où elle était. Elle avait résisté.

Quand elle fut devant le lieutenant-criminel, on lui lut l'arrêt. On l'observa, pour voir l'impression que faisait sur elle un si terrible jugement. Elle l'écouta sans sourciller et changer de couleur. Le lieutenant-criminel lui dit alors : « Madame, « vous venez d'entendre un arrêt qui vous met « dans un état bien différent de celui où vous « avez été. Vous étiez dans un rang honorable : « les plaisirs où vous vous abandonniez vous ren- « daient la vie délicieuse. Vous voilà dans le sein « de l'ignominie, et à la veille de subir le dernier « supplice. Encore une fois quelle différence entre « ces beaux jours, ces jours rians, et ce jour cruel « et douloureux, ce jour horrible où vous êtes ! « Il faut, Madame, que vous rappelliez toute votre « fermeté pour avaler ce calice humiliant, mais « salutaire, et que vous disiez avec le prophète « Roi : J'accepte ce calice de salut : *Calicem salu- « taris accipiam*. Vous devez vous jeter entre les bras « de Dieu, en invoquant son saint nom comme le « même prophète : *Nomen Dei invocabo*. Lui seul

« peut vous aider à porter le poids de votre croix,
« et mêler de la douceur à l'amertume de votre
« calice. Après tout, le supplice que vous allez
« souffrir n'est qu'un passage qui ne vous paraîtra
« pas affreux dès que vous considérerez qu'il con-
« duit à une meilleure vie.

Madame Tiquet répondit au lieutenant criminel, qu'une circonstance humiliante lui faisait sentir la différence des beaux jours qu'elle avait passés d'avec le jour terrible où elle se trouvait : « Je suis devant vous, lui dit-elle, en posture de « suppliante : vous savez, monsieur, que dans « ces beaux jours, que vous m'avez rappelés, je « faisais bien devant vous une autre figure. »

Elle tenait ce langage, parce que Deffita avait été un de ses adorateurs. « Au reste, monsieur, « poursuivit-elle, je ne suis point effrayée de mon « supplice. Le jour qui terminera ma vie, terminera mes malheurs. Sans braver la mort, je la « supporterai avec constance. J'ai répondu sur la « sellette sans me troubler ; j'ai entendu mon arrêt sans frémir : je ne me démentirai point sur « l'échafaud, et jusqu'au dernier soupir de ma « vie. »

Le lieutenant criminel l'exhorta d'avouer son crime qu'elle avait nié jusqu'alors, et de révéler ses complices, pour s'épargner le supplice de la question. Elle témoigna qu'elle ne ferait aucun aveu; mais, quand on lui eut donné le premier pot d'eau, elle fit réflexion que sa fermeté ne lui serait d'aucun usage : alors elle avoua tout. On lui demanda si Mongeorge avait eu part à son crime : elle s'écria : « Ah! je n'ai eu garde de lui en « faire confidence : j'aurais perdu son estime sans « ressource. »

Le curé de Saint-Sulpice l'approcha, et la disposa à mourir. Après qu'il eut répondu à quelques raisonnemens qu'elle lui opposa, elle le pria très-instamment de demander pardon pour elle à son époux, et de l'assurer qu'elle mourait avec le retour de cette tendresse qu'elle avait eue pour lui au commencement de leur mariage.

Il n'y eut peut-être jamais une plus grande affluence de peuple que celle qui était répandue dans les rues par où madame Tiquet devait passer pour aller à la Grève. Plusieurs personnes furent étouffées. Elle était vêtue de blanc ce jour-là ; cette couleur relevait l'éclat de sa beauté. Elle était dans une charrette, accompagnée du curé de Saint-Sulpice; le portier y était aussi avec un confesseur. Quand elle vit cette quantité prodigieuse de personnes dont tous les regards étaient attachés sur elle; comme s'ils eussent voulu pénétrer jusqu'au fond de son ame, elle se figura son ignominie dans toute son étendue : elle se considéra représentée, dans l'âme de tout ce monde, comme chargée d'opprobre. Elle ne put pas soutenir cette vue avec fermeté. Ce fut alors que le curé de Saint-Sulpice lui dit : « Madame, regardez le « ciel où vous devez entrer : buvez ce calice amer « avec le même courage que Jésus-Christ, qui « était aussi innocent que vous êtes criminelle,

« fut le sien. Un si grand modèle, et une si grande « récompense de votre résignation à la volonté de « Dieu, doivent vous faire soutenir tout le poids « de l'ignominie. Que les objets que vous voyez « par les yeux de la foi vous dérobent ceux que « vous voyez par les yeux du corps. Cet affront « était une ressource que Dieu avait dans les tré- « sors de sa providence pour vous sauver. Admirez « sa bonté à travers sa sévérité, et reconnaissez « ici qu'il est très-miséricordieux dans cette cruau- « té nécessaire. Après tout, il ne s'agit pour vous « que d'un instant d'ignominie ; est-ce trop ache- « ter le ciel ? » Ces paroles, dites d'un ton de maître, rappellèrent tout le courage de madame Tiquet. Elle avait abaissé sa coiffe pour se couvrir le visage : elle la leva, et elle regarda les spectateurs d'un œil modeste, mais ferme et assuré.

Elle eut, dans la charrette, une conversation fort touchante avec son portier, qui lui demanda pardon d'avoir contribué à sa mort en avouant son crime. Elle lui répondit que son pardon n'était pas dans sa place, et que c'était elle qui était coupable envers lui de l'avoir engagé dans un crime si horrible, et de lui avoir procuré une si triste récompense de ses services. Ils s'exhortèrent tous deux à faire une mort chrétienne, avec une éloquence qui partait du cœur, et qui n'était pas moins forte dans le portier, pour n'être pas si cultivée. Il y avait sur la place plusieurs échafauds en amphithéâtre. Toute la cour et la ville étaient accourues à ce spectacle : aux fenêtres des maisons, et partout on était extrêmement pressé.

Quand madame Tiquet arriva dans la place, il survint une si grande pluie, qu'il fallut attendre, pour l'exécution, que l'orage fût passé. Elle eut, pendant ce temps-là, sous les yeux l'appareil de son supplice, et un carrosse noir auquel on avait attelé ses chevaux, qui attendait son corps. Tout cela ne l'ébranla point. Elle vit exécuter le portier dont elle plaignit amèrement la destinée, sans qu'il parût qu'elle fît aucun retour humain sur la sienne. Lorsqu'il fallut monter sur l'échafaud, elle tendit la main au bourreau, afin qu'il lui aidât. Avant que de la lui présenter, elle la porta à sa bouche, ce qu'elle accompagna d'une inclination de tête, par une civilité qui montrait qu'elle était bien éloignée d'avoir pour lui de l'horreur. Quand elle fut sur l'échafaud, elle baisa le billot : on aurait dit qu'elle avait étudié son rôle : elle accommoda ses cheveux, sa coiffure dans un moment, et se mit dans l'attitude qu'il fallait. Elle fit tout cela en se possédant parfaitement, comme si elle eût joué une comédie. Le bourreau était si troublé, qu'il manqua trois fois son coup ; et au moment que sa tête fut séparée de son corps, un cri universel s'éleva de tout côté. On laissa quelque temps la tête de madame Tiquet sur l'échafaud, sans doute afin que ce spectacle s'imprimât profondément dans l'esprit des femmes mariées présentes à cette exécution, qui pourraient être tentées de commettre un si grand crime. Cette tête était tournée vers l'Hôtel-de-Ville.

Une dame qui a fait une relation de cette mort tragique, madame Dunoyer, dit que rien n'était plus beau que cette tête, et qu'elle en fut éblouie.

Quoique Madame Tiquet eût alors quarante-deux ans, elle avait conservé l'éclat de sa beauté; et comme elle mourut dans toute sa force et sa vigueur, la mort dans ces premiers instans semblait n'avoir rien éteint sur son visage.

Pendant ce temps-là, Mongeorge était à Versailles, et se promenait tristement dans le Parc. Le Roi lui dit le soir qu'il était ravi que madame Tiquet l'eût justifié dans le public, et il l'assura qu'il ne l'avait jamais soupçonné. Mongeorge remercia le Roi, et lui demanda un congé de huit mois pour aller voyager hors du royaume, et s'éloigner de tous les objets qui pouvaient rappeler sa douleur.

FIN DU QUATRIÈME ET DERNIER VOLUME DE LA 1re SÉRIE.

5 [illegible]

TABLE DES MATIÈRES.

FIN DE LA TABLE.